歷史中國

西元1271～西元1368

元朝原來是這樣

李強◎著

目錄

一、建立元朝的蒙古人打哪兒來

中國兩千餘年專制王朝歷史上，元朝（一二七一—一三六八年）是一個重要的朝代。言其重要，倒不是說時間跨度，畢竟元朝只有九十七年的建朝史，而是因為元朝實現了中國的大一統。元朝是中國歷史上首次由少數族群建立的大一統王朝。

元朝歷九十七年，共傳五世十一帝（汗）。若從一二〇六年鐵木真成吉思汗（一一六二—一二二七年）建立蒙古汗國政權開始，則共歷一百六十二年，傳七世十五帝（汗）。

蒙古汗國和元朝是前後連續、承繼的關係，其統治者皆出自鐵木真及其直系後裔。蒙古是從古至今一直存在的一個族群。他們從哪兒來？

五千年前，中原以北的大片土地上，生活的族群是北狄。《山海經》中「有北狄之國。黃帝之孫曰始均，始均生北狄」的記載。

北狄分化為「胡」與「東胡」。「胡」的傳承者是匈奴。「東胡」系族群在被冒頓單于領導的匈奴擊敗後，退至鮮卑山和烏桓山，分為烏桓和鮮卑二族。

東漢末年，烏桓被曹操征伐之後衰落，鮮卑崛起，在魏晉南北朝時期主要分為段部、慕容部、拓跋部、柔然部、乞伏部等。

其中，柔然部與拓跋部建立的北魏長期交戰，互有勝負。

柔然被突厥族群擊敗後，分為南北兩支。其南支來到遼河上游老哈河、西拉木倫河流域游獵，成為契丹人的一支族源。其北支來到今外興安嶺以南地區，被稱作「室韋」或「蒙兀室韋」，也就是後來蒙古人的祖先。

顯然，室韋與契丹同出一源，以興安嶺為界，「契丹之類，其南者為契丹，在北者號為失（室）韋」❶。

蒙古人和契丹人血緣相近，口語大部分是相通的，相比女真人，關聯度要高得多，這也是後來蒙古人滅金之後，幾乎不用女真人，卻大量使用契丹人的原因之一。

中國東北地區重要的河流黑龍江，其上源為額爾古納河。額爾古納河在隋唐時期叫「望建河」，源於呼倫湖。隋唐時期，呼倫湖周邊住牧的「蒙兀室韋」❷，就是後來被鐵木真黃金家族率領的蒙古人。「蒙兀」是「蒙古」的同名異譯，在蒙古語中意為「永恆的火焰」。突厥語則稱「室韋」為「韃靼」。

後來，蒙兀室韋在鐵木真始祖孛兒帖赤那的帶領下，西遷至今蒙古國境內的克魯倫河和鄂爾渾河一帶游牧，逐漸以肯特山❸作為其生產生活的中心地區。

蒙兀室韋來到蒙古高原腹地後，與突厥、鮮卑、回鶻等不同族群相處、生活，也不斷接受著來自中原文明的薰陶與滋養。

原先在呼倫湖以南住牧的韃靼人也進行了西遷，與先期西遷的蒙兀室韋再次南北比鄰而居，逐漸形成了鬆散的「韃靼聯盟」。

唐末，土拉河、鄂爾渾河一帶的韃靼人被統稱為「九姓韃靼」，也就是後來金元時期的「克烈部」；陰山[4]以北的韃靼人被稱作「陰山韃靼」，也就是後來金元時期的「汪古部」；留在呼倫湖，未西遷的韃靼人被稱作「三十姓韃靼」，也就是後來金元時期的「塔塔爾部」。

中國古代北方少數族群稱謂變遷，正是其生產、生活方式和特點的寫照——同為游牧族群中相同或相近的一群人，無論分為多少部落，無論部落名稱叫什麼，只要其中有一個或兩個部落在偶然的契機中迅猛發展壯大，成為大家公認的領導者，那麼整個地區族群的稱謂就都變成這一兩個「領導」部落的名稱了，匈奴如是，柔然如是，突厥如是，回鶻如是，韃靼如是，後來的蒙古亦如是。

因此，韃靼強大，使得當時還弱小的蒙兀室韋被稱為「黑韃靼」。

唐朝開創了中國多族群同一國家的空前強盛的時代，大漠南北、中亞，甚至部分南亞地區都是大唐王朝的疆域。

在那個皇帝被稱作「天可汗」[5]的激動人心的時代裡，不同口音、不同語言、不同裝束、不同宗教信仰、不同生活方式，甚至不同種族的人們，共同生活在一個偉大的時代，共同生活在一個偉大的帝國，共同勞作和奉獻，他們書寫或努力學習書寫共同的文字——漢字，他們為擁有一個共同的

---

[1] 見《北史·卷九十四·列傳第八十二》。

[2] 見《舊唐書·卷一百九十九下·列傳第一百四十九·北狄》。

[3] 〔肯特山〕漢代稱為「狼居胥山」。

[4] 〔陰山〕中國十大山脈之一，在今中國內蒙古中部，呈東西走向，連綿一千二百多公里，南北寬五十至一百公里，是黃河流域的北部界線，也是中國歷史上農耕與游牧兩種文明形式的分界線。

[5] 〔天可汗〕唐朝時期各少數族群對唐朝皇帝的尊稱。唐太宗、唐高宗、唐肅宗都被稱作「天可汗」。

稱謂——唐人而自豪。這樣的自豪感同樣及於韃靼人。

唐太宗貞觀年間，中央政府在大漠南北設立了行政機構——燕然都護府❻，管理鐵勒、韃靼、回鶻等游牧族群。

十世紀初，鮮卑人後裔的南支，與「黑韃靼」有密切血緣和族群關係的契丹人崛起，建立了契丹政權（後改為遼朝），他們將「黑韃靼」稱作「阻卜」。

遼朝倚仗立朝初年的赫赫兵威，以及與中原先進文化融合的力量，不斷對阻卜用兵並征服了蒙古諸部，設府、衛、司等機構進行管理。例如，遼景宗時在西北路招討司中置都祥穩一職，鎮撫西北阻卜各部。遼聖宗時新建鎮州、防州、維州三座邊防要塞，橫亙於阻卜各部中，還任命大王、節度使等直接管理阻卜各部。

作為契丹人的「遠親」，阻卜著實沒讓遼廷「省心」。他們動輒就深入遼朝腹地進行騷擾，往往是飛速地搶劫後又飛速地消失。從遼聖宗時起，阻卜就時叛時服，遼朝曾多次派出大軍對阻卜進行征討，消耗了不少國力，後來也是採取羈縻政策，將阻卜各部首領冊封為節度使，多加封賞才算暫時安撫住。

那時的阻卜人，也就是蒙古諸部，還處在「人多散居，無所統一」的狀況。原韃靼中的「白韃靼」（後稱「汪古部」）被遼廷稱作「陰山阻卜」，肯特山一帶的被稱作「蒙古部」，呼倫湖到哈拉哈河一帶的被稱作「烏古部」（後稱「王紀剌部」「翁吉剌部」「弘吉剌部」或「弘吉剌惕部」），克魯倫河中下游的被稱作「敵烈部」❼，土拉河、鄂爾渾河一帶的被稱作「北阻卜」（後稱「克烈部」）。

對於強大的烏古部和敵烈部，遼朝在征服後，還專設「烏古敵烈部都統軍司」、節度使或祥穩等職，進行長期監管。原先相對鬆散但有一定部落聯盟特點的「韃靼聯盟」被瓦解了，客觀上為蒙古部的破繭而出創造了歷史條件。

十二世紀時，蒙兀室韋中的蒙古部子孫繁衍，氏族支出，漸分布於今鄂嫩河、克魯倫河、土拉河這三條河的上游和肯特山以東一帶，組成部落集團，見諸經傳的有乞顏、札答蘭、弘吉剌❽、泰赤烏、兀良合❾、合答斤等部落。

除了上述有著比較清晰的「蒙古」標籤，明顯認同蒙兀室韋的諸部，與他們當時同在蒙古高原上游牧的還有位於今天貝加爾湖周邊的塔塔爾部，位於貝加爾湖以東色楞格河流域的蔑兒乞部，位於貝加爾湖以西的斡亦剌部，這三部都使用與乞顏部等相同的語言，都忠誠於原始宗教薩滿教。

還有三個蒙古化的突厥部落。

其一是克烈部，又稱「怯烈部」「凱烈部」或「客列亦惕」，是蒙古部興起前蒙古高原人口眾多、勢力強盛的重要部落。據說，克烈部過去有一個首領的七個兒子膚色全為黑色，故取名。其主要部落有六支——客列亦惕、只兒斤、董合亦惕、土別兀惕、阿勒巴惕、撒合亦惕。克烈部的駐牧

---

❻〔燕然都護府〕治所在西受降城，即今中國內蒙古烏拉特中旗西南烏加河北岸，轄境包括今河套平原以北、今蒙古國以及今俄羅斯聯邦西伯利亞廣大地區，下設若干羈縻州、縣。後改為瀚海都護府和安北都護府。

❼〔敵烈部〕塔塔爾部的六支之一。塔塔爾部的六支為都達兀惕部、阿勒赤部、察罕部、忽因部、敵烈部、備魯兀惕部。

❽〔弘吉剌〕遼朝、金朝時稱「王紀剌」。該部曾派兵襄助耶律大石抗金。

❾〔兀良合〕明朝時稱「兀良哈」或「兀良孩」。

地主要分布於肯特山和杭愛山之間的鄂爾渾河和土拉河流域，金朝初年已建立相對獨立的游牧政權，接受金朝的冊封。金朝中期，給鐵木真巨大幫助的克烈部首領王罕，就是被金朝冊封為王的，後來也接受耶律大石建立的西遼王朝的羈縻統治。克烈部的部落首領常採用突厥語的名字或稱號。克烈部佔據著回鶻汗庭故地游牧，信奉佛教和景教。

其二是乃蠻部，《遼史》稱「粘八葛」，《金史》稱「粘拔恩」，是遼金宋元時期蒙古高原西部著名的大部落。乃蠻部被西遼長期統治，其王子屈出律以女婿身分篡奪了西遼皇權，其岳丈西遼天禧帝耶律直魯古為太上皇。屈出律後被西征之蒙軍追殺，西遼遂亡。

元明以後，乃蠻部逐漸融入其他族群，在克烈部以西游牧。

其三是汪古部，也稱「瓦克」「雍古」「王孤」「甕古」「旺古」「汪骨」「汪古惕」，遼金元時期陰山以北部族。拉施特在《史集》中說，金朝皇帝為了防禦蒙古部、克烈部、乃蠻部等部，修築了一道大牆叫「汪古」，交給該部族守衛，該部族因此而得名。

元明時期，汪古部大部分跟隨乃蠻部和克烈部西遷，少量留在原地，被漢人同化。汪古部人信奉景教。他們皮膚白皙、性情溫和、文化水準很高，深得金廷信任，金廷特地安排他們游牧於陰山一線，形成對漠北游牧族群的一道屏障。

塔塔爾部是一個強盛的部落，他們以好動刀子而著稱，天性中充滿了仇恨、憤怒和忌妒，與人口很多的蒙古部經常為草原、水源、牲畜、嫁娶等發生戰爭。

金朝初年，蒙古部已成金廷藩屬。金太祖時，為防範北阻卜等北方游牧族群，金廷下令婆盧火部在泰州⑩屯田以戒備。金太宗曾宴請游牧諸部，喝得酩酊大醉的合不勒汗⑪竟然不顧正規禮節，去捋金太宗吳乞買的鬍鬚，幸虧吳乞買高興而未加責罰。

金熙宗、海陵王時期，蒙古部與塔塔爾部都是高原東部著名的大部落，都向金廷稱臣納貢，並被授予類似中原州縣級別的軍政職務。塔塔爾部在表面上更加親近金廷。

合不勒汗擔任蒙古部領袖時期，其妻弟賽因的斤因患病，請塔塔爾部的薩滿巫師施行巫術，不料非但沒有治好病，反而一命嗚呼了。賽因的斤的弟兄一怒之下殺死了塔塔爾部的巫師，從此塔塔爾部同蒙古部結怨，雙方經常發生屠殺和搶劫的事件。

蒙古部雖為金朝藩屬，但到合不勒汗當政時期已經有所發展，也有擴張的意識，經常襲擾金朝州縣，引得金軍一次次進行征伐。金軍多次征伐得到塔塔爾部明裡暗裡的幫助，但是，金軍主要戰鬥方向在南方，不會投入重兵進剿蒙古部，而女真人並非游牧族群，不擅長大漠和戈壁地形下的作戰，故合不勒汗帶領蒙古部成功抵禦了金廷的數次軍事攻擊。金熙宗曾派金兀朮（完顏宗弼）⓬領軍八萬北征，與蒙古部以西平河為界。海陵王曾派西京路統軍調集四路人馬北征，也未達到蕩平蒙古部的目的。

---

❿〔泰州〕今黑龍江省泰來縣西古塔子城。

⓫〔合不勒汗〕《元史》中作「葛不勒汗」，元太祖鐵木真成吉思汗的曾祖。元世祖忽必烈（一二一五—一二九四年）時追謚為「功哲皇帝」，廟號「宣祖」。

⓬〔完顏宗弼〕即完顏兀朮（？—一一四八）年，金朝著名將領之一，太祖阿骨打第四子，中國民間俗稱「金兀朮」或「四太子」。早年隨完顏宗望攻遼伐宋，宗望卒後，輔佐宗輔。曾多次打敗南宋軍隊，也曾被岳飛、吳玠等打敗。晚年回到熙宗朝廷為相，主導和參與了金廷政治鬥派鬥爭。

以南方為戰略進攻主方向的金廷無暇北顧，也認為不值得對北方這些「一打就跑」的「蠻夷之人」費心費力，所以採取中原王朝慣常使用的冊封和厚賞——「冊其酋長熬羅勃極烈為朦輔國主，至是始和，歲遺甚厚。於是熬羅勃極烈自稱祖元皇帝，改元天興。大金用兵數年，卒不能討，但遣精兵分據要害而還」⓭。這事發生在金熙宗時期。

看來，合不勒汗時期，蒙古部表面上保持著臣子身分，但已經敢與金廷分庭抗禮了，並利用金廷不能徹底剿滅自己的現實不斷挑釁，逼迫金廷給予豐厚的「賞賜」。

或許為平息蒙古部和塔塔爾部之間長期的衝突，合不勒汗的堂弟俺巴孩，剛剛擔任部落聯盟長就答應將女兒嫁給塔塔爾的一個部落首領。俺巴孩與合不勒汗長子斡勤巴兒合黑護送其女兒出嫁時，被塔塔爾人抓住並送往金廷。俺巴孩託人告訴部族要替他報仇。金熙宗將俺巴孩等人釘在木驢上處死。據說，這是金廷專門懲治游牧叛人的刑罰。

半個世紀後，鐵木真成吉思汗在討伐金廷之前，在祭天儀式上發誓為祖先俺巴孩等人復仇。

⓭見《大金國志‧卷十二》。

二、元太祖鐵木真成吉思汗

千百年來，來自蒙古高原上的游牧族群和聚居於中原的漢人之間的戰爭、交流和融合，一直是中國歷史的主旋律。

十二世紀，一位名叫奇渥溫・孛兒只斤・鐵木真的蒙古人，以自己和子孫的勇武，創建了世界史上赫赫有名的蒙古帝國（Yeke Monghol Ulus）。

「蒙古」之名，最早見於唐代。《唐書》認為蒙古是鮮卑的別部，《遼史》稱「盟古」，《金史》稱「盟骨」，《契丹事蹟》謂「朦古」，《松漠紀聞》謂「盲骨子」，《西遊記》中始稱「蒙古」，明朝修《元史》正式定名為「蒙古」，沿用至今。

鐵木真是黃金家族的始祖。黃金家族的成員和後裔，實現了中國歷史上的第四次統一，建立了中央集權制度的封建王朝——元朝，還分別在歐亞大陸上建立了欽察汗國、察合台汗國和伊兒汗國三個藩屬汗國。

黃金家族的源出是鐵木真的老祖母阿蘭，但黃金家族龐大基業的創始人，毋庸置疑是鐵木真。

一一二六年，鐵木真出身斡難河右岸的蒙古乞顏部的孛兒只斤氏族。他降生時，正值其父也速該率部打敗世仇塔塔爾部的部落並俘獲其勇士鐵木真・兀格。為紀念勝利，也速該給兒子命名為鐵木真。

宋人孟珙曾對鐵木真的相貌有過這樣的描述：「高大的身材，粗壯的體格，寬闊的前額，細長而小小的眼睛」。鐵木真的青少年時代，充滿了悲歡離合的坎坷經歷，這造就了這位享譽世界歷史的英雄人物。

據考證，鐵木真成吉思汗的世系是這樣的。

蒙古始祖為捏古思和乞顏兄弟二人，前者的後裔衍生了蒙古的迭列斤氏族，弟弟的後代則是尼倫氏族。

鐵木真的二十二世祖為乞顏部的孛爾帖赤那，他生子叫巴塔赤罕。巴塔赤罕生子塔馬察。塔馬察生子豁里察爾蔑爾干。豁里察爾蔑爾干生子阿兀沾孛羅溫。阿兀沾孛羅溫生子撒里合察兀。撒里合察兀生子也可尼敦。也可尼敦生子律鎖赤。律鎖赤生子合爾出。合爾出生子孛兒只斤岱蔑爾干。孛兒只斤岱蔑爾干娶了蒙古部落女子，叫忙豁勒真。這時，鐵木真家族所在的部落便正式用名蒙古了。

孛兒只斤岱蔑爾干的後人朵奔蔑爾干有三子，幼子叫孛端察兒，是鐵木真的十世祖，他的正妻所生的子孫形成了新的氏族，標誌著日後黃金家族孛兒只斤・奇渥溫氏族的正式形成。

鐵木真的祖先一直生活在茫茫的蒙古高原，自然條件的艱苦和生存環境的惡劣造就了孛兒只斤氏族頑強不屈、堅忍不拔的共同性格，也積澱了他們寬廣的胸懷和寬闊的視野，為日後黃金家族的產生打下了堅實的基礎。

事實上，鐵木真的五世叔祖泰赤烏部的首領俺巴孩就已經成為蒙古人的可汗了，只是被世仇塔塔爾人送到金廷並被處死。

俺巴孩汗的死，為日後鐵木真對塔塔爾人的滅族埋下了伏筆，也成為未來蒙古人在成吉思汗帶領下殘酷征伐女真人和消滅金朝的發端。

幼年的鐵木真過著讓同齡人羨慕的貴族生活，但一場突如其來的變故徹底改變了鐵木真的人生，也改變了世界歷史發展的進程。

一一七〇年（南宋乾道六年、金大定十年、西夏乾祐元年），鐵木真的父親也速該被塔塔爾人毒死，那時鐵木真剛滿九歲。本部落的貴族不僅沒有盡力幫助寡妻弱子，反而嫌棄他們，連也速該生前的密友也紛紛離他們而去，並把他們的畜群趕出了部落。

鐵木真一家開始了在草原上的流浪生活，這一段災難歲月無疑給成長中的鐵木真留下了終生無法磨滅的影響。

春季在草原上追逐老鼠，夏日在冰冷的高原湖水中捕魚，秋天在森林裡採集野果……這些絕不是詩情畫意的享受，對鐵木真一家來說，只是滿足基本生存的必然選擇。

不僅如此，已經嘗到世事艱辛與人間無情的鐵木真，還經常被同族人抓去監禁起來，理由很簡單就是怕他惹事。鐵木真成年後，妻子還被仇人抓去做老婆，他一直對長子朮赤是否親生有想法，這直接影響了其父子乃至日後黃金家族內部的各種關係。

不過，瘦死的駱駝比馬大。後來鐵木真還是得到了亡父也速該生前老友、克烈部首領的幫助，一步步在草原上站穩了腳跟。經過二十多年的征戰，鐵木真終於在一二〇六年被各部落推舉為蒙古人的共同首領——大汗。

對於鐵木真其人其事，學界一直有爭議。

有人認為，鐵木真是血腥的屠夫，他無差別地屠城、屠殺，他是世界史上罕有的反人類者，其對文明世界的摧殘罄竹難書。

有人認為，鐵木真及其後裔建立的蒙古汗國、元朝以及欽察汗國、窩闊台汗國、察合台汗國、伊兒汗國等政權，嗣後在西察合台汗國基礎上、具有鐵木真血統的帖木兒建立的帖木兒帝國，以及帖木兒的後裔巴布爾建立的蒙兀兒帝國，促進了歐亞大陸文明間的交流。

拿破崙這樣評價鐵木真：「我不如成吉思汗。不要以為蒙古大軍入侵歐洲是亞洲散沙在盲目移動，這個游牧族群有嚴格的軍事組織和深思熟慮的指揮，他們要比對手精明得多。我不如成吉思汗。他的四個虎子都爭相為其父效力，我就沒有這種好運。」

也有人說，鐵木真及其家族是世界上最富有的人。美國《華爾街日報》曾評選出千年以來世界上最富有的五十人，排名第一者便是被追定廟號「元太祖」的鐵木真成吉思汗。

三、十三翼之戰：安答反目成仇

《元史．太祖本紀》有云：「帝（元太祖鐵木真成吉思汗）深沉有大略，一生滅國四十。」沒錯，鐵木真戎馬倥傯，率領弱小的蒙古人通過不斷征伐建立了地跨亞歐大陸的強大帝國，其孫子忽必烈更是在此基礎上入主中原，建立了中國古代史上疆域空前遼闊的元帝國。

然而，鐵木真平生第一次嘗到的大敗績即「十三翼之戰」。此戰鮮見於史冊，人們更多津津樂道於其無數次的勝利。

要了解這唯一的敗績，還要從鐵木真起家的經歷說起。

鐵木真出生於一一六二年，他的童年曾有過短暫的快樂，但很快就被命運的漩渦裹挾，不得不進入顛沛流離的狀態，並且常常有性命之憂。

其父也速該，是蒙古乞顏部的孛兒只斤氏族的軍事首領，在廣袤的蒙古高原上，統領千八百帳，手下不足萬人。

草原上的生存法則很簡單，就是弱肉強食。儘管在各個個體身上，可以毫不困難地看到人性的光輝，儘管在一次次具體事件中，可以毫不費力地領略到良知的美好，但殘酷的生存條件與單調、缺乏財富的游牧生產生活方式，迫使人們選擇相互間的爭鋒。

在乞顏部的東邊，是著名的塔塔爾部，全部共七萬戶，兵強馬壯，先後臣服於遼廷和金廷。塔塔塔爾部時服時叛，給遼、金的統治者帶來很大的麻煩，遼廷和金廷經常派大軍前去圍剿。然而塔塔爾部人口眾多、軍事強盛，不斷地消耗著遼、金的國力。

金中後期，由於不堪塔塔爾部反覆襲擾的重負，他們沿著大興安嶺築起了東北——西南方向的邊牆，每隔一段時間就派出軍隊到牧區討伐，主要目的就是殺死一批青壯年，讓塔塔爾部的人口難以得到大規模擴充。

金廷也利用乞顏部等部落對塔塔爾部進行牽制，因此，也速該與塔塔爾人互相殺戮、劫掠是常事。兩家結下了很深的仇怨。

草原上生存條件相對惡劣，男子很早就必須有很強的自立能力，加之生育、養育、繁衍人口是無比重要的事情，所以剛剛九歲的鐵木真就被父親帶著去「相親」了。

原本是去鐵木真母親訶額倫的娘家所在部落，但他們途經弘吉剌部時，遇上了特薛禪老人。他一眼看上了鐵木真，要把女兒孛兒帖許配給鐵木真。於是也速該把鐵木真留下來，與陌生的孛兒帖「培養」感情，自己先行回家。

路上，也速該遇上塔塔爾人在舉辦宴席，又渴又餓的也速該經不住誘惑應邀參加了。想不到人家認出了他，在飯菜中下了毒。也速該飯後趕緊趕路，結果毒性發作疼痛難挨，硬撐著走了三天才回到家中，很快就不治而亡。

也速該的意外之死，直接造成乞顏部的分裂，本是近親的泰赤烏部首先發難，不僅帶頭離開，還把很多生產資源如馬匹、牛羊等都拉走了，奴隸、僕人也紛紛作鳥獸散。很快，訶額倫身邊僅剩幾名奴僕和瘦弱不堪的牲畜。

原本鐵木真高高興興地回到家中，撲面而來的卻是父親被毒殺、家破人亡的晴天霹靂。事情還沒完。泰赤烏部首領擔心鐵木真長大後對他們不仁不義的行為進行報復，先下手為強，抓了鐵木真，還將他戴上枷鎖示眾，以顯得自己的「無辜」。

鐵木真趁泰赤烏人舉辦聚會時，逃回家中，帶著全家遷到不兒罕山❶附近。原以為逃到人跡罕至的地方可以遠離危險，沒想到他們又被不知哪兒來的強盜洗劫了一番。孤兒寡母倒楣透頂了。

聰明的鐵木真決心改變這種被動的局面，他找到弘吉剌部的特薛禪老人，懇求將原先許配的女兒嫁給自己。成為弘吉剌部的女婿，鐵木真得到了一些幫助，至少通過這層姻親關係，讓一些不懷好意的人怎麼著也得掂量掂量。

鐵木真身邊有兩位不離不棄的「那可兒」——博爾朮和者勒蔑。那可兒在蒙古語中是奴隸、近侍的意思。

博爾朮與鐵木真同庚，是與孛兒只斤氏近親的氏族人，一生追隨鐵木真，後來與博爾忽、赤老溫、木華黎一起成為成吉思汗麾下「四傑」。

者勒蔑也是與孛兒只斤近親的兀良哈氏，自幼服侍鐵木真，後來與哲別、速不台、忽必來一道成為成吉思汗麾下「四犬」。

此外，鐵木真還有兩位頗有氣力的弟弟——合撒兒和別勒古台。

鐵木真尚不到弱冠之年就已經立下誓言，要恢復先祖黃金家族的榮光，復興父親也速該時代的

❶〔不兒罕山〕今蒙古國境內肯特山脈最高峰。地處烏蘭巴托東部，是鐵木真早期活動的主要地點。

榮耀。他不僅勇武過人，而且是天生的政治家，小小年紀就深諳人生疾苦，也徹底看清了人性的本質。他不斷地在鬥爭中折衝，逐漸懂得了政治的藝術和鬥爭的策略。

一一七六年，就在鐵木真準備大展宏圖的時候，宿敵蔑兒乞人偷襲了他的營地。其妻孛兒帖為了讓鐵木真脫逃，毅然將最後一匹快馬給了他，自己無法走脫被蔑兒乞人俘虜了。當年，鐵木真的母親訶額倫，原是蔑兒乞人首領脫黑脫阿的弟弟也客赤列都之妻，被鐵木真的父親也速該搶走，生下鐵木真，因此這次搶劫也是一種報復。

《史集》有云：「人生最大之樂在於勝敵，逐敵，乘其馬，納其妻女，見其家人以淚洗面耳。」這是鐵木真說的一句話，意思是說，男子漢最大的樂趣莫過於在戰鬥中取得勝利，然後騎著敵人的馬追逐戲弄敵人，還要霸佔對方的妻女，讓敵人家屬以淚洗面。這番赤裸裸、殘酷至極的言論，不知道鐵木真講出時的背景是什麼，但毫無疑問的一定與孛兒帖被搶走一事有關。

雖說草原上互相搶奪敵人的妻女是一件稀鬆平常的事情，但鐵木真不是常人，且與孛兒帖深深相愛。無奈之下，鐵木真只好投奔父親昔日的「安答」[2]、克烈部首領脫斡里勒汗，並認他作「義父」。克烈部是蒙古高原上的大部之一，擁有強大實力，也長期受金廷羈縻。後來，克烈部協助金軍大破塔塔爾部，首領被封王，因此一般稱其為「王罕」。

同時，鐵木真對亡父和妻子的深情打動了很多人，札答闌部首領札木合也主動表示支持，並與鐵木真結為安答。

克烈部王罕出兵兩萬，札答闌部札木合出兵一萬，鐵木真帶領屬部軍隊一萬人，組成聯軍大破蔑兒乞人，奪回孛兒帖。大批蔑兒乞俘虜被鐵木真送給札木合，兩人關係進入「蜜月期」。此役後，鐵木真實力大增，大批過去離散的部民紛紛回來投靠他。

大勝蔑兒乞人後，孛兒帖誕下一子，取名「朮赤」。「朮赤」，在蒙古語中指「客人」或「不速之客」。這大約是一一七七年的事。

實力的增強讓鐵木真的信心也大為增強了，他不再像過去一樣，白天擔心會被趕走，夜裡擔心會有人偷襲。如今老婆孩子熱炕頭，穩定幸福的家庭生活給予了他強烈的進取心。

在長期鬥爭中，他發現草原上各個部落雖然好鬥逞勇，但完全倚仗人數多寡，而缺乏正規訓練，更多時候像一盤散沙。於是他開始整肅和訓練軍隊，組建了專門護衛自己和家人的近侍部隊，組建了包括養護戰馬、兵器等的專責機構，並且嚴肅軍紀。

一一八九年（南宋孝宗淳熙十六年、金世宗大定二十九年、西夏仁宗乾祐二十年、西遼天禧帝天禧十六年），自我感覺良好的鐵木真，在乞顏部部分貴族、奴隸主的擁戴下稱汗，時年二十七歲。樹大招風。本來鐵木真實力不斷壯大，就已經引起安答札木合的不快，札木合自視甚高，認為鐵木真能有今天完全是靠札答闌部幫襯的結果，不料鐵木真居然稱汗，自然讓札木合無法忍受。

這時候，札木合的弟弟因為馬的糾紛而被鐵木真的手下殺死，他怒不可遏，糾集札答闌部落聯盟所屬十三個部落，共三萬軍隊，進攻鐵木真。鐵木真也針鋒相對，將自己的部隊劃分為十三翼來迎戰，雙方在今蒙古國克魯倫河河畔進行了一場大戰。事發突然，鐵木真沒有做好準備，而札木合戰前做了較充分的準備，此役以鐵木真失敗而告終。這場戰役，史稱「十三翼之戰」。

---

❷〔安答〕蒙古語中結拜兄弟之意。

札木合勝利了，但他做出了一個極端錯誤的決策，那就是他為了給弟弟復仇，而下令用馬匹分屍、蒸煮活人等方式，處死了大批被俘的鐵木真士兵。這種殘酷和暴虐不僅讓鐵木真的擁躉更加忠實於他，也讓札答闌部的部分部眾離心離德。許多奴隸和屬民紛紛投奔乞顏部，鐵木真在戰役中失敗了，卻獲得了民心。

四、滅克烈部：義父死於非命

鐵木真所在的乞顏部，長期在斡難河流域游牧。斡難河也稱鄂嫩河，古稱黑水，是黑龍江源頭之一。鐵木真的生長地就在今蒙古國境內肯特省。

鐵木真聯合王罕的克烈部、札木合的札答蘭部，擊垮了蔑兒乞人以後其勢力增強，一度從斡難河擴張到克魯倫河。但「十三翼之戰」失利後，鐵木真一度陷入低谷，不得不退回到斡難河進行休整。與安答札木合反目成仇，鐵木真只能緊緊地依靠義父王罕了。

恰在這時，塔塔爾部首領蔑兀真笑里徒招惹了金廷，金廷遣大將完顏襄鎮壓也下令克烈部配合。鐵木真敏銳地把握時機，積極主動地要求與義父一道參與對塔塔爾部的攻擊，為曾被塔塔爾部出賣並殺害的先祖報仇。

一一九六年，塔塔爾部被打敗，首領蔑兀真笑里徒被殺死，部眾和牲畜皆成王罕與鐵木真的囊中之物。鐵木真被金廷授予「札兀惕忽里」一職。

札木合眼紅鐵木真取得的成就，於一二〇一年糾集十幾個部落會盟，推舉自己為「古爾汗」（大汗之汗），並起兵攻打鐵木真。鐵木真在義父王罕的襄助下，打敗了札木合，札木合西逃至乃蠻部避難。

緊接著，鐵木真率軍大敗塔塔爾部，幾乎全殲塔塔爾部。據說，當時高過車輪的塔塔爾人被就地殺死，女人全部成為乞顏部的奴隸。這樣，蒙古高原東部地區基本成為鐵木真的天下了，西部地區則是鐵木真義父王罕所在的克烈部和更西一些的乃蠻部地盤。

王罕決定先發制人。兵強馬壯的克烈部大軍，在今內蒙古東烏珠穆沁旗境內發動了一場偷襲戰。鐵木真被動倉促應戰導致失利，狼狽逃至克魯倫河，身邊僅剩十餘名隨從，不得不卑躬屈膝向王罕乞求停戰。鐵木真很快將部隊集合起來，在克烈部麻痺大意之時突然發起攻擊，迅速佔領其核心區域。王罕敗逃，為乃蠻人所殺，其子桑昆逃到今新疆喀什被當地人殺死。強大的克烈部瓦解了。

五、乃蠻部可汗太后嫌棄蒙古人「臭」嗎

十三世紀初，先後征服了札答闌部、塔塔爾部、克烈部、乃蠻部等草原大部落的鐵木真，躊躇滿志地站在蒙古高原上規劃著草原族群的政治方向。

與乃蠻部的戰爭非常慘烈，有些出乎鐵木真的意料。

乃蠻人是蒙古化的突厥人，或者突厥化的蒙古人部落之一，是蒙古高原上人口最多的一個部落聯盟，其駐牧地在今蒙古國杭愛山，以及斜跨中、俄、哈、蒙古的阿爾泰山一帶，西南方向是文化發達的回鶻人。乃蠻人多為游牧者，也有少量農耕人口，並且建立了自己的國家形態機構，設有掌印官等官職。在金朝中前期，乃蠻人從屬於西遼王朝。

在金朝和西遼都走向衰落，蒙古人逐漸崛起的十二世紀後半葉，乃蠻人有了一定的獨立自主意識，凝聚了被鐵木真消滅的蔑兒乞部、塔塔爾部的殘部，以杭愛山為根據地進行軍事鬥爭準備。

在那個交通、通信極度不發達的年代，訊息的傳遞主要通過口口相傳。因此訊息的準確性常常打了折扣。

比如，鐵木真的軍力那時在蒙古高原已經無可匹敵，他們還沒有與乃蠻人進行過正面交鋒。乃蠻人的塔陽汗拜不花所聽到的基本都是他愛聽的——鐵木真的軍隊其實沒那麼厲害，他們其實害怕乃蠻人，等等。

實際上，那時的鐵木真，已經打造了一支攻無不克、戰無不勝的強悍軍隊。他除了讓幾個兒子對軍隊進行近乎嚴苛的軍事訓練，還建立了科學的軍事指揮體系，比如有清晰的十人長、百夫長、千人長等。他嚴肅軍紀，制定了非常嚴格的「連坐」制度，一個十人作戰小分隊中有一人臨陣後退或脫逃，其餘九人會被就地正法。

《史集》和《蒙古秘史》等典籍中列舉了這些千戶官的姓名、出身、主要經歷以及各千戶的組成情況，包括七十八位功臣、十位駙馬，其中三位駙馬共領有十千戶。因此，當時實際分封的只有八十八人，這就是蒙古汗國歷史上著名的八十八功臣。

千戶制的建立，標誌著蒙古高原古老的部落聯盟體系和氏族制的最後瓦解，他們開始進入一種軍事、政治、經濟三位一體的奴隸與封建相結合的制度，這也為鐵木真未來建立有效的統治體制打下堅實的基礎。

鐵木真獎罰嚴明。他規定只要獲得戰功，所有人均可獲得財富。當然，這裡說的財富，就是對被征服者毫不留情的劫掠。

後人總結鐵木真迅速獲得成功的理由，蒙古馬的優勢被列為一項。

蒙古馬是蒙古高原上特有的一種馬匹，個頭很矮，其貌不揚，但具有其他品種馬匹望塵莫及的耐力。蒙古馬連續奔跑的時間可以達到其他品種馬匹的數倍，食草量很低，對草的品質也沒有很高要求。相對而言，蒙古馬具有較高的智商，在戰鬥中與騎馬者的匹配度極高，善於做出各種高難度動作，幫助騎者獲勝。蒙古馬還耐低溫，可以承受攝氏零下四十度的低溫，能夠在北亞大陸作戰。

大家都擁有蒙古馬，但與蒙古高原上其他部落不同的是，鐵木真建立了一整套行之有效的蒙古馬使用機制。每個騎兵都配備五匹蒙古馬，日常由專門的後勤保障隊伍進行養護，戰事開打保證騎兵在一匹戰馬「累癱」後能立即換騎另一匹枕戈待旦的戰馬。因此很多部落在與鐵木真的部隊交戰時，往往是人還沒事，但坐騎已經累死了，或者想跑而馬已經沒了氣力，只好束手就擒。

鐵木真專門設立「扯兒必」（把總）來管理馬匹、軍械和糧草，這在當時的草原上是非常先進的，為遠征提供了基礎和條件。

遼金時期，部落領袖一般都在「斡兒朵」（宮帳或大帳）設有「那可兒」。那可兒是親兵兼做雜役的身邊人，帶有濃厚的父權制色彩，發展到鐵木真時期，已然成為封建制的宮廷軍事官僚集團，名字定為「怯薛」，其成員稱「怯薛歹」。

鐵木真給予怯薛很多特權。比如，怯薛出門與千戶發生糾紛，無論對錯均是千戶之責。因為怯薛都是從萬戶、千戶、百戶那顏（蒙古語意為「官人」）子弟及隨從中擇優選拔，分四班宿衛大汗。怯薛人員除了宿衛，也分任大汗（皇帝）的冠服、弓矢、食飲、文史、車馬、廬帳、府庫、醫藥、卜祝等事，主要有昔寶赤（鷹人）、必闍赤（文書）、札里赤（書寫聖旨者）、寶兒赤（廚師）、雲都赤（帶刀者）、玉典赤（門衛）、速古兒赤（尚供衣服者）、玉烈赤（裁縫）、燭剌赤（掌燈火者）、忽兒赤（奏樂者）、八剌哈赤（守城者）、阿塔赤（牧軍馬者）、帖麥赤（牧駱駝者）、火你赤（牧羊者）等，一概世襲。後來，鐵木真分封的諸王亦各有怯薛，當然規模比鐵木真的怯薛要小得多。忽必烈建立元朝後，怯薛歹多成為近侍大官，後話不贅。

即將進攻乃蠻人時，鐵木真的怯薛軍達一萬人。這樣一支精兵，在當時蒙古高原上無人能敵。

鐵木真的強大，還在於他建立了一支「兼職」的斥候隊伍，斥候就是今天的「偵察兵」。

作為傳統游牧地的蒙古高原，畜牧類產品自然無比豐富，但其他生活必需品都要通過貿易或者搶劫才能得到。當然，貿易和交換是常態。與多數人對待商賈的態度不同，鐵木真並不簡單地只是把他們看作「剝削者」或者奸詐之徒，而是努力與商人交好，從他們那裡得到自己不知道而又想得到的訊息和情報。

這些商人就是鐵木真的兼職「偵察兵」，他們隨時向鐵木真回報乃蠻人和塔陽汗的情況。一二〇四年夏天，當鐵木真連續從多位中亞商人那裡得知乃蠻人疏於戒備時，立即採納其弟弟別勒古台的意見，決定趁塔陽汗不備出兵進攻。

戰鬥非常慘烈，打了一整天，最終塔陽汗重傷而亡，其子屈出律（又譯「古出魯克」）帶領少量隨從越過阿爾泰山，投靠其叔叔不亦魯黑。鐵木真的安答札木合看到情況不妙，早早就逃掉了。

次年，鐵木真越金山❶而向南，消滅不亦魯黑的勢力。屈出律再次逃脫，向東南逃至畏兀兒北境別失八里❷，再南越天山，到達苦叉❸，於一二〇八年至垂河❹流域的虎思斡耳朵投奔西遼。西遼末帝直魯古收容了屈出律，並嫁以公主，屈出律成為西遼駙馬。

鐵木真滅乃蠻部的進程中，還有一個小故事。

鐵木真的第二斡兒朵中，有一位妃子叫古兒別速，《元史》中稱為「哈兒八真皇后」，《新元史》中則稱為「古兒八速皇后」。古兒別速原為乃蠻部汗王亦難察必勒格的寵妃。按照游牧人的傳統，父親死後，其后妃可以嫁給兒子。亦難察必勒格死後，塔陽汗和不亦魯黑為爭奪古兒別速，導致兄弟分道揚鑣。古兒別速終為塔陽汗所得。

塔陽汗昏庸無能，不理政事，乃蠻部的大權盡落於古兒別速。

當初，在知道鐵木真進攻時，古兒別速曾輕蔑地說：「蒙古人衣著髒汙，身有臭味。」這話傳到了鐵木真的耳朵裡。

乃蠻軍隊被鐵木真滅掉後，古兒別速被俘，鐵木真對她說：「你不是說蒙古人有臭味嗎？現在怎麼又過來啦？」說罷，他將她留在帳中加以寵幸。

鐵木真甚是欣賞古兒別速的美色，承諾道：「只要你用心侍奉我，又不惹是生非，我是不會拋棄你的，還會封你當皇后。」

古兒別速死心塌地侍奉鐵木真，也真的備受寵愛被封為皇后，其宮帳位於第二斡兒朵，排名第二，地位僅次於第二斡兒朵的主后忽蘭皇后。

---

❶〔金山〕即阿爾泰山。
❷〔別失八里〕今新疆吉木薩爾縣。
❸〔苦叉〕今新疆庫車。
❹〔垂河〕今哈薩克和吉爾吉斯兩國交界處之楚河。

六、回鶻人給蒙古人「造字」

一二〇四年，鐵木真率領蒙軍滅乃蠻部。塔陽汗傷重身亡，部眾潰散。當時有一位名叫塔塔統阿的畏兀兒人，是乃蠻政權的掌印官，他攜帶金銀逃跑，後被蒙軍抓獲。

畏兀兒人，就是唐代前期的「回紇人」，後期的「回鶻人」，是中國古代北方少數族群中文化最高者。

鐵木真聽說抓住了乃蠻政權的掌印官，非常好奇，因為他雖然已經稱汗，但蒙古政權並沒有掌印官這個官職。

鐵木真說：「乃蠻的人民和土地都已經投降了我，你（塔塔統阿）為何還要逃跑？」塔塔統阿回答：「我身為執掌國家金印的大臣，這是我的職責所在，必須完成故主塔陽汗交給我的守印之責，怎麼敢有其他想法呢？」鐵木真聽了感慨萬千，說道：「真是一位忠孝之臣哪！」接著，鐵木真又問：「你保管的這枚金印有什麼用途呢？」塔塔統阿答道：「國庫出納糧食，汗廷重要人事任命等重要文書，都要以金印為印鑑，以示尊嚴和莊重。」

據《元史》記載，塔塔統阿滿腹經綸、聰明睿智、能言善辯，精通乃蠻國回鶻文字，很受乃蠻汗廷器重，被塔陽汗尊為國師。

那時候，乃蠻部與回鶻人的後裔畏兀兒人比鄰而居。回鶻人原本駐牧在蒙古高原，八四〇年被黠戛斯人擊敗，可汗被殺，民眾不得不向西遷徙。回鶻人大致根據地域不同，分為三支：嶺西回鶻，即遷至蔥嶺❶以西地方的回鶻人；甘州回鶻，即遷至甘州❷地區者；高昌回鶻，即遷至高昌❸地區者。有些回鶻人因為口語相近，散居於漠北諸部落之中，比如塔塔統阿就是生活在乃蠻部中的回鶻人後裔畏兀兒人的傑出代表。

鐵木真對塔塔統阿非常信任，後者也投桃報李，竭盡所能、忠實地服務於黃金家族。他先幫助蒙古人建立一整套具有規範、正式且有效的印章管理系統，使得蒙古政權更接近於文明社會的政權形式。同時，鑑於蒙古人沒有文字，他像為乃蠻人服務那樣，使用成熟的畏兀兒（回鶻）文字作為臨時的官方書面系統，同時受命教鐵木真的子孫學習畏兀兒文字。

畏兀兒文字在草原上早已具備一定的普及性。在塔塔統阿協助鐵木真保持政令暢通的進程中，畏兀兒文字起到了很大的正向作用。

鐵木真生前最器重的兩位「文化人」，一位是高度漢化的契丹人耶律楚材❹，另一位便是塔塔統阿。而這兩位也的確沒有辜負鐵木真的期望，為蒙古政權鞠躬盡瘁。

窩闊台忠實地延續著對塔塔統阿和耶律楚材的尊重和重用。一二二九年，窩闊台繼位後，繼續

---

❶〔蔥嶺〕今帕米爾高原。
❷〔甘州〕中心位於今甘肅省張掖市。
❸〔高昌〕中心位於今新疆吐魯番。
❹〔耶律楚材〕（一一九〇—一二四四）年，字晉卿，號湛然居士，其名出自「楚材晉用」之典，係遼太祖耶律阿保機的九世孫。

命塔塔統阿掌管汗廷金印，負責總管劫掠來的金銀珠寶及貴重的絲帛品。

元太宗窩闊台和塔塔統阿兩家的私交也十分密切，塔塔統阿的妻子吾和利氏受命擔當了太子的乳母。

窩闊台經常賞賜塔塔統阿。每次賞賜後，塔塔統阿都把家人召集到一起，說：「大汗（窩闊台）讓你們的母親做了太子乳母，經常進行賞賜，但你們不能將這些賞賜來的金銀財寶據為己有，應當首先供太子享用。」

窩闊台得知後甚為感動，他對眾臣說：「塔塔統阿把我原本賜予他和他家人的物品都給了太子使用，可見他人品之高尚！」從此，塔塔統阿更受皇族、宗室和大臣的敬重。

鐵木真滅乃蠻以後，其疆土便直接與高昌回鶻政權接壤了。

高昌回鶻作為回鶻汗國裂解後西遷的一支，其首領係原回鶻汗國可汗之子龐特勤，他當時帶領十五個回鶻部落來到今吐魯番盆地游牧和農耕。得知烏介可汗被殺，龐特勤稱汗，建立了高昌回鶻政權。

鑑於回鶻與唐朝的長期友好關係，龐特勤一度希望得到大唐的幫助，重新恢復回鶻的往日榮光，但唐廷其時已經走向衰亡，根本無力在西域和河西走廊採取什麼像樣的舉措。

高昌回鶻依靠自己的力量，不僅擊敗了幾支突厥人部落的反叛，還大敗了吐蕃人的攻擊，所控制的疆域不斷擴大，到十二世紀時，高昌回鶻西至中亞錫爾河、阿姆河流域，東到甘州、肅州[5]，南抵大漠戈壁，北與乃蠻接壤。

耶律大石來到中亞復建遼朝，高昌回鶻名義上接受了西遼統治，實際上基本保持著獨立狀態，只是西遼朝廷在高昌回鶻派駐一位「沙黑納」❻，行使一定的監督職能（實際上主要是一種宗主權的象徵），並每年督促高昌回鶻向西遼朝廷繳納一定的賦稅。

當然，西遼以這樣一種比較鬆散的方式對待高昌回鶻，主要原因是高昌回鶻人多信奉佛教，與西遼政權一致。到乃蠻人被滅時，高昌回鶻已經被稱作畏兀兒人，其首領也不再稱可汗，而是「亦都護」。

儘管從種族、宗教信仰等方面，畏兀兒人的高昌回鶻與契丹、漢人的西遼宗主有著很近的親緣關係，但西遼末期，朝廷派出的沙黑納日益驕橫，儼然成為「太上皇」，他們在高昌回鶻內部飛揚跋扈，欺男霸女。同時，西遼朝廷西邊面對花剌子模，東邊面對蒙古的威脅，在軍事上有著更多準備，也因此對高昌回鶻等藩屬國的經濟要求益甚。

鐵木真的蒙軍雖然滅了蔑兒乞人，但其首領脫脫及兩個兒子，以及被滅的乃蠻部塔陽汗之子屈出律等人都逃至中亞，在蒙軍的不斷追殺下一度逃至高昌回鶻境內。

鐵木真對塔塔統阿的寵信和對畏兀兒人的信任，使得畏兀兒決心反抗西遼的統治。

一二〇九年，鐵木真的使者剛剛抵達，剛繼位的畏兀兒亦都護巴爾朮阿爾忒的斤，便殺掉西遼委派的沙黑納，向鐵木真表示臣服，同時派出軍隊一萬人配合蒙軍的征服行動。

一二一一年，巴爾朮阿爾忒的斤覲見鐵木真，鐵木真為表彰他的主動歸附和忠誠，將女兒也立可敦許配給他。

---

❺〔肅州〕今甘肅省酒泉市。

❻〔沙黑納〕契丹語「監國」「少監」之意。

鐵木真感動了塔塔統阿一個人，卻帶來了巨大的利益。同為畏兀兒人的「高昌回鶻」主動歸附，連西邊曾被畏兀兒人近親「嶺西回鶻」建立的喀喇汗王朝[7]統治過的哈剌魯人，也願意向鐵木真投誠。塔塔統阿對於元太祖鐵木真、元太宗窩闊台的功績，在於其忠實地履行掌印官和管理國庫的職責，加上其受命於鐵木真，在回鶻文的基礎上為蒙古人創造了文字。因為有了文字，鐵木真的「札撒」和其他文告才得以用書面形式昭告天下，蒙古政權才具備了先進政體的雛形。

哈剌魯人即唐代的葛邏祿人，本是西突厥的一個部落聯盟，一直在阿爾泰山和蔥嶺一帶游牧。遼代，哈剌魯人一直受遼廷的羈縻統治。西遼建立以後，從中原來到中亞的耶律大石及其統治者，鑑於文化很高的嶺西回鶻與擅長戰鬥的葛邏祿人同處喀喇汗王朝治下會對西遼不利，遂下令將兩者分開，使哈剌魯成為獨立的藩屬國，並讓他們建都於海押立[8]。

一二一一年，蒙軍追擊屈出律等人進入西遼哈剌魯境內時，阿爾斯蘭汗殺掉西遼的沙黑納歸附。不久，親往謁見鐵木真，後者大喜，將一位宗室公主賜給阿爾斯蘭汗。

建都於阿力麻里[9]的另一支哈剌魯人，也在首領的帶領下擺脫了西遼的管制，直接投靠鐵木真。這樣，在蒙古人向西前進的道路上，直接面對的便是曾經非常強悍的西遼政權了。

---

❼〔喀喇汗王朝〕。「桃花石」是古代中亞對中國的稱謂，表明喀喇汗王朝是中國的一個封疆王朝政權。大約自一〇四一年起，喀喇汗王朝分裂為東、西喀喇汗王朝。一二一一年東喀喇汗王朝為西遼所滅，一二一二年西喀喇汗王朝滅亡。

❽〔海押立〕今哈薩克國科帕耳城附近。

❾〔阿力麻里〕今新疆霍城西北。

七、大將哲別滅西遼

遼朝被金朝滅亡後，宗室耶律大石率眾長途跋涉數千公里到達今中國新疆和中亞地區，建元稱帝，復建遼朝。因地處中原以西，被稱為「西遼」。

十二世紀末期，西遼王朝經過德宗耶律大石、監國太后蕭塔不煙以及仁宗耶律夷列兩代人的統治，在中亞站穩了腳跟，還將以漢文化為主體的中華文明遠播，使得漢唐時期深受東方文明薰陶的中亞大地，經濟發展非常迅速，百姓生活安定祥和，一派欣欣向榮。

同時，西遼統治階級主體為漢化的契丹人、奚人等，人口在中亞居於劣勢，主要精力放在發展經濟、穩定疆域、鞏固統治等方面。耶律大石當初征金復遼的理想，已隨著時間推移漸行漸遠了。

這時，西遼發生了宮廷鬥爭——仁宗耶律夷列駕崩後，太子年幼，德宗耶律大石之女、仁宗耶律夷列之妹普速完監國。沒想到普速完竟然與駙馬之弟蕭朴古只沙里通姦，還羅織罪名將親夫殺死。耶律普速完的劣行完全激怒了公公蕭斡里剌。蕭斡里剌為耶律大石舊部，是西遼開國功臣，曾數次受命領兵東征金朝，還曾率軍在卡特萬會戰中大敗以塞爾柱為主的中亞聯軍。

卡特萬會戰發生於一一四一年，當時，西遼軍隊在錫爾河流域忽氈之卡特萬，與塞爾柱聯軍大戰。此戰後，塞爾柱王朝滅亡，西喀喇汗王朝臣服於西遼。

塞爾柱王朝也稱「塞爾柱帝國」，其主體民族為烏古斯部，係隋唐時期突厥治下的九大部落聯盟之一。

烏古斯部隨西突厥西遷後，其四大部族之一在錫爾河下游地區建立政權，以部族首領塞爾柱的名字命名，最盛時疆域包括美索不達米亞平原、波斯、敘利亞、巴勒斯坦地區等。

蕭斡里剌指揮的卡特萬會戰結束後，西喀喇汗王朝徹底歸降西遼。戰功卓著、功勳赫赫的蕭斡里剌，官拜西遼王朝之六院司大王。

一一七八年（金世宗大定十八年、南宋孝宗淳熙五年、西夏崇宗乾祐九年、西遼承天皇后崇福十五年），在自己的兒子、普速完的丈夫被處死後，六院司大王蕭斡里剌發動宮廷政變，殺死普速完，迎立仁宗之子、普速完之侄耶律直魯古為帝，改元「天禧」，史稱天禧帝。

儘管有這些不愉快的事情發生，但天禧帝耶律直魯古統治的是經過其先人勵精圖治、辛勤耕耘後的王朝，他即位時西遼依然是國勢強盛的時期。

但是，西遼統治階級日益腐化沒落，政治渾濁，對百姓盤剝加重，自主不自主地對外連續用兵，招致社會矛盾不斷激化，而天禧帝本人熱衷於狩獵和遊玩，根本不理朝政。

這時，經歷了西遼打擊而一蹶不振的塞爾柱王朝，已被阿姆河以南的古爾王朝❶取代，它攻佔了西遼傳統上的羈縻地區巴里黑❷後，強迫當地不再向西遼繳納賦稅，同時發兵攻打西遼的屬國花剌子模。花剌子模被迫向宗主直魯古上書求援。

西遼遂派大將耶律塔陽古統兵一萬，南下征伐古爾王朝。西遼軍紀敗壞，沿途燒殺搶掠，百姓皆怨聲載道。

在怛羅斯❸一戰中，西遼軍隊被打敗了，大量士兵被追逐至阿姆河淹斃。

因受花剌子模求助而派兵，所以天禧帝直魯古要求花剌子模給予賠償，但被拒絕。一二〇三年（南宋寧宗嘉泰三年、金章宗泰和三年、西夏桓宗天慶十年、西遼天禧帝天禧二十六年），花剌子模與古爾王朝之間又發生戰事。花剌子模再次向西遼求援，直魯古派塔陽古帶軍大敗古爾王朝軍隊。

此役後，古爾王朝一蹶不振，後為花剌子模所滅。

但這次大戰也讓西遼大損元氣，反而給花剌子模的崛起提供了巨大幫助。自以為強大了的花剌子模國將擴張的目標對準了西遼直轄疆域——河中地區❹。

利用河中地區百姓反對西遼地方官員暴戾腐敗而起義的時機，花剌子模蘇丹摩訶末，聯手西喀喇汗王朝的蘇丹鄂圖曼，相繼向西遼發起進攻，但被西遼軍隊擊敗。

蘇丹鄂圖曼看到西遼仍然勢大，於是取消了和摩訶末的聯手，轉向原來的宗主直魯古，懇請迎

❶〔古爾王朝（一一四八—一二一五年）〕係由中國北方西遷後的突厥系部族在中亞建立的封建政權，共傳位九位蘇丹，後為花剌子模國所滅。

❷〔巴里黑〕今阿富汗北部馬扎里沙里夫。

❸〔怛羅斯〕今哈薩克塔拉茲市。

❹〔河中地區〕也稱「中亞河中地區」，指錫爾河和阿姆河流域以及澤拉夫尚河流域，包括今烏茲別克全境和哈薩克西南部。中國古代稱之「河中」，近代稱之「河中地區」，現代稱之「中亞河中地區」。河中為古代歐亞陸路主商道「絲綢之路」之重要通道，也是游牧族群從東方向西遷徙的必經之地，戰略地位非常重要，土地肥沃，水草豐美，適合人類居住和發展。該地區先後被漢朝、匈奴、大宛、突厥、唐朝、西遼、元朝等政權統治。

娶其年輕貌美的唯一的女兒渾忽公主。但是被西喀喇汗王朝反覆無常激怒的直魯古，不假思索地拒絕了鄂圖曼的請求。

一二〇四年，乃蠻部被鐵木真打敗，首領塔陽汗也被殺死，其子屈出律僥倖逃脫，一路向西躲避鐵木真的追殺。

屈出律先逃到叔叔不亦魯黑處，結果不亦魯黑被追上的蒙軍殺死。屈出律再度逃脫，投奔蔑兒乞部首領脫黑塔，但脫黑塔也沒有逃脫蒙軍的懲罰，在額爾濟斯河畔一戰中陣亡。

惶惶如喪家犬的屈出律只得繼續向西逃竄，在他奔逃的數年間鐵木真已於一二〇六年在蒙古高原上被推舉為大汗並建立了大蒙古國政權。聽到鐵木真稱汗的消息，屈出律知道恢復乃蠻部的希望已經非常渺茫。

一二〇八年，當屈出律取道別失八里逃到庫車附近的大山裡時被西遼軍隊發現，後被解送國都八剌沙袞，屈出律趁勢提出求見直魯古。

據拉施特的《史集》與志費尼的《世界征服者史》記載，當時西遼天禧帝曾答應接見屈出律，但工於心計的屈出律生怕會見後於己不利，就讓一名親隨冒用自己的名字前往拜見，自己冒充馬夫站在宮門外靜候。這時天禧帝的皇后從外面返回，在皇宮門外碰上了這個「冒牌馬夫」，見他形雖落魄，卻面露不凡之色，便細加盤問。善於察言觀色的屈出律以實情相告，頗得皇后好感，被納為貼身近臣。之後屈出律便以近待身分出入西遼朝堂。他投其所好、極盡花言巧語之能事，很快博得了直魯古的歡心與信任。

此時金朝的章宗已故去，衛紹王登基，金朝朝政腐敗呈現加速趨勢，稱汗後的鐵木真磨刀霍霍，隨時準備伐金。同時蒙軍連續滅掉與西遼接壤的乃蠻部的消息不斷傳到八剌沙袞，屬國花剌子模也露出反意，這一切都讓直魯古憂心忡忡。

屈出律向直魯古宣稱，只要借用西遼名義，就能召回自己散居天山以北各地的乃蠻、蔑兒乞等部，以加強王朝軍力，防止蒙軍入侵，他甚至信誓旦旦地說：「我絕不背離您（指西遼天禧帝）指定的方向，哪怕竭盡全力也要完成任何命令。」為了表示忠心，屈出律還宣布不再信奉乃蠻人信仰的景教❺，而皈依了西遼王室信奉的漢傳佛教。

這些舉動使這位落魄之人立即被直魯古封王。在皇后的青睞之下，他還娶到了天禧帝唯一的女兒渾忽公主，成為西遼的「駙馬爺」。

此後幾年，儘管鐵木真大舉進攻西夏和金朝，還未與西遼發生戰事，但西遼境內的花剌子模日漸「囂張」，公然煽動西遼各藩屬地和百姓鬧事。

在花剌子模軍隊進兵河中地區後，直魯古派塔陽古帶軍征討，結果招致大敗，連主帥塔陽古也被生俘。這一仗是西遼進入中亞後無數次大戰中的第一次失敗，清楚地證明其統治已近窮途末路，滅亡只是時間問題。因為這場戰役的勝利，花剌子模的勢力擴張到西遼王朝的「眼皮子底下」，摩訶末在中亞聲名大振。

西遼疆域的其他地方也陷於全面危機狀態。東部地區自耶律大石時代就已經臣服的高昌回鶻王國，於一二〇九年殺死西遼王朝的監督官❻投靠鐵木真。一二一一年，葛邏祿部首領阿爾斯蘭汗投奔

---

❺〔景教〕古代基督教的一支教派。

鐵木真。向來最為恭順的東喀喇汗王朝也起兵造反，西遼出兵鎮壓，將其蘇丹穆罕默德俘虜後，囚禁於八剌沙袞，才勉強穩定住局勢。

亂世中的直魯古已經焦頭爛額了。

這時，屈出律在接連遭受重創的西遼王朝傷口上又撒了一把鹽，他利用直魯古的信任，悄悄與花剌子模、撒馬爾罕❼的封建主約定允許他們獨立，但條件是他們承認屈出律對西遼的控制。達成默契後，屈出律帶領乃蠻部、蔑兒乞部屬軍八千人，趁直魯古在郊外狩獵毫無準備之機，突然發動政變，劫持了直魯古。直魯古無奈，只好接受做太上皇的要求。屈出律遂控制了西遼朝廷。深知自己難以服眾的屈出律，不敢冒天下之大不韙取西遼而代之，他宣布保留西遼國體和一切政治制度。

屈出律把持西遼後，將朝廷作為實現個人目標的工具。他為了讓東喀喇汗王朝歸順自己，在獲得效忠自己的承諾後，將不久前因叛亂而被直魯古囚禁於八剌沙袞的蘇丹穆罕默德放回喀什噶爾❽。這位原本在中亞具有一定威望的首領，因宣誓效忠於口碑極差的屈出律而被喀什噶爾的貴族殺死。東喀喇汗王朝也就滅亡了。

耶律大石當年能夠不遠萬里去到中亞站穩腳跟，西遼能夠在強鄰環伺的河中地區立足，受到各部族的衷心愛戴，皆因德宗時制定且被延續執行的正確政策，諸如宗教信仰自由、鼓勵農桑、輕徭薄賦。

西遼天禧帝直魯古在經濟政策上已然顛覆了其祖父一貫的正確性，他為了滿足自己和宗室、貴族「小集團」的享樂，為了所謂的「哥們兒義氣」幫助花剌子模發動一次次戰爭，不惜加重人民賦稅，招致天怒人怨。但直魯古在宗教政策方面，還是堅持了祖上傳承的包容與寬厚，即使在數次打敗反叛者後，也沒有對俘虜的宗教信仰有任何強制要求。

然而，屈出律犯下了致命的大錯。

首先，他惱怒於東喀喇汗人將對他表示效忠的蘇丹殺死，所以連續四年派兵，不遠千里地從八剌沙袞南下到喀什噶爾進行襲擾，大規模焚毀草場和牧地，力圖用兵威和饑饉來迫使當地的穆斯林臣服於自己。

其次，通過篡奪岳父之位而掌權的屈出律，內心自然非常「虛」。

當時的八剌沙袞是一個多部族、多宗教信仰教徒聚居的城市，既有從中原來的佛教徒，也有堅持原始薩滿教的契丹人，還有信奉景教的乃蠻人，以及皈依了伊斯蘭教的突厥系百姓等，大家互不干涉宗教信仰，在西遼統治下一直相處地非常和諧。而屈出律以「變態」的方式，試圖改變這一切。他「改造」了西遼軍隊的成分，將原來以契丹人、漢人、奚人等為主，變為以自己所屬的乃蠻人為主。他命令追隨自己的乃蠻人通通皈依佛教，然後在八剌沙袞和喀什噶爾兩座城市每戶派駐一名士兵，要求這些士兵監督百姓的一舉一動，特別是要求穆斯林在一定期限內改變信仰成為佛教徒。

此舉在西遼直屬疆域裡引起軒然大波，百姓紛紛表示不滿。屈出律還以武力強迫百姓改穿契丹人的服裝。有人表示不滿，他便親自下令處死。

---

❻〔監督官〕即「少監」，西遼朝廷常年派駐各藩屬國或自治政權中的皇帝代表。

❼〔撒馬爾罕〕中亞地區歷史名城，現在是烏茲別克的舊都兼第二大城市、撒馬爾罕州的首府。

❽〔喀什噶爾〕今新疆喀什市。

一二一八年（南宋寧宗嘉定十一年、金宣宗興定二年、西夏神宗光定八年、西遼天禧帝四十一年、元太祖成吉思汗十三年），花剌子模多次處死或羞辱途經中亞的蒙古商人。鐵木真怒不可遏，欲征討之。

花剌子模與蒙古部之間橫亙著西遼，而西遼統治者屈出律又是鐵木真當年殲滅乃蠻部時的「漏網之魚」，於是鐵木真決定兵分二路西征中亞。

南路蒙軍的指揮官是曾經在打敗乃蠻部時立下戰功的名將哲別，他帶領大軍西進，聽到了很多關於屈出律暴行的傳聞，於是他堅決落實鐵木真的鬥爭策略，到處宣揚蒙軍奉行的「宗教自由」政策，以及蒙軍即將來「解放」中亞百姓的消息。

消息迅速傳開了，百姓紛紛起事，或將家中居住的士兵殺死，或不再繳納貢賦。屈出律嚇得屁滾尿流連夜逃跑了。後來，他逃至帕米爾高原薩雷闊勒嶺一帶山區，被當地農戶抓住解送到蒙軍大營，後被處死。

西遼王朝（一一二四—一二一八年）歷經九十四年風雨歲月，最終滅亡。

八、大汗鐵木真亦有難言之隱

蒙古帝國的開創者奇渥溫・孛兒只斤・鐵木真成吉思汗和正妻孛兒帖育有四個聲名顯赫的兒子，分別是：長子朮赤（一一八一—一二二七年）、次子察合台（一一八三—一二四一年）、三子窩闊台（一一八六—一二四一年）、幼子拖雷（一一九三—一二三二年）。

早年，鐵木真與孛兒帖新婚不久，蔑兒乞部首領脫黑脫阿為報其弟也客赤列都之妻訶額侖被鐵木真父親也速該所搶之仇，突襲了鐵木真的營帳。混戰中，鐵木真逃進了不兒罕山，妻子孛兒帖卻成了脫黑脫阿的俘虜。等救回時，孛兒帖已有身孕，後誕下一子，取名「朮赤」。「朮赤」在阿勒泰語系中是「客人」的意思。從出生開始就不斷有人懷疑朮赤的血統，尤其是二弟察合台和三弟窩闊台常因此與他產生衝突。

從已知的訊息很難看到鐵木真對於這個血統「可疑」的兒子的內心想法。但是我們注意到，身為鐵木真長子的朮赤及朮赤系後人，在整個蒙古帝國歷史上的地位非常特殊，並且具有鮮明個性。這一點和黃金家族其他支系的情況有很大的不同。

朮赤在鐵木真諸子中的「可疑」血統及其隨之產生的心理變化，以及衍生出的行為模式，曾經極大地影響了黃金家族的征服進程，進而對整個世界歷史的走向都產生了深遠的影響。作為黃金家族朮赤系的始祖，朮赤是非常值得關注的人物。

按理說，作為一個普普通通的生命，朮赤和任何人一樣沒有選擇父親和母親的權利——在一個文明的社會裡，孩子無論如何都是無辜的。但是，我們最好能穿越時光隧道來到十二世紀和十三世紀，從這個時空去把握朮赤，把握和他相關的人與事。

朮赤系建立的欽察汗國，延續近兩百年的統治及其與蒙古帝國其他汗國之間的關係，與朮赤本人的血統有著無法割捨的關係。

朮赤的青年時代展現了與其他兄弟不同的個性，當察合台、窩闊台、拖雷在父親鐵木真身邊撒嬌玩鬧的時候，少年老成的他在認真地練習騎術和射擊。他總是默默地幫助父親處理一些個人事務，諸如給戰馬洗澡、餵食，乃至整理武器和箭筒。他背後感覺到的父親的眼光，似乎不同於對待弟弟們的那種慈祥和愛意，更多的是一種令人生分的感謝和讚許。他在父親面前很少說話，雖然那時鐵木真經常處在征服蒙古其他部落的思考和焦慮之中，希望能有人一起互動和共鳴。

在打擊和報復塔塔爾部落聯盟（**蔑兒乞部是塔塔爾的西鄰，長期結盟**）的時候，關於要不要帶著朮赤一起前往，這件本來不應該費腦筋的事情居然讓一向果斷的鐵木真犯愁。當然，鐵木真不會懷疑朮赤的勇敢和能力，也相信自己對朮赤的絕對權威。鐵木真的難言之隱是，他不知朮赤面對可能是他的真正父親所在的塔塔爾部時會如何表現。會網開一面，還是像以往對付其他不馴服的部落那樣「斬立決」「殺無赦」。

處在用人之際，朮赤還是被父親帶到了戰場，而且在屠殺那個部落時，他比其他人表現得還要勇猛和殘忍。有人提出赦免女人和孩子，朮赤竟然當著眾人的面向鐵木真建言：「凡是高於車輪的人，無論男女老幼，一律斬首。」

徹底殲滅了對手以後，粗中有細的鐵木真發現了朮赤的一些細微變化。他時而一改以往沉默寡言的特點變得滔滔不絕，時而又在眾人紛紛哄搶和炫耀戰利品的時候，獨自一人走向草原深處。

鐵木真可能一生都沒有和朮赤談過他母親那一段日子。兩個同樣勇敢而堅強的男人之間，在外人看來更多的是一種彬彬有禮的上下級關係，只是偶爾在酒後以勾肩搭背的形式顯示出一些比別人多幾分的親近。

但是，朮赤在征服「林木中百姓」的過程中所展示的能力得到了鐵木真的高度肯定。據《蒙古秘史》記載，鐵木真為此專門下旨表彰朮赤：「我兒子中你最長，今日出征去，不曾教人馬生受，將他林木中百姓都歸附了，我賞與你百姓。」

說到做到的鐵木真把九千戶百姓分給了朮赤，這個數字在當時黃金家族成員中是最多的。這個事實，似乎說明鐵木真對朮赤還是視若己出的。

需要特別指出的是，鐵木真從來沒有在任何場合查過朮赤的來歷，在所有的文字記載中，鐵木真對妻子、朮赤的母親孛兒帖表現了始終如一的愛情和感情。鐵木真後來擁有了許多來自世界各族的名門閨秀或者嬌豔之花，但孛兒帖始終是當仁不讓的黃金家族「第一夫人」。

朮赤仰仗著父親的巨大權威和自己建立的巨大功績，似乎沒有因為這個事情受到過任何明顯的懷疑和嘲弄。但事情就是這樣，有時候說穿了反倒是一種解脫，內心壓抑則會帶來長久的不安，甚至心理扭曲。

我們不止一次關注過蒙古帝國時代汗位傳承的特點。

作為有著自己獨特的文化視角，同時深受漢文化影響的東方民族，蒙古人非常注重血緣關係的紐帶，黃金家族在統治歐亞大陸的幾百年時間裡，即使出現過反覆的仇殺和攻擊，也始終認同同一個血脈、同一個祖先的親情。

黃金家族在一二二七年鐵木真去世以後，逐步陷入了分裂的狀況。

固然，蒙古人由來已久的「幼子掌家灶」的傳承習俗可以作為世襲的主要依據，但是蒙古人還有一個游牧族群約定俗成的概念，叫作「舉賢為汗」。很多時候，在貴族幼子的年齡小，或者經驗、閱歷淺薄的狀況下，他們更多採取後一種方式來決定主要家業的繼承權。

鐵木真五十八歲時準備西征花剌子模，考慮到自己畢竟年事已高（古代男子過五十歲就是高壽了），為防萬一，他召集兒子和眾將討論繼承人的問題。

按道理應先由長子朮赤「發言」，但次子察合台先跳出來說：「父汗，您是要讓這個蔑兒乞人的種來繼承汗位嗎？」鐵木真的臉當即就掛不住了，朮赤更是勃然大怒。很多人認為朮赤不是鐵木真的骨肉，但誰也不敢當著朮赤的面講。朮赤氣急敗壞地衝上前和察合台扭打在一起……

說實話，做一個換位思考的話，鐵木真是很難做出決定的。

至於三子窩闊台，在征服中亞的戰爭中立下了赫赫戰功，在蒙軍中的威望也比較高，缺點是沉湎酒色，以及對被征服者進行殺戮。他恐怕在管理和治理帝國上缺乏恩威並重的手段，尤其是他有時候還表現出小心眼兒和睚眥必報的傾向。

如果讓二子察合台即位，顯然在蒙古人的傳承習慣上缺乏依據，察合台表現更多的是仲裁或調和的角色，其本人也沒有表現出一點兒對汗位的渴望。

朮赤作為最年長的兒子，一直受鐵木真之命致力於對歐洲戰場的作戰，積累了豐富的軍事鬥爭經驗。他平素在對待察合台和窩闊台兩個弟弟方面，情緒是非常複雜的，起因是兩個弟弟對他的態度很早就顯得不夠尊敬。

對鐵木真懷有深深恐懼的朮赤，自從一二一一年攻佔了花剌子模舊都玉龍傑赤[1]以後，就來到了烏拉山腳下自己的舊部和兀魯思那裡，再也沒有回到父親的身邊，就連鐵木真召集的「忽里勒台」大會都不參加了。自此，朮赤直到一二二七年離開人世，與父親鐵木真再也未曾謀面。

朮赤渴望回到父親的身邊，像弟弟們一樣得到父親深情的愛撫——在父母面前，孩子永遠是孩子。他不止一次地期待著父親和他促膝長談、挑燈夜話，甚至希望父親拿起那根油亮的馬鞭狠狠地抽在自己的身上，一遍、一遍、又一遍……

朮赤無法忍受二弟察合台那充滿了蔑視、鄙夷和嘲諷的目光，更無法忍受察合台和窩闊台對他不是鐵木真之子的明確肯定。他曾經主動關心察合台，得到的回應卻是更加不屑的羞辱。察合台和窩闊台的話語，哪怕是不經意的話語，都像一把利刃直刺向朮赤的心房。

朮赤一直生活在伏爾加河下游的薩萊城，生活在他的封地上。

一二二七年，鐵木真成吉思汗也離世了。

[1]〔玉龍傑赤〕今烏茲別克共和國烏爾根奇市。

九、花剌子模是一塊難啃的骨頭

西遼的疆域，除了在都城八剌沙袞附近的地方，多是原先存在的地方政權，如東喀喇汗王朝、西喀喇汗王朝、高昌回鶻王國等。西喀喇汗王朝的治下，有一處地理名詞叫「花剌子模」，大概位於中亞阿姆河下游、鹹海南岸。

這裡最初屬於古老波斯帝國及波斯文化影響的地方，在七世紀伊斯蘭教向中亞地區傳教的進程中，花剌子模地方的人改信伊斯蘭教。十一世紀末期，花剌子模歸屬塞爾柱王朝統治。一一四二年的卡特萬會戰中，西遼德宗耶律大石率部大敗塞爾柱軍隊，原屬塞爾柱的花剌子模向西遼臣服，每年向西遼繳納三萬第納爾的稅金。

利用中亞霸主西遼藩屬的赫赫聲名，花剌子模不斷向西擴張，在卡特萬會戰半個世紀以後的一一九四年滅塞爾柱王朝，將自己的疆域拓展至波斯西部地區。

一二〇〇年，阿拉烏丁・摩訶末即位為花剌子模蘇丹，這時西遼王朝日趨衰落，花剌子模國勢開始興盛，摩訶末希望改變臣屬西遼的狀況。

摩訶末於一二〇八年主動進攻臣屬西遼的撒馬爾罕城邦，被西遼擊敗。但因當時西遼內部矛盾重重，撒馬爾罕城邦的蘇丹鄂圖曼・伊本・易卜拉欣（**原西喀喇汗王朝統治者後裔**）背叛西遼，趁機自立為汗。看到西遼可圖，摩訶末又與鄂圖曼聯合共同夾擊西遼，於一二〇九年殺死西遼派到花剌子模收取稅金的使臣，從中亞河中地區趕走了西遼勢力。

西遼末帝、天禧帝耶律直魯古昏庸無能，對被鐵木真一路追殺而逃入西遼的乃蠻王子屈出律毫無戒備，不僅招為駙馬，還賦予軍國大權，而屈出律居然與摩訶末密謀夾擊西遼，致使西遼軍隊在一二一〇年的怛羅斯大戰中一敗塗地。

在一二一五年鐵木真攻佔金中都燕京❶後，摩訶末也經過多年擴張讓花剌子模成為中亞強國，其疆域極盛時，包括今日的伊朗、烏茲別克、土庫曼、塔吉克等地。

兩強相遇，會發生什麼情況呢？

摩訶末先手派出一個頗為龐大的使團遠赴中原，在燕京附近謁見了鐵木真。鐵木真親自接見使團，要他們回去轉告摩訶末希望雙方保持友好和平。

或許正在積極對夏、對金作戰的鐵木真對花剌子模表現出如此友好的態度是一種策略需要，但至少在形式上蒙古人是真誠的，因為他們很快又熱情地接待了來自花剌子模的一個大規模商團。

但令人匪夷所思的事情出現了。一二一八年，鐵木真委派牙老瓦赤出使花剌子模，同時要求后妃、諸王、貴族大臣每人從下屬中派出一二人，共同組成一個多達四百餘人的商團，意欲前往花剌子模進行商業採購。

不料，這支龐大的商隊抵達花剌子模訛答剌❷時，守城將領竟然將他們扣留，理由是他們有間諜嫌疑。摩訶末下令全部處決，僅有一名馱夫僥倖脫逃並報告鐵木真。鐵木真感到莫名其妙，立即派

❶〔燕京〕今北京。

出三名使者前往摩訶末處責問，結果主使又被處決，兩名隨員被削髮後趕回。

這件事成為蒙軍西征的導火線。

原本親自率軍攻打金朝的鐵木真，將南伐主帥交給木華黎，而自己則積極籌備西征。

一二一八年，哲別率軍滅西遼，擒殺屈出律。次年，鐵木真親率二十萬大軍西征，兵鋒直指花剌子模。

當時的花剌子模擁兵四十萬，貌似與蒙軍一樣久經沙場、不可一世。但問題在於，中亞地區地形與蒙古高原有類似之處，兼有高山、草原、戈壁、沙灘、綠洲等，同樣適合蒙軍騎兵作戰，而花剌子模境內有大量都市，如撒馬爾罕、不花剌❸、訛答剌、苦盞等，都由大量正規軍守備，這樣一來，可以進行野外大兵團作戰的軍隊反倒不多了。

另外，花剌子模屬於中亞地區的「暴發戶」，其疆域多征服自塞爾柱、古爾、西遼等王朝，民心未完全歸附，民族、宗教矛盾非常突出，而且摩訶末本人剛愎自用，因此其軍隊與蒙軍實際上戰鬥力相比完全不在一個水平線上。

鐵木真率軍首先攻打斬殺蒙古商團的訛答剌城，由二子察合台、三子窩闊台攻城，同時派出長子朮赤沿著錫爾河進攻下游諸城鎮，並親率主力蒙軍攻打另一個大都市不花剌。

這個時候的蒙軍已經不單單是在草原上追殺塔塔爾人、克烈人、乃蠻人的騎兵了，而是在幾次伐夏、伐金中積累了攻打定居設防城市豐富經驗的軍隊。守將逃跑後，鐵木真要求城內富戶將金銀財寶交出，然後令全體居民出城，殺死了三萬餘名男子，婦女、兒童充作奴隸，留下部分青壯男子作為前鋒去進攻撒馬爾罕。在不花剌的屠殺是蒙軍屠城的開始。

察合台、窩闊台攻陷了訛答剌並俘獲了當年殺死蒙古商團的花剌子模將領亦難赤，乘勝趕往撒馬爾罕與父親會合，亦難赤則當眾被熔化的銀液灌入耳朵和眼睛處死。

撒馬爾罕是花剌子模的新都，摩訶末調集重兵十五萬人守備，但因其中的突厥系康里人率先出城降蒙軍，所以貌似堅不可摧的大城瞬間陷落。

這座城市是古老絲綢之路上的著名節點。城破時，除了少量工匠，其居民十萬餘戶，加上已投降的三萬名康里士兵，均被蒙軍屠殺殆盡。一二二〇年底，逃至裏海一個小島的摩訶末病故，其子札蘭丁繼位。

一二二一年，鐵木真派察合台、窩闊台率軍攻打花剌子模舊都玉龍傑赤，自己則帶領四子拖雷一路向西，越過阿姆河，攻打花剌子模的呼羅珊地區。

拖雷攻陷呼羅珊西部重鎮馬魯❹並屠城。察合台、窩闊台十萬蒙軍攻陷玉龍傑赤並屠城。鐵木真則率軍南下阿富汗，巴里黑降，然後一路追擊札蘭丁至北印度。札蘭丁的母親是印度人，在不得已的情況下，札蘭丁只好到母親老家尋求幫助。札蘭丁的英勇抵抗讓鐵木真也為之讚歎。他曾說，希望自己的子孫能像札蘭丁一樣勇敢而有智謀。

札蘭丁在花剌子模舊地不斷地號召人民推翻蒙古人的統治，怎奈每每功敗垂成，直到一二三一

---

❷〔訛答剌〕近今哈薩克奇姆肯特市。

❸〔不花剌〕今烏茲別克布哈拉市。

❹〔馬魯〕今土庫曼馬累。

年死於迪亞巴克爾❺。但是，他究竟是被蒙軍所殺，還是被自己的屬下所殺，至今仍是一個謎。

一路向西攻伐的哲別和速不台，率軍入侵了裏海和高加索地區，並翻越高加索山脈侵入今哈薩克草原和南俄草原，兵鋒直抵伏爾加河、第聶伯河流域。當地突厥人的一支欽察人不敵，只好向南求助於斡羅思（俄羅斯）大公，後者組織聯軍與蒙軍會戰，在一二二三年烏克蘭迦勒迦河之戰中大敗，斡羅思貴族被屠戮殆盡。此役讓哲別成就「蒙古戰神」的美譽。

斡羅思地方均向蒙軍表示臣服，哲別、速不台遂率軍經哈薩克草原東返，與鐵木真會合後，於一二二五年一起返回蒙古高原。這標誌著鐵木真西征（或第一次西征）結束。

這次西征歷時六年，目的只有一個，就是向花剌子模復仇，最後演變成一場蒙軍對中亞、西亞、南歐人民的大規模侵略戰爭，並伴以大屠殺，許多名城從此化為廢墟。

❺〔迪亞巴克爾〕在今土耳其東部。

十、西夏人是威脅嗎

西夏（一〇三八－一二二七年），是曾經長期與北宋、遼以及金、南宋、西遼對峙的中國古代王朝之一，其統治者是党項人。

關於党項人這支族群的來歷有很多種說法，但其主體出自西羌毋庸置疑，党項人與吐蕃人、漢人有著很近的親緣關係。

《新唐書》載：「吐蕃本西羌屬，蓋其百有五十種，散處河、湟、江、岷間，有發羌、唐旄等，然未始與中國通。居析支水西。祖曰鶻提勃悉野，健武多智，稍並諸羌，據其地。」

從在流傳至今為數不多的記載了西夏文化的典籍中，可知党項皇族認為自己的祖先娶了一位吐蕃姑娘為妻，生育了七個兒子，傳至拓跋氏皇族。

在西夏文《頌師典》中，党項人將自己和漢人、吐蕃人的關係，清晰地闡述為一母所生的同胞關係：

蕃漢彌人同一母，語言不同地乃分。
西方高地蕃人國，蕃人國中用蕃文。
東方低地漢人國，漢人國中用漢文。

各有語言各珍愛，一切文字人人尊。
吾國野利賢夫子，文星照耀東和西。
選募弟子三千七，一一教誨成人傑。
太空之下讀已書，禮儀道德自樹立。
為何不跟蕃人走，蕃人已向我低頭。
大陸事務自主宰，行政官員共協力。
未曾聽任中原管，漢人被我來降服。
皇族續續不間斷，弭藥儒言代代傳。
諸司次第官員中，要數弭藥人最多。
請君由此三思忖，誰能道盡夫子功？

古代中國西部和北部，主要是中華民族游牧族群活躍的區域，民族界限遠遠不像今天這樣清晰。在長達幾千年的時間裡，各種族群或部落，常常出於歷史的機緣巧合，出現一位或一個家族的多位具有超強領導能力的領袖人物，或者是部落聯盟的首領，帶領族群走出蒙昧與落後，開創新的世界。

通行的規律是，一旦一個部落或部落聯盟建立了政權或者稱霸於一方，則周邊和所征服的游牧族群，無論自己以前叫什麼，這時都紛紛改名為霸主所在部落的名稱，匈奴如此、柔然如此、突厥如此、吐蕃如此、党項羌亦如此。

在吐蕃勢力強大時，河、湟皆陷於其手，大量羌人部落深受吐蕃影響，紛紛歸化或被歸化為吐蕃，其中免不了有大量漢人或者已經漢化的諸羌。

同樣，當一個族群衰敗或失去對一個地區的掌控時，原先已經同化的其他族群，也會隨著新的領導族群而改變。

九世紀末，晚唐時期，張議潮率眾起事光復河、湟後，吐蕃殘餘勢力也退出了，生活在今甘、青、陝、川交界地區的吐蕃人，在部分豪酋帶領下於牧區形成大大小小的封建割據勢力。

他們不服從唐廷管轄（**事實上，張議潮管轄的區域主要還是城市、農耕區和交通要道**），吐蕃王國也已經分崩離析，因此這些「遺孽」只好各自為政。但他們的領導階級是源流較為清晰的吐蕃人，所統領的百姓則主要包括党項羌人在內的原住羌民。他們大都聚族而居，大者數千家，小者百十家，與党項羌的經濟生活、風俗習慣等幾乎一致，本為同種，很難區分。

直到北宋時，從儀州❶、渭州❷，直到靈州❸、夏州❹，還有吐蕃人分布其中，宋人也以「吐蕃」「西蕃」「蕃」「羌」等名詞稱謂這一帶的非漢人居民。

《宋史・宋琪傳》說道：「党項、吐蕃，風俗相類。其帳族有生戶、熟戶。接連漢界，入州城

❶〔儀州〕今甘肅省華亭市。
❷〔渭州〕今甘肅省平涼市。
❸〔靈州〕今寧夏回族自治區靈武市。
❹〔夏州〕今陝西省橫山縣西。

者，謂之熟戶；居深山僻遠，橫過寇掠者，謂之生戶。」

党項人的首領階級，或者說西夏王朝的統治階級則頗為奇妙，他們並非出自羌系，而是從遙遠的中國東北遷徙至西北地方的鮮卑人拓跋氏的後人。

二〇〇八年初，考古人員在內蒙古自治區鄂爾多斯市烏審旗納林河鄉排子灣村，發現了一處西夏皇族族人的墓地群，時間跨度從五代直至北宋初年。

特別重要的是，墓地群中出土了幾方十分珍貴的墓誌，墓誌銘用大段文字記述了西夏王朝皇室李氏家族的起源，明確表示其家族為「本鄉客之大族，後魏之莘系焉」，意思是「（党項皇族）係客居此地的大族，是北魏人的後代」。

安史之亂（七五五－七六三年）以後，唐朝由盛而衰，雖仍保持著大一統的局面，但在中原地區的節度使尾大不掉幾成諸侯割據，邊陲各羈縻少數族群則趁機崛起。

党項人在這個時期開啟了振興之路，經過數百年累積，終於在十一世紀建立了西夏王朝。西夏王朝先後與遼、北宋、金以及南宋、金、西遼等形成對峙之勢。

西夏政權統治階級的主體，是以繼遷、德明、元昊祖孫三代為代表的皇族，其最初自稱姓拓跋，在唐代以軍功被賜姓「李」，在北宋時被賜姓「趙」，元昊建元稱帝後改姓「嵬名」。通常人們將元昊稱為「李元昊」，將其皇族稱為「李氏」。

党項人的源流和組成其實是比較複雜的，這恰恰反映出中國古代多民族融合的特點。人們所關心的一個問題是：西夏皇族的族源究竟來自哪裡？

一般認為，党項人總體出自党項羌，係羌人的一種。

羌人係出西戎或西羌，種落繁多，但因地域遼闊和地形地勢複雜而高度分散、各自為戰，長期以來並未形成像漢人那樣具有強烈共同心理和文化的民族共同體。

有趣的是，西夏皇族一直堅定地認為自己是鮮卑拓跋氏，鮮卑人是北狄系統中「東胡」的後裔，源出大興安嶺北段，因而西夏皇族與所統領的党項羌人並非同源。

早在西夏立國（一〇三八年）之前二百年的中晚唐時期，就有一則很重要的訊息見之於史籍：「（**北魏**）孝文帝遷都洛陽，改為元氏。唐開元（**年間**）後，有右監門大將軍西平公靜邊州都督拓跋守寂，亦東北蕃也。（**拓跋守寂之**）孫（**拓跋**）乾暉，銀州刺史。侄（**拓跋**）澄峴，任銀州刺史。」[5]

上述提到的東北蕃，就是鮮卑。

西夏王朝的開創者元昊，在上書北宋朝廷時，明明白白地講道：「臣祖宗本出帝胄，當東晉之末運，創後魏（**指拓跋部創建的北魏，言後者，是區別三國時期的曹魏**）之初基。」在這段文字中，關鍵字是「帝胄」和「東晉之末」，指向鮮卑拓跋部所建立的北魏王朝。

党項人的族名雖然來自土著羌人部落的名稱，與鮮卑人並無關聯，但作為其世襲權貴家族的李氏（**拓跋氏**），則顯然保留著鮮明的鮮卑人記憶。

早年，党項人中共有八個氏族，拓跋氏是其中之一。

在亂世中，能夠成功且有謀略地將互不統屬的党項人團結起來，直至最後建立邊疆民族政權，

---

[5] 見《元和姓纂》卷十「拓跋」條。

則非具有高度政治頭腦的鮮卑系拓跋氏不可。

因此，我們可以得到如下推斷——李氏（拓跋氏）與其率領的党項人之間，是「和而不同」的關係：不同於其他民族間的互相融合，到達党項羌部落聯盟中的鮮卑拓跋氏，一定在人數上是處於劣勢的（慕容部在來到燒當羌人中間時，其人數即使沒有優勢也一定為數不少，因此後來的族群名稱都帶有強烈的鮮卑人印跡）。

鮮卑人，至少是參與党項人組成的這部分拓跋鮮卑人，在人種、語言、生產生活方式上，與原生的党項羌人沒有太大不同（古代民族融合，主要是基於文化融合）。這就從另一個角度說明：儘管鮮卑屬於中國古代「東胡」系統的一支，與屬於西戎的羌系地隔上千公里，但他們都是炎黃子孫，文化相近，血脈相通。

在西夏正式建國之前，李氏（拓跋氏）在傳承上就已經明顯表現出其「先進性」特點，即一般都是漢式或封建社會的「父亡子繼」模式（當然，少數是因篡權需要或因子幼，而由兄弟「接班」），這一點也是鮮卑人祖先較早具有的政治文化基因遺傳，完全不同於尚處在奴隸制社會的一般党項羌人「兄終弟及」的特徵。

關於李氏（拓跋氏）的鮮卑特徵，還有一個非常有趣的例子。李繼捧嗣位後，上表宋廷表示感謝，太宗特命賞賜他上好的茶葉百餘斤和上好的酒釀十石。受寵若驚的李繼捧連忙準備了最高層次的禮物——白鶻，回敬太宗。

白鶻，又叫「海東青」，主要生活在中國東北地區和北亞地區，是「東胡」系統族群的珍愛之物，是鮮卑、女真等生活在大興安嶺、小興安嶺地區漁獵族群的好幫手，在當時党項人生活的地區也有少量分布，但並不多見，在羌人眼裡也就是一般的大鳥而已。然而，將白鶻作為至高無上的禮物呈送皇帝，顯然表達了李氏（拓跋氏）的激動之情與民族記憶。

西夏王朝最盛時，疆域二百萬平方公里，人口三百餘萬，其地跨今陝西北部、甘肅、寧夏等地，據有河西走廊，擁有涼州❻、黑水城❼等戰略要地，因此成為任何一個政權——無論是游牧政權，還是農耕政權——都必須直面的一股強悍勢力。

西夏國力有限，因此在形式上分別向宋、遼、金稱臣。但在實際中，西夏並未因弱小而無為，反倒不斷主動發起進攻，分別與上述宗主國進行過多年的戰爭。

到十三世紀初，鐵木真率領蒙古人崛起之時，西夏與蒙古之間隔著克烈部，且西夏人與克烈人一向交好。但克烈部消亡，使得西夏直接面對蒙古人。

那時候，鐵木真對疆域遼闊且財富、人口眾多的金朝虎視眈眈，而西夏向金朝稱臣，因此鐵木真欲削弱金朝必先孤立之。

鐵木真於一二〇五年發兵，試探性地攻打過一次西夏，洗劫了西夏北部邊地的一些城鎮。一二〇七年，鐵木真第二次伐夏，進攻斡羅孩城❽，但因西夏軍隊的有力抗擊而失敗。一二〇九年，「高昌回鶻」主動歸降鐵木真後，西夏的核心——河西地區直接暴露在蒙軍面

❻〔涼州〕今甘肅省武威市。
❼〔黑水城〕今內蒙古自治區阿拉善盟額濟納旗。
❽〔斡羅孩城〕今內蒙古自治區烏拉特中旗西境。

前，直接導致蒙軍第三次伐夏。

蒙軍由河西地區開始入侵，攻擊斡羅孩城。西夏將領、襄宗兒子李承禎戰敗，西夏大將高逸被俘，蒙軍長驅直入攻陷了斡羅孩城，逼近克夷門——夏都中興府的最終防線。西夏皇室、大將嵬名令公雖然成功地實施了伏擊，但最終仍敗給蒙軍，中興府遂被蒙軍包圍。

西夏襄宗被迫與鐵木真簽署城下之盟，給予蒙軍大量賠款及接受蒙軍「附蒙伐金」的條件。這樣，原本脆弱的「金夏聯盟」與蒙古之間的平衡被打破了。

此後，鐵木真完全放心地開展大規模西征，而不必擔心金朝與西夏聯手去抄自己的後路。不僅如此，每次西征都要求西夏無償供應大量的糧食、兵器和戰馬，畢竟西夏的金屬冶煉和兵器製造工藝在當時首屈一指。

鐵木真不滿足於此，他還要求西夏攻打原先的盟友和宗主金朝。

昏聵無能的西夏襄宗不敢怠慢，傾全國之力與金朝進行長達十餘年的戰爭，不僅策應了鐵木真的戰略，還極大削弱了西夏與金朝的戰力。

一二一一年，西夏齊王遵頊發動兵變推翻了襄宗，是為西夏神宗。

在蒙軍西征的幾年裡，西夏原本有機會積累實力以圖自保，但西夏神宗為求苟活仍堅持將金朝當作敵人，以圖向鐵木真展示忠誠。

一二一七年，以西夏對蒙軍西征支持不力為藉口，蒙將木華黎遣軍圍攻中興府，遵頊不戰而逃，逃至西京靈州，令太子德旺留守都城。德旺也無任何鬥志，直接向蒙軍乞降。當時蒙軍主要精力在伐金，在得到西夏繼續攻擊金朝的承諾後退兵。

一二二三年十二月，已經被蒙軍嚇破了膽的西夏神宗，不願意成為亡國之君，主動退位。太子德旺繼位，是為西夏獻宗。

西夏獻宗與西夏舉國上下已經洞悉了鐵木真的策略，於是與金朝重拾舊誼，趁鐵木真尚在中亞西征之機，聯絡漠北諸部，謀劃共同抗擊鐵木真。

此時，木華黎已去世，其子孛魯聞知，立即派兵攻打西夏之沙州[9]、銀州[10]等地，俘殺西夏大將塔海以下數萬人，將上述地方洗劫一空。獻宗連忙請降，送兒子為質，蒙軍這才退兵。

一二二六年，蒙軍第六次伐夏，也是最後一次伐夏，直接導致西夏滅亡和党項人被滅種。

二月，鐵木真以西夏不支援蒙軍西征和拒不履行質子協定為名，兵分兩路南下伐夏。東路軍由鐵木真親自統領，三子窩闊台、四子拖雷隨行，攻克黑水城要塞後南下。西路軍由大將忽都鐵穆兒率領，一路連破沙州、肅州[11]。兩軍會師後，攻克甘州[12]、涼州，繼續東進，兵鋒直指夏都中興府。

又驚又怕的西夏獻宗病故，神宗之孫、獻宗之侄南平王李晛繼位，此為西夏末帝。

蒙軍沿著黃河北上，先後克應理[13]、夏州，距離中興府不過一箭之遙。

生死存亡關頭，李晛派出了西夏最後一支大軍，由老將嵬名令公率十萬主力赴靈州抗擊蒙軍，

---

[9]〔沙州〕今甘肅省敦煌市西。
[10]〔銀州〕今陝西省榆林市南。
[11]〔肅州〕今甘肅省酒泉市。
[12]〔甘州〕今甘肅省張掖市。
[13]〔應理〕今寧夏回族自治區中衛市。

結果大敗。蒙軍趁勢包圍中興府。

這次，鐵木真鐵了心要滅夏，因此他採取了圍城策略，同時派兵不斷掃蕩積石州⓮、西寧等州縣，殲滅西夏戰力，讓中興府徹底成為一座孤城。

西夏人民最後的抵抗是無比慘烈的，中興府被圍半年彈盡糧絕，儘管全民皆兵，還給予蒙軍巨大的殺傷。這場消耗戰是西夏最後的榮光，中興府已是西夏最後的據點。

蒙軍也已經筋疲力竭，但是老天爺眷顧了他們——一二二七年六月，中興府突發強烈地震，城內建築崩塌，瘟疫肆虐，末主李睍不得不請降。

在西江⓯避暑的鐵木真於七月病故，享年六十六歲，蒙軍遵照鐵木真遺命將中興府屠城，將李睍及西夏皇族悉數斬殺。

⓮〔積石州〕治所在今青海省循化撒拉族自治縣。
⓯〔西江〕今甘肅省清水縣。

十一、一口濃痰，啐出了啥

到一二〇四年，四十二歲的鐵木真已經成為蒙古高原聲名顯赫的霸主了，他在消滅乃蠻部以後，乘勝擊破了蔑兒乞的殘部，弘吉剌部、汪古部則主動歸降，窮途末路的札木合，則被幾位隨從綁了，送交鐵木真後被處死。

一二〇六年（南宋寧宗開禧二年、金章宗泰和六年、西夏神宗光定元年、西遼天禧帝天禧二十九年），鐵木真召集蒙古高原各部落的首領、貴族、奴隸主，在斡難河源頭召開了傳統的「忽里勒台」大會。會上，鐵木真被推舉為大蒙古國的大汗，上尊號為「成吉思汗」，意思是「天汗」或「天可汗」。

這是一個劃時代的大事件。

因為在此前，一方面，整個蒙古高原長期處於分裂狀態，部落之間互不統屬，互相征伐混戰，而鐵木真成為成吉思汗標誌著草原已經統一；另一方面，此前草原上的分裂局面，讓金朝得以進行羈縻統治和分而治之，即使強大的乃蠻部、克烈部也不得不接受金朝的封號或爵位，進行實際上的效忠。

在一二〇六年稱汗以前，蒙古人的領袖鐵木真，至少在形式上還是金朝邊地屬下的一位中低級軍官。還是因為鐵木真當時依附克烈部首領王罕，配合金軍打敗了曾經強大的塔塔爾部，金朝才給予他官階的。

不過，事實上是金朝幫了鐵木真的大忙，因為塔塔爾部既是鐵木真的殺祖仇人，也是他崛起之路上最難啃的硬骨頭之一。

塔塔爾部被消滅後，鐵木真仰仗王罕在草原上的威勢，加上金朝中央政府任命的官職，迅速將自己的勢力發展起來。

稱汗後的鐵木真，逐漸統一蒙古諸部，當然絕不會像以前那樣滿足於擔任金朝的一個小小官吏了，他的目光已經看向中原。

如果說金章宗（一一八九－一二〇八年在位）在世時尚能對鐵木真有所威懾，那麼後來繼承皇位的金衛紹王完顏永濟，在鐵木真眼裡則一文不值——當年衛紹王尚未即位，與鐵木真有過一面之緣。兩人可能「氣場」不合吧，當時翻臉了。那時的鐵木真還臣服於金朝，他按照規定千里迢迢到淨州❶呈送貢品，當時在現場負責接收貢品的便是衛紹王完顏永濟。鐵木真對完顏永濟很不恭敬，兩人當場發生爭執。完顏永濟回朝廷後要求派兵打擊蒙古部，未果。

而當衛紹王做了金朝皇帝後，按照慣例派使節前往蒙古部要求鐵木真表示效忠和擁戴時，按常理應該行跪拜禮的鐵木真不僅挺直了腰桿，還朝南面金中都方向的地面狠狠地啐了一口，說：「我謂中原皇帝是天上人做，此等庸懦亦為之焉。」❷鐵木真對金衛紹王的輕蔑之情溢於言表。在那個交通極不發達的時代，一位大金朝的王爺與蒙古大汗的相遇是很難想像的，但歷史就是那麼巧合。

鐵木真下定決心南下中原。衛紹王登基第三年（一二一〇年），鐵木真下令斷絕與金朝的朝貢關係，準備發動戰爭。

一二一一年（金衛紹王大安三年、南宋寧宗嘉定四年、西夏襄宗皇建二年、西遼天禧帝三十四年）春，鐵木真帶領蒙軍，兵分兩路南下伐金。其中，東路蒙軍由鐵木真親自率領。

金章宗年間費盡氣力修築的界壕，在蒙軍騎兵腳下如若無物，金軍守邊將士皆落荒而逃。衛紹王從燕京一帶派出的增援部隊，在蒙軍面前不堪一擊，蒙軍輕易抵達中都北大門的居庸關。

那時的鐵木真，還沒有做好佔領中原州縣的充分準備。衛紹王採納了主張抵抗、反對逃跑的首都衛戍將領意見嚴防死守，蒙軍沒能攻進燕京城。

蒙軍如同當初女真人之於遼朝和北宋，在對燕京附近的鄉村進行了大規模的劫掠和破壞，而後北返。

從山西方向入侵的西路蒙軍，正好擋住了被衛紹王從陝西邊地調防去拱衛中都、迎戰東路蒙軍的金軍野戰部隊，雙方在山西境內進行了多次作戰。待天氣轉冷時，非常依賴戰馬和水草的蒙軍才向北撤回蒙古高原。

蒙軍的首次大規模侵襲給金朝北部疆域造成了巨大破壞，蒙古騎兵所至良田被焚毀，城郭被化為廢墟，百姓辛辛苦苦積累的財富在一夜之間化為烏有。

儘管金朝曾經與南宋發生過多次戰事，但都是在更南方的淮河一線甚至深入宋境進行的，黃河以北很難直接感受到戰火。即使蒙古諸部在金世宗、章宗時已經開始侵襲金地，但那時只是在邊境

❶〔淨州〕今內蒙古自治區呼和浩特東北。
❷見《元史．太祖紀》。

進行一些小規模襲擾，也從未南下到燕京郊區這樣的金朝腹地。因此這次蒙軍的行動與其說是對金朝經濟社會的一次破壞，不如說是對金朝上下人等心理的一次重創，讓曾經滿足於一次次擊敗國富兵多的南宋軍隊的金人，真真切切地體會到了無力應對的挫折感。

衛紹王企圖利用蒙軍北撤的時機，重新組織北方的防禦。但鐵木真根本不給他時間——次年春季，蒙軍在鐵木真的親自帶領下又一次大規模南下，首戰烏沙堡[3]獲捷；再戰野狐嶺[4]、會河堡[5]，殲滅金軍大量精銳；又戰懷來[6]、縉山[7]，重創金軍十餘萬。

木華黎、哲別等蒙軍大將，充分發揮蒙古人善騎射的優勢，一次次大敗金軍於東京[8]、西京[9]、燕京居庸關等地，讓金軍首尾不相顧。此後，蒙軍不斷改變戰法，充分發揮騎兵的機動性，分兵三路攻掠金朝的中原腹地及遼西地區。

入夏時，蒙軍已進抵燕京城下。金廷慌作一團。

在蒙軍首次伐金時，曾受命防守燕京西北方向重要屏障西京的金軍右副元帥胡沙虎[10]，當時未曾與蒙軍接戰就臨陣脫逃，並且在逃跑途中大肆劫掠燕京附近州縣的官府庫銀五千兩，杖殺頂撞的縣令，在軍民中影響極其惡劣。胡沙虎返回中都後，衛紹王不僅未將他治罪，反而提擢他為尚書左丞相。胡沙虎於是更加驕橫。

在這次蒙軍的大舉進攻中，胡沙虎被安排負責首都北面的防務，但他完全脫離前線和戰場。蒙軍已經逼近燕京，胡沙虎依然在遊獵和胡作非為。

衛紹王派人找到他，並嚴詞訓斥。

胡沙虎居然惱羞成怒，於八月二十五日凌晨聯絡完顏醜奴、蒲察六斤、烏古論孛剌等人反叛，從通玄門殺入中都皇城之東華門佔據了皇宮。

第二天，胡沙虎將衛紹王劫持出宮。

不久，胡沙虎命宦官李思中用毒酒將衛紹王毒殺。一位被鐵木真鄙視的金朝皇帝，沒有死在凶狠的蒙軍刀下，卻死在了身邊人的手裡。

罪孽深重的胡沙虎擔心弒君一事遭到報復，連忙迎立他認為可控者繼承皇位。金章宗同父異母之兄、完顏允恭之庶長子、年過半百的完顏珣就這樣被匆匆地從彰德迎至燕京立為皇帝，是為金宣宗，改元「貞祐」。

這時，在燕京城外的蒙軍依然進行大肆劫掠，金朝首都實際已被團團圍困。這次蒙軍不像上次那樣回撤，而是堅持到了次年（一二一四年）的春季。

已經被完全擊垮了鬥志的金廷和金宣宗，只好派人到蒙軍大營求和。

---

❸〔烏沙堡〕今河北省張北縣西北。
❹〔野狐嶺〕今河北省張家口市萬全區西北。
❺〔會河堡〕今河北省懷安縣東南。
❻〔懷來〕今河北省懷來縣。
❼〔縉山〕今北京市延慶區境內。
❽〔東京〕今遼寧省遼陽市。
❾〔西京〕今山西省大同市。
❿〔胡沙虎〕（？——一二一三年），女真紇石烈部人，金世宗大定八年即一一六八年，擔任皇太子護衛，其後改任太子僕丞、拱衛直指揮使等職。

金朝答應了鐵木真提出的幾乎所有要求——送上黃金、精美的絲織品、青年男女以及三百匹馬，還按其要求帶有羞辱性地將已被殺害的衛紹王第四女岐國公主送給鐵木真。這樣，蒙軍才從燕京撤走。

可以說，鐵木真衝著金中都燕京方向啐出的一口濃痰，吹響了蒙軍開始滅金的號角。

十二、蔡州陷落：蒙宋聯手滅金

蒙軍滅金，大致分為三個階段。

其一，一二一一年至一二一七年，鐵木真帶領四個兒子以及哲別、速不台、木華黎等將軍南伐金朝。

其二，一二一七年至一二二三年，大將木華黎為主帥南伐金朝。

其三，一二二九年至一二三四年，窩闊台繼位後親率大軍伐金並滅金。

一二三二年，窩闊台親自主持滅金，蒙軍在南宋軍隊的策應支持下，發起了三峰山❶之戰。此役，蒙軍以少勝多取得重大勝利。金軍主力崩潰，從此再無力復興，滅亡已成定局。

此役具體情形大略是這樣的。蒙軍拖雷部繞過金朝的軍事重鎮潼關，翻越秦嶺，出漢中盆地，直接迂迴南方，直奔金都汴梁❷。

金將完顏合達率主力十五萬前往攔截，雙方在三峰山展開會戰。蒙軍知道金兵急於突圍，故意讓出一條路。當金兵爭相逃跑之時，蒙軍伏兵四起大敗金兵。

---

❶〔三峰山〕地處今河南省禹州市西南。

❷〔汴梁〕今河南省開封市。

金軍將領完顏合達、完顏陳和尚等率殘部退至鈞州城內，尚未休整就被緊追而來的蒙軍攻陷。完顏合達被殺，完顏陳和尚則親自來到蒙軍大營意欲「和談」，因不肯投降而被殺。

三峰山之戰後，金軍主力盡失，良將皆歿，已經沒有了任何戰略進攻和反擊的能力，滅亡只是時間問題了。

一二三二年（金哀宗天興元年、南宋理宗紹定五年、元太宗四年）初春，已然沒有意義的潼關要塞被金軍放棄。

接著，許州❸士兵譁變降蒙，盧氏、中京等地相繼失陷。

三月，蒙軍遣使招降金朝，窩闊台受耶律楚材之諫，索取著名學者兼書法家趙秉文❹、孔子之五十一世孫孔元措❺等二十七人。這說明了經過長時間的征服戰爭與燒殺掠奪，蒙古人已經開始認真考慮未來對中原的統治了。

面對蒙軍兵臨城下的金哀宗，不知能否聯想起一百零五年前他的祖先在同一座城外圍獵北宋皇室時那般得意的神情。

滄海桑田，造化弄人，曾經對北宋皇室極盡羞辱之能事的完顏家族，如今面臨著蒙軍的威脅和恫嚇。

金哀宗決定以曹王完顏訛可（金宣宗第二子荊王完顏守純之子）為質子，遣使與蒙軍議和。縱情劫掠肥美中原的蒙軍將士，對指日可下的「南京」汴梁沒有多少興趣，他們如同當年完顏宗望、完顏宗翰、金兀朮帶領的金軍，渴望留住每一個美好的白天和每一個銷魂的夜晚……

對於金朝使者低三下四的議和請求，窩闊台和拖雷實在提不起多大興致。但畢竟「南京」汴梁城高牆厚，進行攻擊還會有犧牲，因此窩闊台同意與金朝議和，但是勝利者開出的條件當然非常苛刻。

於是雙方使節往復交通，就一個個條款、一處處細節進行反覆的請示、談判、斟酌、修改，有時為國體尊嚴而爭執不休，有時又為禮儀尊卑而惡言相向……

七月，中原進入炎熱的夏季，不習慣這種天氣的蒙軍有些耐不住性子了。窩闊台派出的和議使者唐慶❻直言不諱地要求金哀宗取消帝號，向蒙古人稱臣。金哀宗大怒，堅決不同意這個條件，唐慶則以勝利者的姿態公然地對金哀宗進行語言侮辱。憤怒的金哀宗和朝臣，在夜半時分派兵進入唐慶下榻的驛館，將他及其弟山祿、興祿並隨行人員共十七人斬殺。

「兩國交兵，不斬來使」，這是古今中外戰爭中的通行慣例。中國還有一句老話：「打狗還要看主人。」唐慶被殺自然造成無法彌補的後果，蒙軍遂斷絕一切議和活動，全力猛攻城池。

---

❸〔許州〕今河南省許昌市。

❹〔趙秉文〕（一一五九—一二三二年），字周臣，號閒閒居士，晚年稱閒閒老人。金代學者、書法家，磁州滏陽（今河北磁縣）人。世宗朝大定年間進士。歷平定州刺史，為政寬簡。累拜禮部尚書。哀宗即位後，改任翰林學士，同修國史。歷仕金朝五位皇帝。書法以草書見長，著有《閒閒老人滏水文集》。

❺〔孔元措〕字夢得，衍聖公孔摠（孔璠）之子。孔子五十一世孫，生卒年月不詳。金章宗明昌二年（一一九一年）襲封衍聖公，授中議大夫，賜四品勳，後敕封衍聖公兼曲阜縣令。金宣宗年間授東平府通判，改太常博士、太常寺丞、同知集賢院。金哀宗年間授泰定軍節度使、兗州觀察使兼行太常少卿，後遷光祿大夫，晉太常卿。降元後，以耶律楚材之力薦而為元廷所尊崇。

❻〔唐慶〕漢人，元太宗時期任蒙軍元帥左監軍，後作為和議使者與金廷議和。

汴梁雖地處中原，除黃河以外沒有任何天然屏障，但自戰國時期魏國遷都於此[7]始，就表明它具有非常重要的戰略地位。汴梁歷來是重點設防的都城。

金海陵王為實現統一中原的夢想，曾在遷都中都燕京後又大規模恢復北宋故都汴京，築宮室，修城牆。

金宣宗將都城從中都南遷至此，也著眼於蒙軍的攻勢而將汴梁的城防進行加固、加高，還給守城金軍配備了大量先進的武器裝備，使得蒙軍的攻城戰一再受挫。

那時候，蒙軍得到了華北降蒙的原金軍將士以及在中亞征服地區募集的攻城利器，主要是大炮。在長達數月的汴梁攻堅戰中，蒙軍看到雲梯、飛石機等傳統攻城器械絲毫奈何不了汴梁的城防工事，於是使用大炮轟擊，但即使連續轟擊，汴梁的城牆也不過塌下一小塊而已。

守城金軍的武器其實比蒙軍先進，他們裝備的是震天雷和飛火槍。震天雷就是用製作精良、密封很好、身粗口小的生鐵罐灌以壓實了的火藥，上安引信，一種是在城牆之上點火後拋向敵陣，一種是用拋石機送向敵陣。或在空中爆炸，產生雷鳴般的巨響，使人瞬間失去聽力或意識空白，或在蒙軍中爆炸，則碎鐵片會炸死、炸傷一大片人。震天雷的有效殺傷半徑是半畝左右，連鐵甲都可以擊穿。如果說震天雷是防禦群體性進攻的有效武器，那麼飛火槍則更類似現代的單兵步槍，其基本原理是將火藥填埋進特製的發射器中，將火藥捻子點著後，藥彈發射出去，遇到障礙物或達到十餘步的距離後即刻爆燃。

在當時震天雷和飛火槍的結合是最先進的防禦武器，發明於北宋初年。在滅南唐時，宋軍裝備了可燃燒彈丸的拋石機，給南唐軍隊以極大損傷。

後來，因為與遼朝、金朝和西夏長期作戰的需要，北宋在建康、江陵、汴京等中心城市分別建設了規模很大的「火藥窯子作」，類似現代的兵工廠，以進行量化生產。北宋末年，金軍攻擊汴京等城，宋軍也使用過「霹靂炮」這類火器，令金兵「軍皆驚呼」並退卻。佔據了故宋黃淮地區的金朝，自然將那些先進武器裝備和生產廠家納為己有。特別在金末，更是將這些裝備作為城市防禦戰中的首選武器，也確實讓蒙軍的進攻多次受挫和受阻。

然而，此後汴梁等金朝設防都市陷落和金朝滅亡，以及再後來同樣具有堅固城防與先進武器的南宋亡國，都證明了同一個道理——經濟絕不是國力強大的標誌，沒有與之相匹配的軍事綜合實力，再多的經濟也只是別人的「唐僧肉」而已。即使經濟足夠多，武器裝備足夠好，但決策機構和決策人缺乏軍事鬥爭的準備與堅忍不拔的決心，王朝依然難逃失敗甚至覆滅的命運。

如果說同樣堅固設防的西夏都城中興府之淪陷，主要在於偶然發生的地震，那麼金都「南京」汴梁的最終不守也和「天時」息息相關。

當時已進入盛夏，中原炙熱難耐。「南京」汴梁被圍數月倉廩皆空，軍民都餓得頭昏眼花。瘟疫開始流行，兩個月內就有九十萬人被抬出各城門安葬，為數不少的死者只能草草收殮。金哀宗和宗室、百官也難耐饑荒，於十月下令盡索百姓家中儲糧，除按人頭每人只留三斗外，其餘都被官府無條件徵用。一時間，人無論貴賤，家不分貧富，多受到官兵搶糧的襲擾，甚至有人因為不滿或反抗強取豪奪而無辜被殺。

---

❼「戰國七雄」之一的魏國，為爭霸中原將都城從安邑遷至汴梁，當時稱「大梁」。

當年十二月，金哀宗以「東征」為名，在右丞相、樞密使兼左副元帥完顏賽不[8]等人的護衛下離開南京出逃，北涉黃河。

金哀宗離京時，以完顏奴申為參知政事、兼樞密副使，以完顏習捏阿不為樞密副使、兼知開封府、權參知政事，總諸軍留守京師。但二人只知閉門自守，完全無所作為，致使汴梁城內一升米賣到二兩白銀的天價。

街巷里坊間餓殍遍地，縉紳士大夫亦因饑餓而丟卻廉恥上街乞討，牛羊馬等早就被殺烹一空，連居民家中帶有些許皮物的東西也被煮了吃，民間甚至已經出現「易子相食」的人間慘劇。

孤身出逃的金哀宗倒是對自己的親人還有些「人情味兒」，一二三三年（**金哀宗天興二年、南宋理宗紹定六年、元太宗五年**）正月，他遣使欲將汴梁城內的母后、皇后、嬪妃等接出來與自己團聚，但為蒙軍所阻。日日幻想金哀宗「東征」捷報、幻想朝廷救民於水火的城內百姓，盼星星盼月亮，盼來的卻是皇帝只想著自己至親至愛的消息。京城軍民絕望了，他們有的不顧蒙軍濫殺無辜的風險毅然出城投降，有的嚷嚷著不要金哀宗做皇帝，準備擁立荊王舉全城投降。

完顏奴申和習捏阿不二人終日裡只知唉聲歎氣，夢想天降豪傑來解決京城的危困。二人朝思暮想的「豪傑」不約而至。一二三四年正月，金京城西面元帥崔立[9]斬殺完顏奴申和完顏習捏阿不，擁立金衛紹王之子、梁王完顏從恪為監國，並到蒙軍大營請降。

崔立只為一己之私，自封為太師、尚書令等職，以與蒙軍議和需要為名大肆劫掠官府國庫的財產，掘地三尺搶劫金銀。他還將金哀宗的母、后、妻、妾及諸王、宗室一千人等解送蒙軍大營發落，甚至恬不知恥地要求百官為他立碑頌德。崔立的行徑引發眾怒，六月，他為部將李博淵所殺。

逃出南京的金哀宗，日子也不好過。一二三三年夏天，金哀宗逃至歸德，但蒙軍尾隨而至，他只好又逃向蔡州[10]。

蒙古大將史天澤[11]一路緊追不捨，在蒲城全殲完顏白撒[12]率領的八萬金軍，隨即進軍蔡州。

一二三三年八月，蒙軍攻破唐州，蒙金戰場的形勢好像真的按照鐵木真生前的安排在進行著。陷於絕望境地的金哀宗，連忙派使節前往臨安[13]欲與南宋議和，其使者對宋廷說：「蒙古滅國

---

[8]〔完顏賽不〕（？—一二三三年），完顏家族始祖函普之弟保活里之後裔，金章宗即位之初被選作貼身護衛，哀宗時拜平章政事，加尚書右丞相等職。後因不願降蒙，而被金叛將脅迫自縊而亡。

[9]〔崔立〕（？—一二三三年），金末將領之一，將陵（今山東德州市）人。出身無賴，蒙軍南下時，他參加河北民團為軍官。金都「南京」汴梁被圍後，他被哀宗任命為京城西面元帥。後殺留守大臣，立梁王為監國，自稱太師、軍馬都元帥、尚書令、鄭王。他以與蒙軍議和為名，搜刮金銀送梁王和留汴皇族入蒙軍營，欲效法劉豫為傀儡皇帝，後被殺。

[10]〔蔡州〕今河南省汝南縣。

[11]〔史天澤〕（一二〇二—一二七五年），字潤甫，大興永清（今河北省永清縣）人。善騎射，勇力過人。一二一三年隨父史秉直歸降蒙古。後滅金伐宋，功勳卓著。世祖忽必烈即位後，官拜中書右丞相。曾從征阿里不哥，平定李增叛亂。至元十年（一二七三年），與阿朮共克樊城（今湖北省襄陽市樊城區），降襄陽。第二年，又奉命與伯顏（一二三六—一二九五年，蒙古八鄰部人，元初名臣）統軍伐宋，至郢州（治今湖北鍾祥）病還，至元十二年（一二七五年）病逝於真定（今河北省正定縣）。

[12]〔完顏白撒〕（？—一二三三年），金末將領之一，自幼為奉御。曾多次帶兵打敗南宋軍隊。生性剛愎自用，不通文墨。蒙軍圍攻汴梁後，受命主持京城西南防務。曾護衛金哀宗逃出汴梁，但損兵折將，招致百官諸將不滿，遂以敗軍之罪在歸德被下獄處死。

[13]〔臨安，南宋都城〕有「臨時安家」之意，今浙江省杭州市。

四十，以及西夏，夏亡及我，我亡必及宋。唇亡齒寒，自然之理。」南宋拒絕了金朝的請求。

其間，金哀宗數度徵召尚有兵力的大將武仙[14]。

窩闊台也加緊與南宋議和，並許諾一旦滅金，金朝的河南之地盡歸南宋。八月時，雙方和議達成，於是蒙軍和南宋軍合兵攻打武仙軍隊駐守的唐州、息州[15]並獲大勝。金哀宗最後一次逃亡川蜀的機會就此斷絕。

九月，蒙軍看到蔡州久攻不克，而其他地方金軍的反抗越來越弱，於是在蔡州城外築起長壘高牆，高興時登高牆圍攻射殺城頭的金軍士兵，疲倦時在長壘下休息飲酒，採用「車輪戰」把守城的金軍搞得疲憊不堪。

就在蔡州攻堅戰處在久攻不下的膠著狀態，連蒙軍也感到有些煩躁的時候，來自南宋的生力軍到了——名將孟珙、江海率領的兩萬精銳南宋軍隊，攜帶糧食三十萬擔，風塵僕僕地來到蔡州城下協助蒙軍攻城。

一二三四年（南宋理宗端平元年、元太宗窩闊台汗六年、金哀宗天興三年）正月，蔡州已被圍困三月有餘，城中糧草消耗殆盡，而城外的蒙宋聯軍大營裡一片開心歡呼，他們知道攻陷蔡州只是時間問題了。

大年初九的夜晚，本是正月裡喜慶的一個日子，但金哀宗知道自己和大金王朝的來日無多了。金朝的確已經走到了窮途末路。

蒙軍不斷向城東、城西和城北發起進攻，金將完顏忽斜虎率領千餘名精兵愣是抵住了潮水般攻向城頭的蒙軍。就在蒙軍稍事休整的寶貴時間裡，完顏忽斜虎又趕到南城牆指揮部下抵擋住了南宋軍的攻城。

金哀宗眼前的蔡州已是滿目瘡痍，軍民皆以人畜的屍骨來充饑，草都快被拔光了。他知道蔡州已不可能保有，但他對大金國還有僥倖之心，於是緊急召見百官及蔡州東面元帥完顏承麟⑯，要求將皇位傳之。

完顏承麟起先堅辭不受，後來架不住金哀宗反覆請求，只好半推半就了。早先，在金哀宗逃出汴梁時，完顏承麟就始終不離不棄地追隨左右，恪盡職守，因此雙方有很強的信任感。那時，蒙軍已率先攻入蔡州城西，蒙宋聯軍擁入蔡州城，完顏忽斜虎率領最後的金軍與之進行激烈的巷戰。

完顏承麟剛剛接受了金哀宗禪位於他的請求，正在舉行簡單的登基典禮，此時蒙宋聯軍已經殺過來。

完顏承麟匆匆安葬了自盡的金哀宗（**自縊於幽蘭軒，享年三十七歲**）後，「率群臣入哭，諡曰

---

⑭〔武仙〕（？—一二三四年），威州（今河北省石家莊市井陘縣威州鎮）人。金末民團首領，「封建九公」之一。一二一四年（南宋寧宗嘉定七年、金宣宗貞祐二年），蒙軍侵掠河北時，武仙組織民團聚守威州西山，被金宣宗詔授為權威州刺史。金哀宗時期，蒙軍壓迫更甚，哀宗認為應當拼死抵抗，但武仙有自己的見解，認為應當攻取南宋之地，然後與哀宗入蜀避難，因此沒有及時出兵救援蔡州，使得哀宗面臨的形勢更加危急。率軍自淅川溯流而上，謀取宋金州。天興三年（一二三四年）蔡州城破，金國滅亡，武仙軍隊瓦解，率十餘騎逃至澤州，被戍兵殺害。

⑮〔息州〕今河南省息縣、新蔡縣等境。

⑯〔完顏承麟〕（一二〇二？—一二三四年），金兀朮之曾孫，太祖阿骨打之玄孫。一般稱為「金後帝」或「金末主」，廟號「昭宗」。

哀宗」，他很快地也在亂軍中被殺死。金朝僅存的五百餘名將士在蔡州城內進行了最後的頑強抵抗，幾乎全部戰死或自殺殉國。金朝自完顏阿骨打於一一一五年稱帝建國，至一二三四年蔡州城陷而滅亡，共傳九帝。

十三、「涼州會盟」：西藏正式納入中原疆域

都說西藏「自古以來」就是中國疆域的一部分，究竟始自何時呢？準確講是蒙古帝國時期，即元太宗窩闊台在位的時代，是由窩闊台的兒子闊端完成的一項重大政治使命，其影響之深遠值得今人了解和探尋。

事情要從頭說起。

唐廷有一個長期與之爭雄的邊疆政權——吐蕃。吐蕃政權始自六一八年，與唐朝同年建立，亡於八四二年，唐朝則亡於九〇七年。

那時的吐蕃，包括今天西藏全部、青海和甘肅之一部，以及尼泊爾全部和巴基斯坦、印度北部的部分地區。吐蕃極盛時，疆域面積非常遼闊，北方和東北方與大唐接壤，東部與另一個邊疆政權南詔相鄰，西北方向與大唐、大食相連，南部則深入今南亞次大陸。

大唐王朝為了拱衛西北方向的安全，與吐蕃數度交兵，也數度以和親方式維持和平局面。

吐蕃滅亡後，唐朝雖然尚存，但也奄奄一息。因安史之亂紛紛崛起的各地節度使幾乎成為國中之國，而唐廷頗類似戰國時期的周朝小朝廷，只是天下諸侯的共主而已，也沒有可能集全國之力將吐蕃納入。

唐以後，進入五代十國時期，雖然只有短短幾十年（九〇七—九六〇年），但脫胎於唐末節度

使的各個獨立小朝廷互相征戰，不可能顧得上遙遠的吐蕃。儘管九六〇年宋太祖趙匡胤以「陳橋兵變」「黃袍加身」的方式從後周「接手」了天下，亦有一統全國的雄心，怎奈北方契丹人建立的遼朝（**初稱「大契丹國」**）從後晉那裡獲得了「燕雲十六州」，使得中原門戶大開，宋朝不得不將北方作為優先方向。

十二世紀末至十三世紀初，蒙古人統一了蒙古高原。一二〇六年，蒙古人的領袖鐵木真稱汗（**成吉思汗**）後，於一二一八年滅西遼，於一二二七年滅西夏，於一二三四年滅金（**遼朝已於一一二五年被金朝所滅**）。其間，蒙軍的西征軍滅掉了亞洲、歐洲眾多政權。在中原方向，其戰略進攻重點已經轉向南宋。

一二二七年，鐵木真在攻打西夏的戰爭中去世。

一二二九年，鐵木真第四子拖雷監國兩年後，按照其遺訓經過蒙古王公貴族「忽里勒台」大會推舉，第三子窩闊台即位，是為元太宗。

窩闊台有子七人，長子貴由即位，是為元定宗。次子闊端（一二〇六—一二五一年），也被稱「二太子」，驍勇善戰，也具備很強的政治頭腦，青少年時主要負責對金朝作戰，屢戰屢勝。窩闊台繼位後，闊端被封為西涼王，其大帳建於涼州。

闊端在西北地方站住腳後，一方面加強對原西夏疆域的管控和治理，一方面派兵南下攻打吐蕃地區。當時的吐蕃早已分崩離析，但是由於有著特殊的高原氣候和地理地質條件——青藏高原號稱人類的「生命禁區」——因此闊端的蒙軍雖然節節勝利，也受限於惡劣的自然條件，對下一步的軍事進攻手段有一定的疑慮。同時，幾乎全民信奉藏傳佛教的吐蕃人民和地方各支武裝，也對是否繼續抵抗產生了巨大的分歧。

歷史的際遇出現了。

吐蕃的藏傳佛教，當時分為薩迦派、噶舉派、格魯派和噶當派四個教派。其中，薩迦派的宗教領袖薩迦班智達（簡稱「薩班」）具有很高的威望。

經過前期複雜的談判和溝通，六十多歲的薩班克服了重重困難來到闊端所在的涼州。兩人一見如故，一拍即合，決定不再兵戎相見，而是採用和平方式解決問題。吐蕃地區和平地成為中央政府管轄的疆域之一部，由闊端代表朝廷向薩班本人頒發金牌、銀符，授其為「達魯花赤」❶，讓他在吐蕃地區全權代表中央政府行使政令。同時，由薩班做好吐蕃各類勢力的工作，盡快實現統一並歸附於中央政府。

這件事發生在一二四七年，史稱「涼州會盟」。「涼州會盟」是中國歷史上著名的大事件之一，其發生地涼州也因此聞名遐邇。

會盟後，雙方均不折不扣地實踐了諾言，成為中國歷史上國家統一、民族團結的一段佳話。

闊端的兄長、元定宗貴由去世後，蒙古帝國的權力之爭最後花落拖雷一系，由拖雷長子蒙哥（一二〇九－一二五九年）繼位，是為元憲宗。

❶〔達魯花赤〕鐵木真時期設立的一種官職，直譯為「掌印官」，實際上是代表蒙古大汗掌握一個地區軍政、民政和司法的最高官員。

拖雷系和窩闊台系的矛盾由來已久，因此蒙哥繼位後對窩闊台系諸王進行清除。闊端本人德行高尚，沒有一點覬覦之心，因此得以保命，但經略中國西部地區的權力被交給了蒙哥的弟弟忽必烈。

薩班當年來涼州時，還帶著兩個侄子，長者年僅十歲，叫八思巴。薩班最終在涼州圓寂，臨終前將其衣缽、法器等授給了八思巴。從此，八思巴成為吐蕃實際上的宗教精神領袖和元廷派駐的首席行政官。

蒙哥去世後，忽必烈繼位，是為元世祖。忽必烈能征善戰，是深受中原文化影響的一代君主，具有很高的政治素養。他一改蒙古人過去只知征伐之風氣，在眾多漢人謀士的協助下全面籌畫長治久安的治國方略。

忽必烈一方面通過「大安閣辯論」，成功將儒、道、釋三家傳統宗教進行整合，為元廷所用；另一方面，他對八思巴恩寵有加，八思巴亦對他忠心耿耿、鞠躬盡瘁，為鞏固西藏作為中國的一部分做出了承繼性的貢獻。

八思巴精通佛學，對漢字等有著深厚的造詣。他主持創制的方塊字形的蒙古文字，成為元廷官方文字之一，史稱「八思巴文」或「八思巴字」。

斗轉星移，歲月穿梭。儘管時光過去了七百餘年，但薩班與闊端的「涼州會盟」依然歷久彌新。涼州人民一直精心維護著薩班圓寂後的靈塔，但一九二七年的一場地震幾乎將靈塔及周邊建築群夷為平地。

十四、兄弟鬩牆：權力遊戲的背後雲譎波詭

鐵木真生前最為屬意的皇位繼承人是三子窩闊台，而並非今人所熟知的四子拖雷。皇（汗）權的巨大魅力讓任何人都無法熟視無睹。因此，在鐵木真於最後一次征伐西夏戰爭中去世後，忽必烈的父親、鐵木真幼子拖雷與鐵木真遺命繼承者窩闊台，進行了一場為期多年的權力之爭。

先是拖雷以手握重兵的優勢，以「幼子掌家灶」的蒙古人傳統為口實，自行監國兩年，其間，充分地利用監國的身分夯實了各項權力基礎。

黃金家族中，拖雷系無疑是鐵木真成吉思汗和帝國最大的受益者。拖雷一系是黃金家族財富的主要控制者。

拖雷作為深得鐵木真鍾愛的幼子，一直低調行事。他一定是黃金家族乃至中古時期最為熟諳合作策略的領袖人物，儘管他本人只做過兩年名不正言不順的監國，但他是名副其實的「大汗之父」：他的長子蒙哥是帝國大汗、元憲宗，他的四子元世祖忽必烈也是蒙古帝國的共同藩主，他的六子旭烈兀是帝國藩屬伊兒汗國的君主。

拖雷一直奉行「深挖洞、廣積糧、緩稱霸」的策略。鐵木真在世時，四個兒子雖然在征服世界的進程中能夠保持高度的團結和目標的一致，但是矛盾與糾紛已經初現端倪了。

奴隸制、封建制時代的顯著標誌是強調血統論，以血緣基礎上的宗親關係作為統治的出發點和落腳點，作為疆土、士兵、大眾分配的至高原則。但是游牧族群大範圍移動、互相征戰和特殊的經濟社會方式，又使得他們往往把對牧場、將士等物質財富的追求視為至上目標，有時也會淡化一些血緣色彩。黃金家族同樣沒有例外。

長子朮赤，究竟是不是鐵木真的骨血已經是千古之謎了。在鐵木真最初開拓疆土的時代，作為長子的朮赤自然有年齡和身體的優勢，他和他的兒子拔都（一二〇八—一二五五年）協助鐵木真完成了黃金家族三次西征中的兩次，對帝國的建立是厥功至偉。

一二〇七年（**元太祖成吉思汗二年、西夏襄宗應天二年、金章宗泰和七年、南宋寧宗開禧三年**），鐵木真就以「長子遠出」的蒙古族古訓為由，派朮赤先後領軍征服了今天哈薩克、西伯利亞和俄羅斯南部草原的游牧部落。

然而，原本比較和睦的父子、兄弟之間的關係隨著時間的推移變得複雜。老二察合台一直到離開人世，都是家族中的相對「弱勢者」。他雖然一直對大哥朮赤的血緣問題耿耿於懷，但是懾於朮赤一系的赫赫武功和強大軍力不敢公開叫板，而且當時鐵木真對朮赤的血緣問題也採取了睜一眼閉一眼的態度，察合台於是就採用了慫恿和支援老三窩闊台來排擠朮赤一系的策略。

拖雷可是精明過人的主兒。他看出三位兄長之間的不合，決定採取自己的策略，藉著蒙古人對幼子高看一眼的心理，時刻不離父親鐵木真左右，噓寒問暖，關心備至，連父親出征時的馬匹和武器準備工作都不用奴僕來做，全當是自己的「早鍛鍊」了。他對父親的恭順與孝敬，不僅得到了鐵木真的讚許，而且被蒙古眾多貴族、將軍傳為佳話，他們把拖雷稱作鐵木真的好「伴當」（**蒙古語**

意為「僕從」或「家人」）。

拖雷一開始對待幾位哥哥採取的是等距離的交往方式，而幾位哥哥從禮節、禮貌等各方面也都挑不出他的毛病。後來看到察合台和窩闊台走得非常近了，他就暗自對大哥朮赤和侄子拔都表現出了更多的情分，因為他知道這時的察合台與窩闊台已經建立了比朮赤更大的功績，如果自己再靠向他們勢必使天平過早向著不利於朮赤系的方向傾斜，對自己將來漁翁得利會產生很大麻煩。

一二二七年（**元太祖成吉思汗二十二年、西夏南平王寶義二年、金哀宗正大四年、南宋理宗寶慶三年**），在鐵木真死前六個月，朮赤死於鹹海以北的草原上。

由於察合台和窩闊台等人的挑唆，朮赤和父親鐵木真從一二二一年就公開了矛盾，儘管鐵木真沒有公開懷疑過朮赤的血統，但是矛盾的出現使得父子關係的血緣因素彰顯出來，以致兩人離開人世前的六年間都沒再見過一面！朮赤死前特地叮嚀身邊諸子，在帝國中不爭汗位，但一定要善待四叔拖雷，一切以拖雷系的事情為重。

拖雷的高明在於長期低調，保持了對朮赤系濃濃的親情，以至於朮赤把對自己血統的自卑轉化為對拖雷系無盡的關懷。拖雷同樣始終如一地對察合台和窩闊台兩位哥哥表現了憨厚的情誼，這兩位兄長在很長時間裡未對拖雷產生過懷疑。

拖雷團結一切可以團結的力量的合作策略，他終於在鐵木真晚年時第一次取得了自己意料中的效果，這是他的第一步。他取得了父親手中直屬精銳部隊的協助指揮權，同時獲得了比幾位兄長富庶得多的蒙古本部部分疆土，即土拉河、鄂嫩河上游與克魯倫河上游之間，南至華北、西北的大片土地，以及眾多人口、部眾和財富。

拖雷接下來的合作策略，是在恰當的時機果斷地嶄露頭角。

一二二六年，已是英雄遲暮的鐵木真就汗位問題召集舉行了一次「忽里勒台」大會。「忽里勒台」大會就是蒙古人對捍衛繼承、疆土分封、遠征攻略等重大事宜進行討論決定的一種重要形式，類似於今天的董事會會議，行使最高議政決策功能。彼時鐵木真已具有至高無上的權威，但這種奴隸制集權時代少有的民主決策形式還是存續了若干年。

年逾六旬，自感來日無多的鐵木真，召集宗室、貴族和子孫召開「忽里勒台」大會，以決定自己的繼承人選。

實際上，跟所有重大的會議一樣，鐵木真在會前也做了充分的醞釀和準備。

四個兒子中，鐵木真總感覺長子朮赤越發和自己離心離德，他為自己百年之後的家族團結而憂心忡忡。當然，他絕不會讓朮赤接班。二子察合台，顯然不具備一個掌舵者的素質。四子拖雷自小乖巧，年長以後也立下了不少軍功，只是年齡尚顯年輕恐怕難以服眾。

三子窩闊台是自己比較欣賞的。一來，他相貌酷似鐵木真，兩人均生就一張磨盤般的大臉。二來，他正值人生不惑之年，精力、經驗均在別人之上，是個接班人的好苗子。

還有一個很多人都不知道的原因。當年鐵木真在和克烈部反目成仇後，勢力還不夠強大的鐵木真經常被強勁的克烈部追殺。有一次，窩闊台為了掩護父親逃跑，脖子上被敵人射中了一箭險些丟掉性命。一想到窩闊台捨身救命的場景，鐵木真就忍不住流下慶幸和溫情的淚水。

察合台和窩闊台當然樂見那個不招他們哥兒倆喜歡甚至鄙夷的大哥與會，感覺大局已定。誰料，事態的發展超出了所有人的想像，鐵木真的提議遇到了前所未有的挑戰，那些平時忠心耿耿的將領，居然在會上公然違背鐵木真的意願，聯名要求由拖雷做儲君！「董事長」終究是「董事長」，畢竟只有鐵木真這個當時黃金家族的「法定代表人」可以一言九鼎，他力排眾議堅持由窩闊台將來繼位。這樣的結果雖然讓拖雷不滿意，但城府頗深的他一如既往地表現出對父親的服從與恭順、對兄長窩闊台的尊重與謙卑。

不過，拖雷仍然是成功者，他已經脫穎而出了，不僅讓父親和各宗王、部落首領看到了自己潛在的實力，也向遠在欽察草原的長兄朮赤釋放了自己宏偉抱負的信號。

鐵木真看到了窩闊台面對的強大反對力量。他特地在大會上當著眾人的面對窩闊台說：「你應該在天神的護佑下登上我的寶座，蒙古的英雄將共同為你忠貞地獻身，俯首貼耳地服從你的命令！」大家都知道這話是對誰講的。

鐵木真似乎還不放心，在一二二七年夏天臨終前又命令兒子各自立下文書，保證在他死後一定擁戴窩闊台為大汗。

拖雷在監國期間，利用手中職權進一步強化了對父親鐵木真留下的十五萬帳蒙古人中最為精銳的十一萬帳人馬的控制，極大地增強了拖雷系日後發達的軍事資本。

拖雷最後的一步棋，也是他人生的輝煌頂點與個人生命的終點。

正如前文所述，在拖雷監國二年後，一二二九年的形勢發生了有利於窩闊台的變化。根本原因還是鐵木真這位蒙古人無上崇敬的領袖的遺命具有別人難以抗拒的力量：窩闊台在二哥察合台的支持下，經過「忽里勒台」大會四十九天馬拉松式的研究，終究被重新確認為鐵木真的汗位繼承人。

窩闊台雖被公認是鐵木真四個兒子中最為聰明的，但是論精明尚不及拖雷。

拖雷成功地讓窩闊台相信了自己。他主動請纓去進攻金廷，他的做法看似比較傻，卻讓窩闊台以為四弟原本「憨厚」，更重要的是拖雷為自己的後人鍛鍊出了一支有最強戰鬥力的隊伍。

一二三二年（元太宗窩闊台汗三年、金哀宗正大八年、南宋理宗紹定四年），窩闊台親征金朝，在攻佔北京附近很多城市後突然得了怪病，一句話也說不出來了。身邊人趕緊找來許多醫生，但都沒效果。無奈之下，他們請來了薩滿教的長老。

長老煞有介事地進行了一番法事，告訴窩闊台和現場的拖雷等人：「大汗的病是因為蒙古人殺掉太多同樣信奉薩滿教的女真人，這些鬼魂都到了山川河流裡，現在全附在窩闊台汗一個人身上了。解決的辦法只有一個：那就是必須從大汗的兄弟中間選一人代死，否則還會殃及全部蒙古人……」

令所有人詫異的是，拖雷站了出來，他說：「我向父親起過誓言，一定不惜代價輔佐汗兄。只是希望汗兄今後能讓我的子孫在帝國中發揮更大的作用。」然後，他不由分說地把薩滿教長老念咒施法過的「神水」（實為毒酒）一飲而盡，他幾天後就死去了，而窩闊台汗也「神奇」地痊癒了。

英俊果敢的王子拖雷以自己的生命拯救了窩闊台汗和全體蒙古人這件事，就像插上了翅膀一樣迅速地傳遍了帝國的各個角落，也迫使窩闊台在為拖雷下葬後當眾許諾：「將來我死後，一定把汗位傳給拖雷長子蒙哥。」

元太宗窩闊台莫名其妙地生出怪病，拖雷捨命救皇兄，是不是窩闊台精心設計的一個圈套，以剪除對他和他的子孫威脅最大的弟弟拖雷，是黃金家族的一個千古之謎。

拖雷以自己的生命，為子孫積累了無與倫比的軍事、政治、道德財富。

十五、哈拉和林：見證元太宗窩闊台的奢華

一二二九年（金哀宗正大六年、南宋理宗紹定二年）夏天，位於斡難河源頭的哈拉和林，注定會成為人類歷史上值得關注的一個地方。鐵木真成吉思汗開創的黃金家族在此進行了一次極其重要的活動，那就是鐵木真三子窩闊台的即位盛典。

這個盛典，是鐵木真去世以後第一次正式的政權交接儀式，是經過了窩闊台四弟拖雷監國兩年以後，按照鐵木真生前遺囑履行的，也是黃金家族史上絕無僅有的奢華之舉。

事情要從兩年前鐵木真成吉思汗的去世說起。

一二二七年（南宋理宗寶慶三年、西夏南平王寶義二年、金哀宗正大四年），鐵木真成吉思汗親征西夏，途中圍獵受傷。堅持七日後，鐵木真終於一二二七年八月二十五日以六十六歲之壽辭世。按照蒙古人「幼子繼家灶」的習俗，鐵木真第四子也就是幼子拖雷應當承繼大統。但在一二二六年春天，鐵木真曾經專門召開「忽里勒台」大會，經二子察合台提名、長子朮赤和幼子拖雷同意，鐵木真最終確定早已屬意的三子窩闊台為繼承人。

為自己龐大資產的繼承權憂心忡忡的鐵木真還是不放心，臨終前又命諸子立下文書並保證他死後由窩闊台繼位。

鐵木真去世後，老謀深算的老三窩闊台面對家族諸子中以軍事實力、威信和智慧著稱的四弟拖

雷，假惺惺地引用蒙古人幼者繼承祖業的老規矩，暫時婉拒了自己的即位事宜，反而力推拖雷先行監國。

這樣，從鐵木真逝世時起由拖雷作為監國，實際上行使了大汗的權力……

一二二九年七月，蒙古高原斡難河源頭的哈拉和林，碧空萬里，綠草如茵。

在重臣耶律楚材和鐵木真二子察合台以及一些蒙古貴族的強烈要求下，監國兩年的拖雷不得不按照蒙古人的風俗習慣和鐵木真的遺命召開了由蒙古各宗王、部落首領參加的「忽里勒台」大會，主題只有一個——商議並推舉蒙古大汗。

「忽里勒台」大會，是蒙古高原上的眾多游牧族群議定部族重大事項的一種民主方式。參加者一般包括各部落貴族、首領，在大蒙古國於一二〇六年正式成立以後，又加入了黃金家族各宗王，如鐵木真的四個兒子和鐵木真的弟弟等人，再到後期則是黃金家族朮赤系、察合台系、窩闊台系和拖雷系後裔為主，並有重要大臣參與。

很快，就進行了隆重而奢華的大汗即位儀式。

儀式是簡單的，充滿了這個游牧族群的基本理念，如膜拜蒼天。儀式還充滿了東方民族的敬祖心結，如慎終追遠、憶及列祖等。

慶賀即位對於私交甚篤的窩闊台和二哥察合台二人來說，無疑是天大的好事。這個時候，勝利者是不會關注「物是人非事事休，欲語淚先流」而黯然神傷的拖雷的。

窩闊台的登基盛典進行了數天。

被公認鐵木真諸子中最聰明的三子窩闊台，雖然不能比擬鐵木真的雄才大略，但在享受榮華富貴和奢侈生活上，遠遠勝過他的父親與兄弟。

這段日子裡，窩闊台比任何一次征伐勝利後飲酒都要多。

一二二九年夏日的哈拉和林，萬安宮的後花園裡又像往常一樣，幾十個銀質的大酒缸裡裝滿產自中原的美酒。

酒香撲鼻，酒缸旁邊已經倒了一地的人，這些人是黃金家族在征服世界的過程中從中原、中亞和歐洲帶來的近臣。有的一看裝束就知道是標準的漢人官員。有的人身穿類似漢服的衣物、佩劍的劍鞘上則刻著波斯式樣的紋路；有的人乍一看面容分明就是漢人，只是髮髻裝束又有異域特點；有的人則深目高鼻，鬍鬚微黃。他們都被劫來的各種美酒喝得欲罷不能。

窩闊台很喜歡萬安宮。在他即位盛典和以後的日子裡，窩闊台有時會從三層樓高的宮殿中走下來，一邊觀看水禽戲水，一邊聽取屬下的軍情報告。

高興的時候，窩闊台還拿起長弓，射死一兩隻水禽，也讓人看看自己仍然有強大的力量。

宮城外邊主要由巨大的倉庫組成，裡邊從各地搶劫的財寶堆積如山，儘管耶律楚材曾經向鐵木真和窩闊台多次建議登記造冊，但所向披靡的兩位大汗在這個問題上表現出了驚人的幼稚思維，他們認為這些財寶和蒙古的駿馬、蒼鷹，以及戰車、鐵騎比起來根本不值一提，要不是耶律楚材一幫人好言相勸，沒準兒這些東西早就和無數美麗的城市一樣在蒙古人手中化為灰燼了。

這些倉庫裡的東西終於派上了用場。

一二二九年夏日的哈拉和林，的確是歡樂的海洋。窩闊台汗打開了倉庫的大門，事實上很多大門的鎖本來就是擺設，不是因為蒙古人游牧本性中的以偷為恥，而是誰敢動用天之可汗鐵木真的東西啊。

巨大的倉庫之間夾雜著一些簇新但明顯簡陋的低矮房屋，這些是為那些擄自各地的工匠使用的，他們早已被蒙古人嚇破了膽兒，儘管死去親人的鮮血在他們的腦海中如夢魘般不時出現，但求生的本能使他們充分表現出了歸順、服從。

哈拉和林城市百分之三十左右的地盤是作為那些同樣也喜歡上了定居生活的蒙古新貴的宅第，城內的居民除了漢人、蒙古人，還有很多深得鐵木真和窩闊台喜愛的信仰佛教的畏兀兒人、契丹人，以及信奉基督教的英格蘭人、法國人、匈牙利人、喬治亞人、亞美尼亞人，信奉伊斯蘭教的阿拉伯人、突厥人、波斯人等。

性格豪放不羈的窩闊台知道他承繼的不僅是所向披靡的蒙古鐵騎，不僅是無數在蒙古刀下戰慄的各色人種，不僅是縱橫數萬里的史詩般的業績，還有君臨天下、四海歸一的躊躇滿志。

窩闊台沒有了過去那個不怒自威的父汗的管束。這個時刻，財富對於窩闊台汗算得了什麼？女人又算得了什麼？「溥天之下，莫非王土，率土之濱，莫非王臣。」

於是，窩闊台早已把父親和自己都信任的耶律楚材關於「少飲酒」的勸告拋在了腦後，他的酩酊大醉已不是結果，而是新一輪觥籌交錯的起點。

一二二九年的夏天，也是厭倦了常年征戰和血腥殺戮的普通蒙古百姓的集體節日。鐵木真時代，他們的任務似乎除了衝殺、進攻，就是搶掠。但單純的游牧人總是帶著對成吉思汗的無上敬仰，規規矩矩、分毫不差地把來自各地的戰利品交到了鐵木真的大帳。

新汗窩闊台無疑是這個節日的主角，然而真正令人們激動的還不是爭相一睹大汗的尊顏，而是這個遠遠比鐵木真慷慨的大汗所給予人們的驚喜……

從一二二〇年就開始修建的帝國都城哈拉和林萬安宮旁邊，鐵木真生前建造的金庫被窩闊台打開了。這時，人們才知道他們以前頂禮膜拜的英雄鐵木真是摳摳搜搜的「守財奴」：一箱箱來自花刺子模和西夏各地的珍寶，一匹匹來自中原的綾羅綢緞，以及各種從沒見過的珍稀玩意兒，紛紛在刺目的陽光下展現出來……

從被征服的花刺子模搶來的黑豹皮、赤鹿皮、白毛皮、血貂皮、草原狐皮、海獺皮、花斑兔皮拿出來了，西伯利亞「林木中百姓」敬獻的海豹皮拿出來了，中亞的蜂蜜、葡萄乾、樹脂、乳香和玫瑰香、阿未香等被呈上來了。

以往非常珍貴的布哈拉和喀什米爾呈貢的藏紅花，此時都沒人理會。因為人們看到了大將軍哲別和速不台從欽察草原和克里米亞威尼斯人客棧裡搶來的安息香精和光彩四溢的琉璃，波斯的茉莉花香料和從波斯轉運來由阿拉伯生產的優質靛藍顏料更是深受喜愛藍色和香味的蒙古貴族女人青睞；來自畏兀兒的黃金佛像、純金佛龕，來自西方的紫金製品、歐洲工匠精心雕琢的銀製品，似乎取之不盡、拿之不竭……

從金朝與西夏搶來的玉器和瓷器，似乎不大受黃金家族的重視。這些精美絕倫的東西在鐵木真，不，在窩闊台的金庫裡被隨意堆放著，有些已經磕破了邊兒，有些乾脆完全破碎了……也是啊，某件珍寶放在珍寶堆裡又算得了什麼呢？作為「馬背上的民族」的蒙古人，祖祖輩輩習慣了茹毛飲血的生活，即使當時在中原某個宮城裡對這些器件愛不釋手，這些瓷器和陶器對他們也是百無一用。

瓷器和陶器，也是窩闊台最想讓部眾拿走的，一來他覺得根本沒有用處，二來他還嫌佔地方。於是他振臂高呼：「誰有力氣，就把這些東西都拿去！」

倒是那些突厥人中精明的穆斯林，紛紛跑了過來，他們知道這裡的任何一件瓷器和陶器，在他們遙遠的故土都是價值連城的寶物。

在場的所有人都得到了想要的東西，現場人聲鼎沸。他們高喊著對窩闊台的溢美之詞，忘卻了剛打開金庫時的靦腆與羞澀。他們已經從一開始時的爭搶與炫耀中冷靜下來，認真地比選著精美絲綢製作的衣服，盤算著還有什麼更好的黃金珠寶可以帶給遠方征戰的子弟。

又有一些東西被奴隸搬出來了，成箱織有歐洲和中亞風格的圖案的紡織品，那些不知產自哪裡的象牙被蒙古人隨意丟棄，大把大把的珍珠，有些是純白色的，有些有一點兒淡淡的灰。金質、銀質的器物，造型還真別致。為了那產自山西南部解池的精選鹽巴，好幾個蒙古彪形大漢廝打起來。

不過，蒙古人最喜歡、也是爭搶最為激烈的，還是那些弓弩、刀劍、槍矛和箭鏃了。有些繳獲自中亞王廷的弓弩，上邊雕刻著精美的花紋。有些來自中原的刀劍的把上還鑲嵌著寶石。

蒙古人生活中最珍愛的莫過於馬了，只是這次的即位儀式上又多了不少被窩闊台喜歡的駱駝。牲口被早早起來的蒙古人洗刷得乾乾淨淨，有些家族在太陽升起前還為自家的馬匹舉行了薩滿教的儀式。

馬和駱駝都穿上了節日的盛裝，金庫裡很多絲綢都拿來用作馬和駱駝身上的飾物。馬鬐上也綴滿了金銀首飾，其主人甚至不知道那些首飾在遙遠的長江、阿姆河或者美索不達米亞平原是價值連城的寶貝。一些蒙古貴族的戰馬身上光是金飾的重量就達兩公斤！

窩闊台還是不大習慣漢人和契丹人為他設計的宮室。黃昏，他命人把綿延數里的地毯在哈拉和林郊區鋪開了，地毯兩側的蒙古包都披金戴銀，極盡豪華亮麗之能事。

居於高地中央的大蒙古包，遠遠看去就像巨大的山體，它足以容納三千人，天幕周圍是堅固的木牆隔柵，四周牆壁上是來自世界各地的藝術家精彩的繪畫座屏。

蒙古包中有的是飲食酒水，人們可以隨意取用，無盡享用。這裡的服務人員沒有統一的「工裝」，他們有的身著明顯不合身、簇新的蒙古袍，有的穿著漢人的對襟大褂，有的頭戴阿拉伯小帽……

取之不盡的是半熟而沒有加鹽巴的熱騰騰肉類，那黑釃的酥油茶、香氣撲鼻的酸馬奶和各種器皿盛裝的美酒，不是被人直接喝了個乾淨，就是被喝得醉醺醺的蒙古男女撞在了腳下。美酒、酸馬奶和茶水被隨意拋灑，流出了蒙古包，流向了遠方，它們匯成了小溪，在草原夕陽強烈而溫暖的日光照射下，倒映出蒙古人發皴的面龐上那永遠合不攏的笑顏。

入夜，踉踉蹌蹌的人們開始在哈拉和林城裡自由地遊蕩，波斯的摔跤手在表演技藝，偶爾會有蒙古士兵衝將上去一展身手；黑海邊來的演員使出了渾身解數，展示他們滑稽幽默的一面；漢人音樂家拉著胡琴，用不太熟練的蒙古語唱誦著對這位新大汗的讚歌。

這是七百八十年前蒙古高原上真實的一幕。

窩闊台把鐵木真時代的汗廷——哈拉和林又一次定為蒙古帝國的首都。事實上，鐵木真從一二二〇年起即徵用了從中原和中亞抓來的三萬餘名精工巧匠，按照契丹人和漢人的建議進行帝國首都的建設，修建了周長二里、四四方方的宮城萬安宮。環繞著宮城的是十二座佛教寺廟、兩座清真寺和一座基督教堂。

代表法王路易九世出使過哈拉和林的盧布魯克，對萬安宮有過詳細的描述。萬安宮的中央是正殿，兩邊的走廊牆壁上貼滿了金箔。正殿完全是漢式的，南面有三座門，殿內靠北面南的高臺上放置了大汗的御座，御座的左邊是皇后、嬪妃、公主的座位，右邊是諸王的座位。殿內還有來自歐洲巧匠設計的銀製飲料臺，是放在今天也毫不遜色的「自動飲料機」，它的中央是一根碩大的銀樹，四根蛇形管道盤身而上，分別伸出四根鍍金的銀嘴兒，從銀嘴兒裡分別流出酸馬奶、葡萄酒、蜂蜜酒和米酒，供大汗和王公貴族享用。

那時的哈拉和林，是何等金碧輝煌！

到一二四一年窩闊台離開人世時，漢地的契丹、西夏、大金，中亞的波斯、哈喇契丹（西遼）以及現在的俄羅斯南部地區都已經囊括在蒙古帝國的帳下。

元太宗定都哈拉和林，標誌著蒙古人游牧帝國政權體制從「行國」變為「駐國」，從鐵木真時期的草創開始走向穩定和完善階段。穩定的政治中心的設立，使得元太宗、元定宗父子得以改進和提升國家體系的行政管理水準，人才向都城集聚，在法度、政策等方面促進了政權的發展進步。

從窩闊台在哈拉和林的即位大典起，標誌著擁有無數黃金、財寶、城市、草原和數不清的屬民的「黃金家族」稱謂，正式誕生了。

十六、黃金家族：全世界僅此一家

「黃金家族」是一個特有的稱謂，一般是指鐵木真成吉思汗的祖先阿蘭老祖母「感光」所生育的直系後代。

十三世紀成吉思汗（元太祖）崛起以後，「黃金家族」成為其四個兒子朮赤、察合台、窩闊台（元太宗）、拖雷（追謚元睿宗）及其後裔的統稱。

拖雷之子忽必烈（元世祖）建立元朝以後，拖雷系子孫一般被認為是「正宗」的「黃金家族」，但在中亞和西亞地區的察合台、窩闊台、旭烈兀（拖雷的幼子、忽必烈的弟弟）等人的後裔，以及東道諸王即成吉思汗的弟弟哈薩兒等人的後裔也常常以「黃金家族」自居。

相傳蒙古部落聯盟有一個始祖母被稱作「阿蘭」。這位被後代稱作「阿蘭老祖母」的女性，與丈夫一起生了兩個兒子，她在丈夫死後又生了三個兒子。

她的兩個大兒子和其他親屬都對後來生下的三個兒子有疑問。

阿蘭則回答說，那三個兒子是她感受到一位「金黃色神仙」的光芒之後所孕，是上天的兒子。從此這三個兒子的後人都被稱作「純潔出身的蒙古人」。

蒙古帝國的創始者、元太祖鐵木真成吉思汗，就屬於阿蘭老祖母「感光」所生的三個兒子的後裔之一支，叫作孛兒只斤氏。

此外，在鐵木真的時代，蒙古高原上還有主兒乞氏、泰赤烏氏等孛兒只斤氏的近親氏族部落，也被稱作「純潔出身的蒙古人」。

後來，孛兒只斤氏在鐵木真的率領下建立了橫跨亞、歐兩大洲的大帝國，眾多叱吒風雲、威名赫赫的可汗都出自鐵木真後裔，即出自阿蘭老祖母這個家族，而黃金在古代被看作最有價值、最珍貴的物質財富，於是這個家族就被世人尊稱為「黃金家族」。

實際上，在鐵木真去世以後，只有他的直系後裔，即朮赤、察合台、窩闊台、拖雷四人的後代才被稱為「黃金家族」，才有資格繼承各汗國的汗位。

當拖雷之子蒙哥奪得蒙古大汗之位後，被稱作「黃金家族」的範圍又進一步縮小為拖雷的後代，其後的元朝皇帝和明朝時的韃靼可汗（**如達延汗**）均出自拖雷這一系。

然而，非拖雷系的鐵木真子裔也都自稱為「黃金家族」，甚至僅僅與這個家族有過婚姻關係者，也往往「迫不及待」地給自己加上「黃金家族」的烙印。

元末明初，出自原蒙古人貴族巴剌魯斯的中亞帖木兒帝國（**一三七〇年建立**）的創建者帖木兒（一三三六—一四〇五年），就以其妻子的黃金家族血統（**西察合台汗國的公主**）而公開表達自豪。帖木兒一生征戰四十餘年，從未嘗過敗績，除了其自身具備領袖品質，黃金家族這張「金字招牌」在中亞地區的號召力也功不可沒，儘管那時候黃金家族在中亞已然式微，東、西察合台汗國也搖搖欲墜。

明代北（殘）元政權太師也先（一四〇七—一四五五年），儘管出身被黃金家族征服的瓦剌部（**明代殘元勢力分為東、西兩部，蒙古高原東部的稱「韃靼部」，蒙古高原西部的稱「瓦剌**

部」），還是堅稱自己具有黃金家族血統，後來一度自封為「大元天盛可汗」。

也先太師能夠將韃靼部降服，接著又降服了女真人、征服了朝鮮人，並且在「土木堡之變」中擊敗數十萬明朝大軍，俘獲明英宗朱祁鎮，很大程度上也是靠著黃金家族的巨大影響力和凝聚力。

也就是說，在很長時間裡北亞、中亞乃至西亞、西南亞地方的人們天然地認同黃金家族出身者做自己的領袖、大汗或者蘇丹。

十七、乃馬真當家作主，色目人狼狽為奸

元太宗奇渥溫・孛兒只斤・窩闊台，是黃金家族中承上啟下的重要人物。窩闊台在位時期，蒙古人已經走出了草原，原有的奴隸制社會意識形態，日益受到了先進的封建社會和農耕文明的強烈衝擊。帝國統治的疆域特別是人口，比鐵木真在世時有了幾何級數的增長，對黃金家族統治水準的要求，與鐵木真初創的大蒙古國時期相比有了巨大的變化。

《元史》中對窩闊台的評價是「有寬弘之量，忠恕之心」，這一點也是耶律楚材有機會繼續為黃金家族效命的重要基礎。

客觀地講，窩闊台在執政前期和中期，能夠傾聽耶律楚材等人的逆耳忠言，能夠力排眾議並且大膽「解放思想」，支持一些開放、文明的政策，體現出作為一名君主應有的胸懷。在執政後期，窩闊台偏信色目人奧都剌合蠻，使國家出現了嚴重的危機，好在耶律楚材等一批忠臣堅決鬥爭，才使得黃金家族有驚無險地渡過了一段「險灘」。

元太宗一朝，充斥著先進與落後的鬥爭，充斥著耶律楚材為代表的忠臣與以奧都剌合蠻為代表的完全利己主義者的鬥爭。耶律楚材與奧都剌合蠻兩大政治陣營的鬥爭，實際上反映了中華傳統優秀文化與依靠軍力的外來文化的矛盾鬥爭。

這一切要從頭說起。

元太宗窩闊台有強烈的嗜酒習慣，這一壞習慣最終要了他的命。他就是因飲酒過度而猝死在奸臣奧都剌合蠻擺的宴席之上。

耶律楚材一直想方設法要幫助太宗窩闊台收斂一些游牧族群的陋習，比如貪杯、狂飲等。在屢屢進諫而毫無效果之後，有一天，耶律楚材拿著被酒腐蝕得面目全非的鐵製酒槽，對窩闊台說：「發酵的酒麴能腐蝕鐵器，何況人的五臟呢？」

耶律楚材對蒙古帝國的忠誠還不僅體現在此。作為與鐵木真四個兒子私交均甚篤的他，在大是大非問題上並不感情用事，而是依法依規。這裡所謂的「法」，就是被文字化、制度化的蒙古人傳統習慣、規矩等，更重要的是鐵木真依靠巨大的個人魅力和遠見卓識所提出的相關「口諭」「聖旨」等，這些一般被統稱為「札撒」「大札撒」。所謂「規」，更多的則是耶律楚材所深諳的華夏文明中的規範、規矩、規定等，包括中原政權的儀軌、典章、制度等。

耶律楚材的忠誠與正直，在小事上體現得淋漓盡致。

蒙古國雖然有貴賤尊卑之分，但是從來沒有像中原地區封建王朝那樣有嚴格的君臣之別。鐵木真駕崩時，遺訓中有一條即讓第三子窩闊台「接班」。但第四子拖雷以「幼子掌家灶」的蒙古傳統為名，監國兩年之久。後來，在耶律楚材等一批臣子的不斷勸說協調下，拖雷不再監國，為窩闊台名正言順地承繼大統創造了條件，從根本上保證了政權沒有因為兄弟內訌而分崩離析。窩闊台被「忽里勒台」大會選為大汗之後，耶律楚材對窩闊台的二哥察合台說：「你雖然是大汗的哥哥，但是從地位上講，你是臣子，應當對大汗行跪拜禮。你帶頭下跪了，就沒有人敢不拜。」於是，察合台就率領貴族和諸王向窩闊台下拜，從此蒙古皇廷有了尊汗（帝）的下拜禮。

耶律楚材不厭其煩地勸誡窩闊台減少酗酒，窩闊台深受震動，也深為耶律楚材的忠心所感動。但是沒過多久又故態復萌，我行我素，整天就是一個「酒膩子」。

再來看看元太宗之妻昭慈皇后乃馬真・脫列哥那。她是一位喜歡弄權的女人，在窩闊台成為大汗以後，不是考慮如何幫助丈夫穩固政權，而是一直惦記著怎樣獲取更多的財富，如何將自己的兒子貴由扶上大位。她看到當時朝廷中的大臣多數是耶律楚材這樣正直的人士，很難為自己提供幫助，便轉而從朝廷周邊尋覓合適的「合作夥伴」。

一二二二年（**元太祖成吉思汗十七年、西夏神宗光定十二年、金宣宗元光元年、南宋寧宗嘉定十五年**），鐵木真在第一次西征期間，拖雷所部在中亞俘獲了一個叫法蒂瑪的女人。她和其他俘虜一起被押回哈拉和林。法蒂瑪靠三寸不爛之舌，居然成功地獲得了自由身。一個偶然的機會使得法蒂瑪和乃馬真相識，而且一見如故，於是，法蒂瑪「上竄下跳」，讓乃馬真能夠及時得到各種訊息。乃馬真將她視作重要的參謀和助手，甚至讓她參與一些重大事情的決策。久而久之，法蒂瑪成為炙手可熱的人物。

這時候，同樣是來自中亞的色目人奧都剌合蠻通過別人引薦，結識了當時位高權重的大臣鎮海，靠鎮海的幫助登堂入室，進入朝廷。奧都剌合蠻和法蒂瑪也是在一個偶然的機會結識，兩人一「盤道」，發現大家居然來自中亞同一個地方，而且是同一個部族。

黃金家族統治的地域就像一個「聯合國」，民族、宗教多種多樣，各類勢力盤根錯節、錯綜複雜。從表面看，朝臣主要由蒙古人、漢人（**包括漢化了的契丹人、女真人**）、色目人等組成，但在色目人中間其民族、宗教信仰也不盡相同，形成了為數不少的利益小團體，奧都剌合蠻和法蒂瑪就是其中的一個小團體。

乃馬真愛屋及烏，自然對奧都剌合蠻也欣賞有加，並且把他推薦給了窩闊台。這兩位「酒膩子」可好，天天大酒伺候著，感情日益加深。

此時的窩闊台，汗（皇）位已經相對穩固了，耶律楚材也成功地為帝國建立了行之有效的稅收體系，但是，黃金家族迅速擴張帶來的糧草和財政的巨大需求，使得他對中原財富的攫取心理日益膨脹。

最終目的是藉助統治者的威權獲取個人利益的奧都剌合蠻緊緊抓住了窩闊台的心理，他先是奏請在人口沒有大量增加的前提下，將中原課稅增長一倍，並且由他本人採取「撲買」也就是承包稅收、超額歸己的方式來運作。

窩闊台並沒有看到奧都剌合蠻背後的個人私利，反而對這種竭澤而漁的政策大加讚賞。耶律楚材對這種明目張膽壓榨百姓、「劫掠國庫」的違法行為進行了堅決鬥爭，並且把其他人提出的在某些行業進行「撲買」的請求阻止了，但是鑑於窩闊台和乃馬真皇后二人的共同信任和縱容，他終究沒能阻止得了奧都剌合蠻。

一二四〇年（元太宗窩闊台汗十二年、南宋理宗嘉熙四年），奧都剌合蠻在上年成功獲得了中原諸路的課稅「撲買」權後，終於如願以償地被任命為中原地區稅收徵管的最高行政長官。耶律楚材憂心忡忡地說：「此類（奧都剌合蠻）奸人欺上罔下，為害甚大。」

窩闊台在幫助奧都剌合蠻實現所有目標以後，於一二四一年十一月，因飲酒過度離開了人世。窩闊台生前曾經「假惺惺」地在拖雷下葬後允諾，未來由蒙哥繼承汗（皇）位。窩闊台是這樣說的，但絕不會這樣做。他曾經指定三子闊出為儲君，但闊出在一二三六年與南宋軍隊的交戰中陣亡了。接著，他又指定闊出的長子失烈門為儲君，但是遭到了貴由母親乃馬真皇后的強烈反對。

而這時，朮赤之子拔都堅持擁立拖雷系為大汗。這樣，外有拖雷、朮赤兩系人馬的枕戈待旦，內有失烈門等人的虎視眈眈，乃馬真只好選擇游牧族群母系社會殘留的「夫亡婦繼」策略，自己先做了監國（**後來終於把汗位交給了自己的兒子貴由**）。

乃馬真監國無疑是奧都剌合蠻人生中又一個「春光無限好」的階段，而耶律楚材則遭遇了為黃金家族服務以來最為黯然神傷的時期。

乃馬真、法蒂瑪、奧都剌合蠻這個奸佞體系完全把持了朝政，並且喪心病狂地排擠甚至殺害了一批正直的大臣。對於耶律楚材這位數朝元老和深得黃金家族敬重與信任的忠臣、重臣，奧都剌合蠻一夥懾於他的正氣，居然私下送去五萬兩白銀以圖賄賂，被耶律楚材嚴詞拒絕了。

隨著鐵木真、窩闊台時代一大批忠臣的離去，奧都剌合蠻的邪惡勢力完全佔據了上風，耶律楚材只能以「奸人當道，孤臣無力回天」的心態來面對他無法接受的現實。

一二四四年（**元昭慈皇后乃馬真監國四年、南宋理宗淳祐四年**），耶律楚材在憂憤中離世，享年五十四歲。

耶律楚材被譽為黃金家族的「社稷之臣」，他在一二三一年正式被窩闊台任命為中書令後，積極恢復文治、改進稅收政策，在政治、經濟、法度等方面殫精竭慮、創舉頗多，不僅使中原封建文明和農業生產得以保存和恢復，也為蒙古人從落後的游牧生活方式和奴隸制迅速過渡到定居方式和封建制社會做出了巨大貢獻。

耶律楚材一生，先後服務於元太祖鐵木真成吉思汗、元睿宗拖雷監國、元太宗窩闊台和窩闊台妻乃馬真・脫列哥那監國，他以其清正廉明、學識淵博、普濟眾生，成為蒙古帝國不可缺少的棟梁之材。

耶律楚材於一二四四年離開人世，年僅五十四歲。整個蒙古帝國陷入了悲痛，很多百姓失聲痛哭。後來，元世祖忽必烈鑑於耶律楚材對黃金家族的忠誠和突出貢獻，追封他為廣寧王。

十八、欽察汗國的建立

元太宗窩闊台繼位後，基本延續了父親鐵木真的征服線路，即不斷西征。

一二二八年，花剌子模蘇丹札蘭丁在高加索山以南地方，擊敗了谷兒只❶和阿美尼亞❷的聯軍，並且大肆屠殺了當地的基督徒。但札蘭丁犯了低級錯誤，他居然派兵攻打小亞細亞地區的穆斯林，這樣就激起了眾怒。

阿美尼亞人向蒙軍求助，穆斯林也向蒙軍求助。

一二三〇年，窩闊台派出的綽兒馬罕將軍率軍進抵阿哲兒拜占❸猛攻札蘭丁的軍隊，札蘭丁不敵只好逃竄，後在今土耳其東部地區被殺死，於是花剌子模國徹底被消滅了。

高加索成為蒙古人的疆域。同時，為了加強對呼羅珊地區的統治，西遼人成帖木兒、畏兀兒人闊里吉思先後被任命為達魯花赤（掌印者）。

儘管歸降或被征服的地方越來越多，但一直不肯臣服的欽察人令元太宗窩闊台十分惱火。

欽察人是突厥人的一支，長期游牧於哈薩克草原和南俄草原，其文字為猶太文字拼寫，同時又經常與東斯拉夫人的一支斡羅思人聯手。

雖然蒙軍在一二二三年曾大敗欽察和斡羅思聯軍，但欽察人依然游離於蒙古人的統治之外。

在一二三五年的「忽里勒台」大會上，窩闊台提出進行西征，主要目標在北線，即欽察、斡羅思方向。雖說長兄朮赤已經先於父親鐵木真離開了人世，但其幾個兒子拔都、別兒哥等都是非常凶悍的戰將，他們認為蒙古大軍已經在綽兒馬罕的率領下西征多年，而且連戰連勝，完全可以讓他們揮師向北去征服欽察人，而沒有必要再從蒙古本部派兵西征。

朮赤系諸王的這番話並非沒有道理。鐵木真的四個兒子朮赤、察合台、窩闊台、拖雷均戰功赫赫，但朮赤身世一直被察合台、窩闊台詬病。

一二二四年，蒙軍第一次西征勝利還師時，鐵木真分封諸子，朮赤得花剌子模海❹、寬田吉思海❺以北的欽察之地為封地。

朮赤系對拖雷的堅決支持，無疑是拖雷得以在鐵木真去世後監國兩年，並且差點兒有機會排斥窩闊台的巨大力量。

儘管鐵木真去世了，但按照傳統蒙古人的做法，其遺命由窩闊台繼承汗位還是具有至高無上的權威，加之負責解釋法律法規的察合台其立場堅定，因此最終還是窩闊台成為蒙古大汗。

窩闊台在法理上毫無疑問是全部蒙古人和所征服地域的最高統治者，是鐵木真親口指定的繼承

❶〔谷兒只〕今喬治亞。
❷〔阿美尼亞〕今亞美尼亞。
❸〔阿哲兒拜占〕今伊朗亞塞拜然省一帶。
❹〔花剌子模海〕今鹹海。
❺〔寬田吉思海〕今裏海。

人，因此儘管朮赤系對再次組織西征頗有微詞，還是不得不服從於共主窩闊台的命令。

一二三五年底，由鐵木真四個兒子的長子所組成的「長子軍」開始西征，名義上由朮赤長子拔都（**實為次子，因長子斡兒答主動讓出長子地位，代為長子**）統率，察合台長子拜答兒、孫子不里（**抹土干的長子**），窩闊台長子貴由，拖雷長子蒙哥一同出征。實際上窩闊台希望通過這次西征，一方面征服欽察和斡羅思，一方面削弱朮赤系力量，還有就是「鍛鍊」自己的長子貴由，讓他有機會建立功勳。

挾著滅掉金朝的餘威，蒙軍此次西征集中了最有優勢的軍事力量，凡被徵調參戰的諸王、駙馬、萬戶、千戶、百戶，必須派出自己的長子出征。拔都被窩闊台任命為主帥，負責統管諸王的長子。哲別的兒子速不台將軍為副統帥，主持日常軍事指揮。貴由則受命作為「第三把手」，管理除諸王長子以外的其他子弟。

西征軍總規模近十五萬人，分為四路：第一路軍為拔都軍，即朮赤系諸王子所部；第二路軍為窩闊台孫子不里率領；第三路軍由貴由指揮；第四路軍由蒙哥統領。這些人中，除了不里，其他均為鐵木真孫子輩中的長子。不里係察合台兒子抹土干之兒，抹土干生前頗受父親喜愛，但在征花剌子模時戰死。

集結完畢，大軍於一二三六年正式開拔出征。「長子軍」剛剛出征就擊敗了不里阿耳人，蹂躪了今俄羅斯喀山以南、黑海以北地區。

一二三七年春天，蒙軍擊敗欽察人，進入斡羅思，先後蹂躪了梁贊、弗拉基米爾、諾夫哥德羅等諸公國。在梁贊，蒙軍要求該城邦獻出十分之一收入為貢賦，並要求將十分之一的公侯子弟收為質子。遭到拒絕後，蒙軍攻城，五晝夜便拿下並屠城。弗拉基米爾公國派軍馳援梁贊，途中得知城已破，遂緊急馳援蒙軍的下一個目標科洛姆納，與窩闊台庶弟闊列堅所帶的兩萬名蒙軍及五千名欽察軍進行了決戰。最終，科洛姆納城破被毀，闊列堅戰死。

嗣後，拔都和速不台率軍連克弗拉基米爾公國的十餘座城市，攻陷了莫斯科公國並將該城焚毀，大軍進而包圍了弗拉基米爾城。

蒙軍強攻六天，雙方皆有大量死傷，血流成河，尤里二世大公的兩個兒子陣亡後，蒙軍入城並進行了大屠殺。

一二三八年，二月，蒙軍追趕尤里二世至雅羅斯拉夫爾地方，雙方進行了一場會戰，尤里二世率領斡羅思聯軍對陣蒙軍。是役，尤里二世親率敢死隊衝入蒙軍廝殺，被蒙軍射死，其軍隊也被全殲。到一二三八年秋季，北斡羅思已被基本征服。

一二三九年，貴由、蒙哥率領各自本部軍隊先行返回，拔都、速不台等則繼續在南斡羅思征伐。

一二四一年底，元太宗窩闊台去世。消息於次年中傳到歐洲的蒙古大軍中，立即引發強烈反響。拔都率軍東撤，同時與拖雷系一道呼籲，一二三二年拖雷替窩闊台「祭天」犧牲時，窩闊台應允在他之後由拖雷的兒子承繼大統，而窩闊台系則認為今後的大汗均應從窩闊台系中產生。看來選舉新汗的「忽里勒台」大會很難開成了，於是大夥兒商定由窩闊台的遺孀充當監國。

一二四二年（**南宋理宗純祐二年**），與察合台系、窩闊台系素來不睦的拔都，在伏爾加河下游東岸修築薩萊城[6]為都，獨立統治自己控制的地方——包括歐亞大草原和東歐平原一部分——因其地為欽察人故地，遂被稱為「欽察汗國」（**也稱作金帳汗國**）。龐大的蒙古汗國，從形式上、事實上都不可避免地分裂了。

當時的欽察汗國疆域，東起也兒的石河❼，西到斡羅思，南起巴爾喀什湖、裏海、黑海，北到北極圈附近，蒙古文史書稱作「朮赤因・兀魯思」。該汗國人口主要是欽察人、保加爾人、花剌子模人，以及其他一些突厥系族群，以欽察人與土庫曼人居多。

在欽察汗國內以拔都為共主，但他的十三個兄弟及其後裔也各自擁有世襲封地和軍隊，形成了形式上隸屬汗國的半獨立政權。因為斡羅思諸公國都是城邦體制，與拔都的蒙古人生活習俗不同，被欽察汗國允許保留自治，但均以欽察汗國為宗主，定期繳納賦稅，貢奉女子。

欽察汗國建立後，繼續保持蒙古人傳統的軍政合一統治體系，萬戶、千戶、百戶、十戶既是行政單位，又是軍隊編制單位。

拔都的兄長斡兒答，主動將其長子地位交予二弟拔都，因此他和他的後裔據有很大的地盤，包括今西伯利亞、哈薩克，形成了白帳汗國。

拔都的弟弟昔班，則被封於南烏拉地區，後建立了青帳汗國（又稱「藍帳汗國」）。

---

❻〔薩萊城〕今俄羅斯國阿斯特拉罕。

❼〔也兒的石河〕今額爾濟斯河。

十九、他們有個好媽媽

拖雷是鐵木真成吉思汗的嫡生第四子，也是最小的兒子。拖雷一生，既有戎馬倥傯的日子，也有參與政治鬥爭的日子，總而言之，一切就是為了獲得至高無上的權力。

拖雷的妻子叫唆魯禾帖尼（一一九〇—一二五二年），克烈部人，是一位賢慧且具有政治素養的女性，她和拖雷育有四子：長子即元憲宗蒙哥，次子為元世祖忽必烈，三子為創建伊兒汗國的旭烈兀，四子為曾在蒙古高原稱汗的阿里不哥，皆可謂人傑。

當年鐵木真去世後，拖雷按照蒙古人「幼子掌家灶」的傳統，早已控制了蒙軍一半以上的精銳，並且長期經營。

一二二七年，鐵木真在征西夏的戰爭中「離奇」亡故後，長子朮赤一系積極支持拖雷監國，大有讓拖雷繼承汗位之意，但那時鐵木真餘威尚存，他死前遺囑由窩闊台繼位。經過黃金家族內部兩年的調整，拖雷不再監國，窩闊台即位，是為元太宗。拖雷在漢人、女真人、契丹人、党項人、色目人中口碑不錯，因此即便窩闊台繼位，拖雷依然擁有極其巨大的影響力和感召力。

拖雷不到四十歲就離開了人世，死因是否和鐵木真一樣？拖雷離奇地離開人世，「拖雷系」似乎走到了盡頭。

然而，峰迴路轉、柳暗花明的事情出現了。一個女人，讓整個拖雷系永遠不能忘懷的女人——

拖雷的寡妻唆魯禾帖尼，成功地繼承了拖雷的方針政策，繼續遠交鐵木真長子朮赤系，臥薪嘗膽、運籌帷幄，巧妙地應對鋒頭正勁的窩闊台汗，最終使拖雷一系獲得了巨大的成功。

事情還得從拖雷「捨生取義」說起。那一年，拖雷跟隨三哥窩闊台在伐金前線作戰，窩闊台突發怪疾，薩滿巫師進言，如果有兄弟替代大汗喝下「聖水」，或許有一線希望。

拖雷毫不猶豫地喝下「聖水」，很快地離開了人世，而窩闊台真如巫師所言奇蹟般地康復了。窩闊台信誓旦旦地說將來由拖雷的長子蒙哥繼承汗位。

拖雷主動獻出了自己寶貴的生命，由於文化尚處於蒙昧狀態，在純樸得不能再純樸的百姓間已經佔據了道義的制高點。

但是，大凡梟雄多具有一個共同的特點：小事講信義，大事裝糊塗。聰明的窩闊台汗自然不例外。他當然記得自己當年做出的將來傳汗位給拖雷之子蒙哥的公開承諾，但他的內心怎能願意將來之不易的江山拱手讓人。窩闊台汗沒有想到的是，拖雷之死竟然給拖雷系帶來了那麼大的威望和好名聲，這顯然不是他的初衷。

一計不成，再生一計。他又想出了一個絕招。拖雷故去不久，他就藉著關心拖雷寡妻唆魯禾帖尼的名義，常常出沒於其帳中，目的就是勸說她改嫁給自己內心真正屬意的汗位繼承人——他的兒子貴由，也就是拖雷的親侄子，以便吞掉拖雷系的資產，最終使自己對拖雷系的承諾自然流產。

有人會問了：作為嬸嬸的唆魯禾帖尼，若嫁給侄子貴由，不是亂倫了嗎？其實不然，大凡游牧族群，諸如上古之匈奴，中古之突厥、蒙古，倫理綱常不備，哥哥死了弟娶寡嫂，父親亡故後兒子納父之妾，甚至隔代成親等事情都屢見不鮮，還會被認為是「親上加親」。

出身顯赫的克烈部首領家族的唆魯禾帖尼何等聰明，她知道自己肩負著丈夫生前的遠大理想。於是她低眉順目、禮數周到地逢迎那位不懷善意的窩闊台汗，但原則問題絕不讓步，毅然以自己和拖雷生養的四個兒子尚年幼，特別是自己在拖雷臨終前許下了獨自撫養兒子長大成人的誓言為名，委婉地拒絕了窩闊台汗的提議。

唆魯禾帖尼是克烈部落首領王罕的親侄女，聰明睿智、溫文爾雅，她的貴族身分本來就在黃金家族中享有崇高的威信。後來發生的事情表明她不僅是一位出身高貴的名門閨秀，還是具備無數男性所沒有的雄才大略的女英雄。

史學家拉施特在其《史集》中這樣描述唆魯禾帖尼：「她是產生四顆大珍珠的純水中的貝殼，是四個榮耀的兒子的母親。」

窩闊台汗替其子求婚不成後，唆魯禾帖尼更深切地感覺到了壓力和恐懼。這個女人具有超常的膽識和謀略，她大大地加強了與拖雷在世時就結下深厚友誼、勢力強大的朮赤系的聯絡與交往。

滅金的次年即一二三五年（**南宋理宗端平二年**），由黃金家族操縱召開的「忽里勒台」大會商定進行第二次西征。

黃金家族第二次西征，在外人眼裡，不過是蒙軍又一次開拓疆土、聚集財富的行動，但在唆魯禾帖尼眼裡是與朮赤系加深情誼、著眼未來的良機。

況且，朮赤系自鐵木真起兵以來就一直在西方作戰，加上鐵木真時代老將速不台的協助，從軍事角度講自然是萬無一失了。於是，黃金家族各路人馬到保加利亞集結，開始進行對歐洲的作戰。

這支大軍中盡是聲名顯赫的人物：「總司令」拔都歷經無數場衝鋒陷陣和西進北征，穩坐中軍帳；老將速不台，對黃金家族忠貞不貳、老驥伏櫪；朮赤其他的幾個兒子斡兒答、別兒哥和昔班等皆驍勇善戰，熟悉東中歐平原和草原戰法；察合台的兒子貝達兒和孫子不里雖戰功無多，但也躍躍欲試；窩闊台的兒子貴由、合丹和孫子海都[1]，期冀的目光中飽含殺氣；還有身負拖雷系眾望和母親唆魯禾帖尼面授機宜的拖雷長子蒙哥。

西征伊始，蒙哥就像當年拖雷追隨朮赤一樣，「跟屁蟲」一般地黏著堂兄、「總司令」拔都。但察合台與窩闊台兩系人馬並不服從拔都的領導，還常常陰陽怪氣地譏諷朮赤和拔都的血統，甚至在拔都帳中議論軍情大事都要為座次與統帥拔都爭個高低。

在一次戰役勝利後，拔都照舊召集眾兄弟一起喝酒。誰都沒料到，貴由竟借著酒勁兒對「總司令」拔都語出不恭，當著眾人面把一些道聽塗說的所謂朮赤血統不純之類的大不敬的話都倒了出來，弄得拔都幾個兄弟和蒙哥恨不得橫刀相向，幸虧被老將速不台倚老賣老地給拉開了。

不久，年輕氣盛的貴由公然置軍令於不顧，帶著窩闊台系和察合台系的一千人馬不辭而別，險些誤了黃金家族西征的大事。好在那時的蒙古鐵騎無往不勝。

西征順利結束後，拔都逕直來到汗廷，憤怒地向窩闊台「舉報」了領頭的窩闊台之子貴由和察合台之孫不里等人的種種劣跡。窩闊台不得不裝模作樣地訓斥了他們，命拔都處理這些人。但是貴由是現任大汗的嫡子，拔都又能如何？事情只能是不了了之。

矛盾畢竟公開化了，這時候的蒙哥表面上不動聲色，暗地裡堅決支持拔都。這一舉動，最終對黃金家族的歷史產生了巨大的影響。

貴由在西征中不顧大局的表現讓他的聲望大跌。使得窩闊台無法公開讓貴由成為汗位繼承人了。同時窩闊台也急於撕開偽裝，他先是「忘掉」了先前自己傳位給拖雷系的承諾，在一次酒後指定三子闊出為汗位繼承者。闊出於一二三六年進攻南宋時戰死，窩闊台又指定闊出的長子失烈門為繼承人。

一二四一年，窩闊台死後，其寡妻乃馬真・脫列哥那堅持要自己的兒子貴由接班。

一二四六年春夏之交，乃馬真監國五年，在對察合台系的支持下，她將兒子貴由推上了汗位，是為元定宗。

值得注意的是，這次確定汗位接班人選的「忽里勒台」大會，拔都根本不屑於參加。

這時候的拖雷系子弟，在「領頭羊」唆魯禾帖尼的帶領下積極積蓄力量，等待合適的時機。

機會總是留給有準備的人。

一二四八年，早在十多年前第二次西征時就已與朮赤系結下梁子的貴由，繼位不足兩年就準備對朮赤系「掌門人」拔都動手了。他藉口自己在額敏河流域的窩闊台系世襲封地的牧場遭到朮赤系的侵犯，從哈拉和林秘密出動大軍西進，擬出其不意地殲滅朮赤系。

唆魯禾帖尼聞訊，立刻派出快馬通知還沉湎歐洲美女堆裡的拔都。拔都不敢怠慢，立即調集大軍迅速地進入中亞七河地區的戰略要地，在伊黎河和伊塞克湖之間設下埋伏，只待貴由大軍進入伏擊圈。

戲劇性的是，那位登基沒多久的貴由，沒有從父親窩闊台那裡學到聰明，也沒有從祖父鐵木真

❶〔海都〕（一二三四—一三〇一年），元太宗窩闊台第五子合失之子，窩闊台汗國的實際建立者。

那裡學到節制，反而把酒色這一套弄得很明白，一路酗酒耽樂。一二四八年四月，行軍到別失八里城，他就因病而亡了。

又一場可能改變黃金家族歷史的內戰危機，就以這樣離奇的方式戛然而止。但這一次，拔都欠下了拖雷系一個大大的人情。

拖雷與其妻唆魯禾帖尼的合作策略，終於在拖雷離世二十年後取得了成功。蒙哥在一二五一年經過朮赤系子孫的大力相助，終於將黃金家族大汗之位納入拖雷一系。

窩闊台死後，其后乃馬真•脫列哥那監國五年（一二四二—一二四六年），本來的形勢非常有利於窩闊台系。一來窩闊台當政十二年，給她留下了寶貴的政治資產；二來雖然拖雷寡妻唆魯禾帖尼聰慧多謀，但畢竟孤兒寡母，縱有拔都遙相呼應，總有遠水不解近渴之感。但這個乃馬真實在糊塗，她不重用忠心耿耿的窩闊台舊臣，把耶律楚材、鎮海等一干國之柱臣紛紛排擠出汗廷，為朮赤系拔都和拖雷系蒙哥聯手「做掉」窩闊台系埋下了禍根。

短命貴由也缺乏冷靜，他主要依靠母親乃馬真的運作和父親窩闊台的餘威上臺，並未參加推選自己成為大汗的「忽里勒台」大會，應該先夾著尾巴積蓄實力才是。結果他繼承汗位沒幾日就派人檢查拖雷家族，說拖雷系王公有不廉的行為，卻被聰明的嬸嬸唆魯禾帖尼輕輕鬆鬆地應付了過去。旁觀者不僅更加同情拖雷一系，還對窩闊台系人馬的胸懷與心術產生了懷疑。

貴由死後，他的寡妻斡兀立•海迷失為了佔取主動地位，迅速派人向黃金家族中離得最為遙遠欽察汗王拔都相告。

其實他們相互都是假惺惺的。貴由與拔都素來不睦，貴由是在準備偷襲拔都的途中去世的，而拔都也因為唆魯禾帖尼的通風報信，已經在中亞陳兵並嚴陣以待了，所以，這齣「報喪」的戲碼可謂一方（窩闊台系）為佔取主動權，而另一方（朮赤系）來個貓哭耗子假慈悲而已。

這時候的黃金家族中，德高望重者只有鐵木真的孫子拔都了，他可是「多年的媳婦熬成了婆」。窩闊台於一二四一年死後，拔都面對乃馬真這個三嬸尚不敢造次，只能以生病為由不參與推舉監國及推舉自己的堂弟貴由為汗，這時的拔都顯然有了發言權，他決定和四嬸唆魯禾帖尼聯手行動了。

一二五〇年，貴由去世的妻子斡兀立・海迷失監國兩年後，唆魯禾帖尼以鐵木真二代人僅存的遺孀身分，以及在拔都的呼應下，相當罕見地在伊塞克湖北面的阿剌豁馬黑（即《元史・憲宗紀》之阿剌脫忽剌兀）召集了「忽里勒台」大會。

為什麼說相當罕見呢？黃金家族前期像這樣重要的會議都在蒙古本部草原即帝國東部進行，而此次選擇了帝國中部偏西的方向，還在拔都欽察汗國的領地之內。

其實道理很簡單，這裡靠近拔都的大本營，朮赤系的精銳之師早已在附近駐紮了。

會前，稱病已久的拔都似乎一下子煥發了青春，他派出多位使者分赴蒙古部各有頭有臉的貴族和達官貴人那裡，進行有關立拖雷系蒙哥為汗的遊說。唆魯禾帖尼則在中間反覆宣傳拖雷當年為了救窩闊台和蒙古人而毅然犧牲自己性命的事蹟。

這些遊說在爭取那些比較茫然的蒙古貴族時起到了很好的作用。

對於這一次「忽里勒台」大會，察合台和窩闊台兩系也採取了先前拔都抵制貴由繼承汗位的辦法，只是派出了代理人。

拔都在會上極力稱讚蒙哥能力出眾，又有西征大功，應當繼位。並指出貴由之立違背了窩闊台遺命（**窩闊台遺命孫子失烈門繼位**），窩闊台後人無繼承汗位的資格。儘管大會通過了拔都的提議，推舉蒙哥為大汗，但窩闊台、察合台兩系的諸王絕大多數不承認這個結果。

為了讓蒙哥承繼汗位更具有權威性，唆魯禾帖尼又反覆地說服各路諸王，最終決定在蒙古高原再進行一次「忽里勒台」大會，以便最終「選出」大汗。換句話說，就是盡可能地讓大家一致推舉蒙哥。

拔都仍然衝在了支持拖雷系的前線。拔都堅持兩點，其一是窩闊台在拖雷臨終前曾經許諾將來由拖雷子蒙哥繼位，其二是按照蒙古人的古老傳統也應該是幼子系的人來承繼祖業。

不和諧的聲音自然很多。窩闊台系堅持說鐵木真的遺訓就是大汗均出自窩闊台的子孫，也認為大汗之位自窩闊台以後就一直沒有離開過其家族，理應繼續由他們出任；察合台系依然義無反顧地為窩闊台系應和。

但是拔都聲色俱厲，帳外拔都弟弟別兒哥所率欽察勇士磨刀霍霍，終於讓與會人員不得不通過了推舉蒙哥為帝國大汗的決議。

失利後的窩闊台與察合台兩系自然怒氣難消，便在窩闊台早年屬意的孫子失烈門的帶領下，準備假借為蒙哥慶賀為名一舉消滅拔都和拖雷系，結果被早就枕戈待旦的對手抓了個現形。

蒙哥沒有猶豫，可能他對父親拖雷去世後的種種不公的對待早已懷恨在心，因此他藉機大開殺戒，除掉了包括堂嫂海迷失在內的（**窩闊台**）貴由系宗王四十餘名，以及窩闊台系將領、大臣計兩千餘人。

二〇、元憲宗蒙哥是英明領袖嗎

鐵木真成吉思汗建立的蒙古帝國第四任大汗、元憲宗蒙哥曾對當時來自歐洲的法蘭克國國王路易的使臣說：「我與拔都的勢力，如目光所及一般，可以伸展至任何地方。」

在當時的歐洲上層社會看來，元憲宗蒙哥甚至把拔都比喻為和自己地位相近的人，彷彿帝國的共同管理者。

這裡提到的拔都，便是蒙哥的堂兄、成吉思汗長子朮赤之次子、欽察汗國的可汗，是世界史上著名的軍事家之一。

朮赤去世後，拔都當仁不讓地成為朮赤系的「帶頭大哥」，蒙哥則在父親拖雷去世後成為拖雷系的領頭人。

拖雷系與朮赤系一直交好，相對應的是察合台系與窩闊台系的聯盟。其實，背後都是權力之爭、汗（皇）位之爭。

拖雷長子蒙哥繼承汗位，無疑是在拔都一手策劃和扶持下取得的，「忽里勒台」大會帳外，拔都之弟別兒哥的十萬鐵騎成功嚇阻了窩闊台系希望延續本系統治帝國的想法，但「水可載舟，亦可覆舟」，朮赤系強大的軍力同樣可以把基礎不牢固的蒙哥拉下馬來。

所以蒙哥繼位後繼續堅持聯合政策，用其弟忽必烈加緊殲滅中原的抵抗力量，為自己積蓄實力，同時對拔都曲意逢迎，完全改變了過去大汗對所有諸王分封地的垂直管理，對拔都領銜的朮赤系欽察地區不聞不問。這就使得朮赤系盤踞的地域成為帝國第一塊割據地區，這也是黃金家族後來各自為戰、各自為政，建立數個藩屬國的發端。蒙哥還給持刀帶槍把自己送上汗位的別兒哥以另外的報酬——把谷兒只（喬治亞）賜予了別兒哥。

蒙哥的心思非常縝密。察合台的孫子不里一向與窩闊台系有默契的配合。從前在拔都領軍西征時，不里仗著窩闊台的寵幸在宴席上公開羞辱過拔都，這次又恰恰參與了對蒙哥和拔都的政變圖謀。蒙哥毫不猶豫地把不里解送給拔都，任他處置。

蒙哥終於實現了其父拖雷、其母唆魯禾帖尼臥薪嘗膽、孜孜以求的偉大願望——在拖雷去世二十年後，將黃金家族的世系，成功地轉入了拖雷一系！

元憲宗蒙哥汗是黃金家族中不多見的英明領袖之一，他不僅繼承了母親心思縝密、聰明果斷的長處，也把父親能屈能伸的手段發揮得淋漓盡致。繼位伊始，他先是付出了巨大的代價對朮赤系的拔都等堂兄進行了回報。在窩闊台汗以前，甚至在蒙哥即位之初，鐵木真四個兒子各自的領地基本都局限於欽察地區、中亞、蒙古本部等地的牧區或者鄉村，能夠帶來大量稅收和財富的城市以及民政管理，則統一由帝國中央政府派出達魯花赤直接管轄。蒙哥深知朮赤系對自己登上寶座付出的努力和「有得必有失」的道理，所以他在位期間一直與朮赤系欽察汗國保持著戰略盟友關係。

同時，蒙哥一改前任那樣粗放的管理，而是結合對察合台和窩闊台系的清洗，大力任用漢人、女真人、畏兀兒人中的優秀官吏，大大地強化了精細的統治。這一點如同黃金家族中首現朮赤系的內部割據一樣，同樣是帝國歷史上的重大變化，標誌著蒙古人從簡單的征服向著長期統治的過渡。

為了一勞永逸，蒙哥先是把原貴由派往波斯的大將軍額勒只帶捕獲並交由拔都處死，借拔都之手除掉了隱患，也為拔都之弟別兒哥順利進駐谷兒只掃清了障礙。接著，他又把原窩闊台系在中亞的采邑（**封地**）一分為四。對不同人員採用不同的處理方式，這樣一來，蒙哥在短期內為自己贏得了穩定的發展環境，為自己威信和威望的建立打下了基礎。

畏兀兒亦都護薩倫迪是窩闊台系的堅定支持者。一二五二年（**南宋理宗淳祐十二年**），他覺得有隙可乘，便暗地拼湊了一支五萬餘人的軍隊，欲趁蒙哥立足未穩之時把別失八里一帶的伊斯蘭教徒殺光，再一舉殲滅作為當地統治者的蒙古人。

這件事又被聰明過人的蒙哥利用了，成了他彌合黃金家族內部矛盾、轉移視線、加強團結的一張好牌。

蒙哥立刻命令各系人馬集結出擊，將這位由原監國乃馬真・脫列哥那（**窩闊台汗之妻**）任命的薩倫迪等人抓獲，並解送到汗廷哈拉和林，簡單審訊後即行處死。這樣，成功地避免了一場危險的叛亂，更重要的是利用轉移矛盾又一次團結了廣大蒙古部眾，進一步鞏固了自己的統治基礎。

蒙哥還加強了帝國的法制建設，停止了哈拉和林自窩闊台以來一直在進行的大興土木，避免了更大的浪費。

為了勉力維護黃金家族形式上的統一，蒙哥繼位後，利用「忽里勒台」大會推舉自己為大汗的時機，在廣袤的中亞設立「阿姆河等處行尚書省」，以蒙古斡亦剌人中的阿兒渾人為達魯花赤，總管包括今伊朗、亞塞拜然、阿富汗之一部等地區。

蒙哥無疑是黃金家族中力挽內鬥狂瀾，挽救行將解體的蒙古汗國的重要領袖。

二一、一塊小小的石頭，改變了世界歷史進程

在蒙軍伐宋的進程中，發生在今重慶合川區的「釣魚城之戰」是一場非常重要的戰役。這場前後歷時十餘年的戰爭，不僅使領軍親征的元憲宗蒙哥陣亡，而且大大延緩了黃金家族殲滅南宋的進程和步伐，在軍事學、裝備學乃至人文等方面都給後世留下了深刻的影響。

這裡簡單回顧這場戰役的時代背景，以及黃金家族在不同歷史時期的目標願景。

從正統的角度看，黃金家族建立的大帝國分為三個階段。

第一階段是蒙古汗國時代，即從一二〇六年鐵木真統一了蒙古各部，擺脫了中原王朝控制後建立的大蒙古國，直到一二六〇年忽必烈建立了中原式的封建王朝元朝止，這個階段黃金家族有統一中原的理想，同時抱有不斷向西征服世界的雄心。

第二階段是元朝與蒙古帝國二位一體的時代，即從一二六〇年忽必烈建元中統，直至一三六八年元順帝妥懽帖睦爾離開大都北京止，這個階段黃金家族正統的世系已經傳入鐵木真幼子拖雷一系，他們的目標是堅定不移地統一中原，建立一個在東亞和中亞大陸的多族群封建國家。黃金家族其他成員建立的欽察汗國、察合台汗國和伊兒汗國基本處於獨立狀態，但形式上依然是忽必烈後裔的藩屬。

第三階段是北元階段，即從一三六八年元順帝敗走漠北，直至一六三四年林丹汗離世止，黃金

家族的帝國在先後興起的明朝和清朝的打擊下走向了徹底的滅亡，此時分布在中亞、西亞和歐洲的幾個藩屬汗國也早就分崩離析了。

無論在哪個階段，黃金家族作為中國歷史上的一個地方民族政權和中國封建王朝的地位都是毋庸置疑的。本書為了表述方便，一般統稱為蒙古帝國。

縱覽黃金家族的「發家史」，不難看出幾個階段性的特點。

鐵木真自幼就顯現出了遠大志向，但他在群雄逐鹿的草原鬥爭中，早期還是以合縱、連橫等多種方式統一各個部落，以便在與強大的宗主政權金朝的對話中「用一個聲音說話」。

待兼併和征服了草原、西域部分國家、民族之後，中原的財富和幾百年以來多個封建王朝裂土而治的情況，讓鐵木真的黃金家族初步產生了統一中原的想法。鐵木真指揮軍隊第一次西征，征服了中亞和歐洲部分民族和國家，還通過六次戰爭殲滅了富庶的西夏王朝，同時對金朝不斷進行軍事打擊，但是征服的目標仍然顯得比較分散，所以在軍隊主力和精力分配上基本是均衡的。

在元太宗窩闊台直至定宗貴由時期，黃金家族繼續保持著兩個方向的目標，一邊通過第二次西征繼續打擊中亞、歐洲，一邊加快了對中原的攻擊，在一二三四年滅亡了金朝，隨後開始對南宋的進攻。蒙古人在這個時期的理念已經比較明確地定位於統一中原了，因而其主力部隊和主要精力明顯向中原傾斜，儘管朮赤的後人在歐洲和中亞北部同時征戰，但規模已大不如以往了。

蒙哥是黃金家族征服進程的重要轉捩點。

正如前文所講，蒙哥的父親拖雷和母親唆魯禾帖尼非常精明，在黃金家族第二代人中是很有遠見和文化的。作為蒙古人，在和漢人交往的過程中他們深刻地體會到建立中原統一國家的巨大榮譽感和使命感，聘請了來自漢地的大儒擔任蒙哥、忽必烈、旭烈兀、阿里不哥等兄弟的老師，悉心進行教育。

黃金家族第一次明確地把目標定位於東方，堅定地在中原建立自己家族的長期統治。雖然蒙哥曾經命令旭烈兀率領軍隊進行家族史上的第三次西征，但是已經大大淡化了征服的色彩，而帶有對伊斯蘭教亦思馬因教派暗殺自己進行報復的成分。

儘管從窩闊台就開始進行的蒙古和南宋的戰爭，到蒙哥「釣魚城之戰」時已然長達十七年之久，其間還經歷了諸如「沔州之戰」「江淮之戰」「入川之戰」「陽平關之戰」等著名戰役，如果算上忽必烈時代的「鄂州之戰」「襄樊之戰」等血戰，單純從戰爭戰役學的角度看，「釣魚城之戰」似乎並沒有極為突出的地位，但是這場戰爭帶來的許多人們意想不到的後果令人沉思。

一二五一年，蒙哥即位。他於一二五六年召集了「忽里勒台」大會，議定征服南宋、統一中原的戰略目標。經過不到兩年的準備，他決定和弟弟忽必烈兵分兩路：忽必烈主要進攻華中地區，而他於一二五八年親率蒙漢聯軍，從今陝西、甘肅地區南下，經由劍閣古道攻入四川，以圖和忽必烈軍形成犄角之勢完成對南宋的戰略包圍。

由於耶律楚材之子耶律鑄以及投誠的漢人軍事豪強的幫助，蒙哥方面在入川初期，一路攻城掠地連陷十餘州縣，令遠在江南的南宋朝廷都為之震動。蒙哥的大軍在出兵時共計四萬人，其主力當然還是蒙古人，但是由於多年受父母合作策略和漢儒老師的薰陶，他已經部分改變了先輩一味殺戮的傳統，而是注意延攬漢人豪強來配合征服南宋的工作，協同他在四川作戰的就有已征服的河北、山東等地的漢人豪強武裝，如史天澤部等。

此外，蒙哥在入川以後還按照耶律鑄的建議，在每次進攻之前都派出信使招降南宋軍事將領，這樣不僅大大降低了征服成本，還得以進行迅速有效的控制。

一二五八年末，蒙哥的軍隊沿著嘉陵江一路南下，重慶已經近在眼前了，沒想到在重慶北邊的門戶合州❶遇到了始料不及的抵抗。

合州州府本在相對平坦地帶易攻難守，當時的守軍在王堅的帶領下，迅速將軍民轉移到了州府附近的小鎮釣魚城。此地位於嘉陵江東岸，三面環江，地勢險絕，自古就是軍事要塞，也是重慶的天然防禦屏障。

早在一二四〇年，南宋為了防禦北方的侵略，派彭大雅在此構築了建築防禦體系，後來經過多年的加固、整修和擴建，蒙哥到來時已經成為一個堅不可摧的堡壘了。

根本不被蒙哥放在眼裡的守將王堅，是南宋一員驍將，他早年在抗蒙名將孟珙手下，因在鄧州❷夜襲蒙軍並火燒其輜重而出名，後被調入四川，曾與曹世雄等人一道多次擊退過劫掠的蒙軍。

王堅在蒙哥到來之前精心進行了備戰，不僅在釣魚城內囤積了大量糧草，還組織百姓進行軍事訓練，使軍隊和民兵總計達到了十餘萬人。他還從外地調運了一些新的城防軍事裝備。

十二月，蒙哥按照「老套路」，派出南宋降將晉國寶前去招降王堅。結果晉國寶被王堅押到釣魚城的校場公開斬首，展示了與蒙哥勢不兩立的決心。

---

❶〔合州〕今重慶市合川區。

❷〔鄧州〕今河南省鄧州市。

一二五九年，一月，蒙哥親率軍隊開始進攻釣魚城，久攻不克。二月至五月，蒙古人恨不得使出吃奶的勁輪番對釣魚城進行「疲勞式」攻擊，但在守城軍民的團結努力下依然沒有奏效。惱羞成怒的蒙哥甚至採取了對釣魚城斷水的辦法，仍然無法攻破城池。六月，在激烈的戰鬥中，蒙哥的愛將、先鋒官汪德臣，被守軍拋石機拋出的石塊擊傷，恰逢四川暑熱難耐，汪德臣的傷口被感染，後不治身亡。

汪德臣的死，對久拖不決的戰事無疑是火上澆油，而此時因為天氣炎熱，漠北出生的蒙古士兵實在難以應對比故鄉高得多的氣溫和潮濕的氣候，加上蒙古人喜歡吃半熟的肉品，因而病毒性痢疾迅速蔓延開來，非戰鬥性減員大大增加了。

心急如焚的蒙哥只好親自督戰，希望能喚起士氣，早日拿下釣魚城。七月下旬，當蒙哥登上觀察城內的高臺準備探明情況時，被王堅將軍發現了，他立刻掉轉拋石機，對準蒙哥所在的高臺進行攻擊，高臺被砸毀坍塌，蒙哥也被甩出幾十米開外，身負重傷，不久就在軍中去世。

「釣魚城之戰」是蒙宋戰爭中著名的城市防禦戰役，它不僅打破了蒙軍「不可戰勝」的神話，還讓憲宗陣亡，極大地鼓舞了南宋各地軍民抵抗外族的勇氣。蒙哥的死亡使得忽必烈和阿里不哥等人的汗（皇）位爭奪提前到來，延緩了蒙軍對南宋朝廷和華南、中南、江南百姓的征服步伐。

蒙哥是蒙古帝國歷史上一位重要的過渡性領袖。

因為蒙哥的汗權來自朮赤系拔都的相助，所以他上任後，一邊大開殺戒除掉了反對他繼位的一些窩闊台系、察合台系子弟以及貴族大臣，一邊授予拔都大汗（皇帝）的權力，允許拔都在實際控制的區域內獨立建立汗國。這標誌著鐵木真留下的統一「家產」，在蒙哥時期發生了實際的分裂。蒙哥的過渡性特點還體現在，他既不像祖父鐵木真和父輩那樣是非常傳統、保守的游牧族群首領，也和前任貴由一直對西方非常嚮往不同，更不同於漢化的弟弟忽必烈，他的身上集中了多種理念的衝突。

這些從他的行為就可以看出來。

比如，他為了保存和兼顧蒙軍前兩次西征的傳統，派弟弟旭烈兀領軍進行黃金家族的第三次西征。但規模和兵力大大縮小了，因為他的主要目標是征服南宋和全部漢地。

再比如，蒙哥比他的前任用了多得多的漢人官員，並給予高度信任。他特意安排深受漢文化薰陶的弟弟忽必烈經略已征服的漢地，開始採用中央集權式的封建政治制度。

蒙哥弘揚了父親拖雷和母親唆魯禾帖尼的合作策略，為弟弟未來承繼大位做了充分的政治、軍事、組織和文化準備——儘管從史籍上看不出蒙哥準備將汗（皇）位交給忽必烈。

「釣魚城之戰」直接導致蒙哥的死亡，從歷史的角度看有著特殊的意義。

儘管蒙哥已經具備了漢人皇帝的雛形，但是殘留在他身上燒殺劫掠的思想依然頑固。假如沒有「釣魚城之戰」和蒙哥之死，富庶、文明、繁華的中原南方將和華北、中亞一樣變成人間地獄。

「釣魚城之戰」同樣影響了黃金家族的整個戰局和布局。在這場戰役進行的時候，被派出進行第三次西征的蒙哥之弟旭烈兀，正率領蒙軍和亞美尼亞、喬治亞友軍在今敘利亞一帶，與埃及蘇丹國進行著激烈的戰鬥。

旭烈兀聽說蒙哥的死訊，連忙帶領主力向東方回撤——每逢大汗（皇帝）亡故，統兵在外的黃金家族成員就必須趕回去，一來要為大汗舉行葬禮，二來要準備召開「忽里勒台」大會，進行汗（皇）位的爭奪。

旭烈兀在歸途中，得知忽必烈稱汗（皇帝）的消息後就停下了撤軍的腳步。但是旭烈兀再沒有心思返回敘利亞繼續進行征服戰爭了，因為他支持忽必烈，要看到忽必烈戰勝阿里不哥才放心。

經過這麼一折騰，中東、西亞和北非的人民免受了一場折磨。自此，旭烈兀因為擁戴忽必烈繼位有功，被「恩准」建立了獨立的藩屬伊兒汗國。這樣一來，「樂不思蜀」的旭烈兀也改變了西征時期的燒殺劫掠，開始了正常國家的統治進程。

當然，歷史不能假設。正是小小的釣魚城上拋石機拋出的一塊石頭，使得蒙哥意外地死去了。「接班」的忽必烈本來就不贊成蒙古人燒殺劫掠的做法，再加上有「釣魚城之戰」的深刻教訓，他進一步看到腐敗的南宋朝廷背後蘊藏的民族抵抗精神，所以在征服南宋、統一中原的戰爭中，克服了游牧族群的劣根性終成偉業。

二二、從伊斯法罕到伊斯坦堡

二〇〇五年七月十二日，英國倫敦佳士得一場的拍賣會上，一隻「鬼谷子下山圖」的元青花罐竟然拍出了折合人民幣約兩億三千萬元的天價。此後，全球進入了持續至今的「元青花」熱。目前存世的元青花瓷器不過三百件左右，其中中國博物館珍藏約有一百件，其餘大部分收藏在伊朗和土耳其的博物館，還有少量被收藏於美國、英國、日本以及臺灣。

其中，伊朗館藏的元青花有三十二件，多為元青花中的精品——至正（元順帝年號）款。伊朗在元代被叫作「波斯」。伊兒汗國系元世祖忽必烈的親弟弟旭烈兀所建，一直視元朝為宗主，因此在元朝以後波斯與中國的友好交往又一次達到巔峰。

早在唐代，波斯就與中國建立了深厚的關係，雙方往來密切頻繁。

十三世紀中葉，經過鐵木真的西征和「長子軍」西征後，西亞地區僅剩兩支政治力量未被蒙古人征服，一是伊斯蘭教亦思馬因派建立的木剌夷國，另一是阿拉伯哈里發國。

元憲宗蒙哥曾遣人出使木剌夷國。嗣後，木剌夷屢次派人妄圖刺殺蒙哥。

蒙哥大怒，派遣三弟旭烈兀率軍西征，此為一二五二年。

一二五三年，六月，蒙哥命弟弟旭烈兀率大軍十萬西征。西征軍從漠北草原出發，一路向西。

旭烈兀帳前大將怯的不花，於一二五四年抵達木剌夷並開始進攻。想不到連續進攻兩年，蒙軍都沒能攻下其都城阿拉穆特堡❶。旭烈兀於一二五六年率大軍來支援，他改變了策略，三路大軍齊頭並進，給木剌夷當權者造成巨大威脅。

年底，該國蘇丹魯克賴丁庫沙出降，他提出覲見蒙哥以求赦免自己的臣民。旭烈兀同意了，派人護送他前往，但蒙哥拒絕接見。在回程路上，魯克賴丁庫沙被押送他的蒙軍士兵踏為肉泥。

一二五七年，蒙軍進攻阿拉伯哈里發國都城報達❷。次年二月，該城被攻克，立國五百餘年的哈里發政權被滅亡，蒙軍同樣對這座大都市進行了屠城。據說當時幼發拉底河和底格里斯河的河水都變成了紅色。

一二六〇年，正當旭烈兀率領的蒙古西征大軍在敘利亞、埃及等地激戰正酣時，傳來了元憲宗蒙哥的死訊，一直與二哥忽必烈交好的旭烈兀當即決定返回東方去支持忽必烈，留下大將怯的不花繼續征伐。大部隊被帶走了，導致怯的不花在秋季一場會戰中被埃及馬木留克王朝軍隊圍殲，全軍覆沒。

阿里不哥與忽必烈的汗位之爭，前後持續四年之久，最終以忽必烈全勝而告終。此間，旭烈兀支持忽必烈，因此獲得了豐厚的犒賞：他西征所征服的波斯、高加索、伊拉克等西亞地方均歸他統治。於是旭烈兀在眾多鐵木真子孫當中意外地獲得了獨立建立汗國的權力，即伊兒汗國。

伊兒汗國建立後，一直作為明確的元朝藩屬存在，其宰相由中央政府任命，其政治和文化中也多了很多中原的元素。

旭烈兀建立自己的汗國以後，很想為了怯的不花而向埃及尋仇，怎奈來自北方的威脅，讓他不得不斷了這個念想。

旭烈兀受母親和妻子的影響（她們都屬於基督教聶斯脫里教派），在西亞實行親基督教的政策，在位時與穆斯林不睦（儘管他本人信奉佛教），引起了親穆斯林的欽察汗國別兒哥汗的仇視。別兒哥汗與埃及蘇丹拜巴爾結成同盟，對付伊兒汗國，雙方還在高加索地區打了一仗。

但無論怎樣，伊兒汗國完全系元朝冊封，因此中國與波斯之間的關係非常緊密。製作元青花瓷器所必需的蘇麻離青❸由原產地波斯和今伊拉克等地大規模傳入中國，中國的竹、絲綢等數十項產品也相對應地大規模流向伊兒汗國。

不僅如此，元廷還讓伊兒汗國派出波斯工匠來到景德鎮現場學習並製作瓷器，這些人學成歸國後成為伊朗地區瓷器生產的領頭人。直到明代，伊朗著名的「波斯地毯」上都還經常使用像元青花那樣有著鮮明中國特色的紋飾。同樣，有些元青花上也按照波斯人的習慣，刻有波斯籍製作工匠的名號。

同樣，跟隨蒙古大軍來到波斯地方的漢人工匠，將瓷器製作的高超技藝傳授給了當地的業者。伊兒汗國建立後，元廷更是派出瓷器專家，攜帶中國特產的高嶺土前往該地，從材料到技藝雙重提升了波斯人的瓷器品質。同時，波斯人在傳統的細密畫中引入中國元素，如山川、河流，並開始借鑑中國水墨畫的一些創作技巧運用於陶瓷器。

從此伊朗一直是全球著名的陶瓷產地之一，享譽盛名。該國的世界文化遺產伊斯法罕市，不僅

❶〔阿拉穆特堡〕位於今伊朗阿勒布爾茲山脈中央。
❷〔報達〕今伊拉克首都巴格達。
❸〔蘇麻離青〕也叫釉下青料，是製作元青花著色的主要材料。

是文化古城，千百年來還一直是世界瓷器主要的產地和集散中心之一。規模盛大的「國際瓷磚瓷器展」在這座城市已經連續舉辦了十多屆。

站在伊斯法罕市內一座座巍峨、雄偉的清真寺內，看到那一塊塊精彩絕倫的彩色瓷磚時，完全可以想像不同時代的波斯藝術家使用早年間從中國傳入並經過本土化改進的各種規格的畫筆，小心翼翼地蘸取顏料，聚精會神地在瓷器上勾畫出特有的波斯式、伊斯蘭式的圖案。

圖案或是重複的幾何圖形，或是蜿蜒的藤蔓造型，用色方面乍一看全是藍色，但細細看會發現這些藍色有著細微的深淺變化，有靛藍、天藍、淺藍等，顏色的自然過渡、深淺的巧妙運用，無不體現出歷代波斯人對瓷器這門藝術的珍愛、珍視與執著。

但是目前已知收藏元青花數量最多的不是伊朗，而是土耳其。

在土耳其語中，「瓷器」一詞的發音與漢語一致。在土耳其最大的城市伊斯坦堡郊區的伊茲尼克，隨處可見精美的瓷器和陶器，以及專注於瓷器製作的手工業者。

在鄂圖曼帝國時代以及更早年的伊兒汗國時期從中國傳入的瓷器製作法，今天依然被土耳其人使用，從原料到製坯、打磨、上釉等製作的流程和工藝。如今陶瓷製品已成為代表土耳其文化的特色產品，也是著名的旅遊商品之一。土耳其瓷器所描繪的花紋，不但種類多樣，而且紋路細膩、色彩豐富，其最大的特點在於色彩豔麗多樣、圖案繁複華麗，在瓷器的繪畫上還反映了很多故事。

伊斯坦堡地跨歐亞大陸，地理位置非常重要，是一座世界著名的大都市和歷史文化名城，曾經是東羅馬帝國（**拜占庭帝國**）的首都，十五世紀被鄂圖曼人佔領並作為其首都，一直延續到一九二二年。

在將近五百年的鄂圖曼帝國史上，它進行了無數次征伐戰爭，蘇丹獲得了各國各地的大量奇珍異寶。今天，這些珍貴的文物都收藏於土耳其的「皇宮」——托普卡匹博物館（也叫「皇宮博物館」），約有八萬六千件藏品。

這座「皇宮」建成於一四六五年，一直使用到一八五三年，前後近四百年，共有二十六位蘇丹在此生活過。

在八萬六千件藏品中，有超過一萬件中國瓷器，其中一半左右的瓷器產於中國元朝和明朝，另一半產於清朝。從收藏瓷器的數量上就可以看出歷代鄂圖曼蘇丹對中國瓷器的喜愛程度。

在數千件元明時期的瓷器中，竟有四十件元青花，專家鑑別後認為它們是全球已知並被確認的三百件元青花中的中上品。

筆者曾於二〇〇六年親臨土耳其伊斯坦堡托普卡匹「皇宮」，現場欣賞了令人歎為觀止、目不暇接的海量中國瓷器。工作人員不無自豪地說，這裡的瓷器全部來自中國的貿易，通過海上絲綢之路者佔據大多數。

元青花是瓷器史上的一座里程碑。元青花成為中國瓷器巔峰的時代背景是，蒙古人從一二〇六年鐵木真稱汗起，「滅國四十」，建立了疆域空前遼闊的蒙古帝國，古老的絲綢之路幾乎成為這個帝國的「內部」商道。蒙古人出身游牧族群，他們熟稔征戰，但物資相對匱乏，其統治階級對奢侈品和世界各地的奇珍異玩充滿嗜好，所以他們一直採取重商主義的策略。

亞歐大陸上，傳統的陸上絲綢之路基本上都在元朝、察合台汗國（中亞等地）、欽察汗國（東歐平原、哈薩克草原等地）、伊兒汗國（西亞、中東等地）疆域以內，因此絲路貿易較之以前更為發達；在海上，元朝繼承了南宋故有的強大航運規模，貿易航線遠至非洲和阿拉伯地區。

高峰值達到數千萬平方公里的蒙古帝國疆域內，眾多民族、種族、宗教信仰並存，給人們的生產、生活方式特別是貿易往來帶來了許多便利條件。

瓷器是漢民族最偉大的發明之一，是中國人對人類世界的一項偉大貢獻，也是中華文明的標誌之一。中國的瓷器是從陶器發展演變而成的。原始瓷器起源於三千多年前，早在西元前十六世紀的商代中期就已出現了早期瓷器。那個時期的瓷器，無論在胎體上，還是在釉層的燒製工藝上都顯粗糙，由於燒製的溫度較難提高，瓷器製品表現出原始性和過渡性，所以一般稱它們為「原始瓷」。

到西元前三世紀至西元三世紀的漢代，瓷器已經有了兩色即黃色和綠色兩種釉彩在同一器物上的使用。唐朝尤其是貞觀以後，隨著大一統國家國力的顯著增強，社會財富大量增加，陶瓷器物開始從漢代的兩色向多種顏色並用過渡，突出的表現便是著名的「唐三彩」。

唐三彩的出現，與當時的審美觀也有很大關係。兩漢至南北朝，中國人普遍偏好素色。而到了唐代，疆域遼闊——用法國漢學家勒內・格魯塞的話講，「唐朝是中亞的主人翁」——唐廷在西亞設立了包括「波斯都護府」在內的眾多地區性羈縻政權，包容了更多的文化形態，在繪畫、陶瓷、金銀器的設計製作上形成了多彩燦爛的特點。

至宋代時，名瓷名窯已遍及大半個中國，無疑是中國和世界史上瓷器產業最為繁榮的時期，當時的汝窯、官窯、哥窯、鈞窯和定窯並稱為宋代五大名窯。

到元代時，中國的瓷器生產技藝經過千年之久達到了一個前所未有的高峰和質變時期，其精湛技藝、成熟工藝和繽紛色彩便集中體現在元青花瓷器上面了。

二三、忽必烈憑啥建元稱帝

「打仗親兄弟，上陣父子兵」，是鐵木真及其子孫的真實寫照。

脫胎於漠北游牧族群的蒙古人，由於鐵木真的雄才大略及其子孫的驍勇善戰，在很短時間裡征服了廣袤的疆域和人民，但是面對迅速擴張至面積數千萬平方公里的遼闊疆域，如何有效治理便成為一個棘手的問題。

早在鐵木真時代，蒙古人出於在相對惡劣的生存環境下強力競爭的需要，主要側重於對中亞綠洲文明和中原農耕文明的劫掠，一旦獲得滿意的「賠償」後，他們一般還是撤回出發地蒙古高原。隨著西征歐亞大陸和伐夏、伐金等相對順利地推進，蒙古人為農耕文明的物華天寶所折服，逐漸「愛」上了被征服的地方。不過，即使到元太宗窩闊台時代，其汗廷和貴族依然保持著濃厚的游牧習氣。

比如，蒙軍在伐金進程中，除了在華北地區屠城，還經常破壞農田。窩闊台本人就曾表達過將中原變為牧場的想法。後來在耶律楚材等一干大臣的勸誡下，窩闊台對農耕文明的惡劣態度稍有收斂，但他還是頑固地認為農耕完全沒用。他輕率地將富庶的華北地區稅收，以極低的價格給了奸臣奧都剌合蠻，美其名曰「撲買」，實際是將國庫稅收廉價交給個人。

隨著征服地域的擴大，蒙古人原先的千戶、萬戶制度顯然遠遠不能適應新的需要，於是，耶律楚材極力將中原先進的治理制度和體系推薦給窩闊台。

一二三二年，蒙軍在速不台的率領下攻打設防堅固的金都汴梁，此役蒙軍死傷頗多，速不台建議窩闊台破城後屠城。耶律楚材聞知，連忙覲見窩闊台，反覆曉以利害說明愛民與長治久安的關係，最終說服窩闊台收回屠城之令，保全了當時城內一百四十七萬名百姓的性命。

不僅如此，耶律楚材深知蒙軍佔領中原易，但若想長久統治就必須要尊重儒學。在攻陷汴梁後，耶律楚材委派專人入城，找到孔子第五十一代孫孔元措並向窩闊台推舉，孔元措被襲封為衍聖公。他還將因戰亂散落於民間的儒生歸攏起來加以保護。

窩闊台漸漸接受了耶律楚材等人的理念。一二三五年，派儒生姚樞到中原各地招募儒士，開辦書院，為蒙古王公貴族子弟講經；派耶律楚材在其老家燕京開設編修所，統一編纂、印製儒經；通過考試從故金朝的儒生中選拔出四千零三十人，免除賦稅，有些還安排為官。

一二三五年是農曆乙未年，這一年，窩闊台根據耶律楚材等人建議，對已征服的漢地進行戶籍檢括，史稱「乙未檢括」。不過，又同時在檢括的基礎上，將漢人如同奴隸一般對諸王進行分封，史稱「乙未分封」。

如果說元太祖鐵木真、元太宗窩闊台、元定宗貴由相對更傾向於西征，那麼元憲宗蒙哥則是西征（**歐亞**）與南下（**中原**）的「平衡派」。同時，相對於蒙哥的祖父、伯父和堂兄，他在統治方面表現出更多的智慧，表現出更多與先進封建文明相一致的治國策略。

蒙哥在艱難地成為大汗後，利用反對派的小小失誤，一舉處死了七十七名察合台系、窩闊台系諸王和臣屬，包括窩闊台生前最鍾愛的孫子、闊出的長子失烈門。窩闊台曾屬意讓失烈門直接繼承汗位。

此後，蒙哥開始強化統治，加強中央集權，如在都城哈拉和林設立專人分別負責守衛和庫藏，並把蒙軍已征服地區劃分為三大行政區——燕京（北京）等處行尚書省、別失八里等處行尚書省、阿姆河等處行尚書省，並委任專門的達魯花赤進行統轄。

蒙哥於一二五一年七月即位。一二五三年，他委派三弟旭烈兀西征。蒙哥則率領蒙軍主力會師，南下伐宋。

早先，漠南漢地軍國庶事主要由三朝元老、燕京等處行尚書省達魯花赤牙剌瓦赤負責。此公係窩闊台、貴由時代的舊臣，蒙哥對他並不放心，而且他年事已高。而忽必烈表現出較高的治國理政素養，於是蒙哥將漠南漢地事務交給忽必烈打理。

忽必烈是鐵木真之孫、拖雷之子、蒙哥之弟，與喜愛蒙古游牧傳統的兄長蒙哥和弟弟旭烈兀、阿里不哥不同，他從小被母親唆魯禾帖尼安排接受了相對正式的儒家教育。忽必烈很早就結識了包括海雲禪師、劉秉忠、姚樞、趙璧、張文謙、李治等在內的一大批金代留下來的漢人大家，這些名家大儒把歷朝歷代統治之得與失、經驗與教訓，從不同維度、角度介紹給如饑似渴地學習著的忽必烈。忽必烈對他們非常信任，可謂言聽計從。

一二四四年，趙璧薦引金朝狀元王鶚到忽必烈府邸，為他及諸王子講《孝經》《尚書》《易經》等，有時甚至通宵達旦地上課。一二四七年，史天澤將幕僚張德輝推薦給忽必烈後，深得他的信任。張德輝向忽必烈推薦了名士元好問等二十餘人。忽必烈接受了儒生建言的「行漢法」主張，元好問和張德輝等人還請求忽必烈接受「儒教大宗師」的稱號，他很愉快地接受了。

在歷史記載中，忽必烈非常尊崇儒學，「聖（忽必烈）度優宏，開白炳烺，好儒術，喜衣冠，崇禮讓」。

忽必烈非常崇拜唐太宗，《元史》載，他「聞唐文皇為秦王時，廣延文學四方之士，講論治道，終致太平，喜而慕焉」。他按照儒生的策劃，與漢人地主階級和豪強建立了密切的關係。在蒙軍滅金時，華北地方武裝實力派董俊、嚴實、張柔、史天倪、王文統等都被忽必烈高度重視和任用。可以說，早在蒙哥繼位不久，忽必烈已經開始準備成為以「漢法」治天下者，完全跳出了鐵木真、窩闊台、貴由、蒙哥等黃金家族舊式蒙古人的窠臼，準備成為包括蒙古人、漢人、色目人等在內的地主階級利益的代表。

忽必烈胸有大志，為人低調而謙遜，他蓄積了一批忠誠且有才華的漢臣，史稱「潛邸之臣」，同時按照他們的建議和意見做準備、謀大事。比如，一二五二年，他下令在河南唐州、鄧州進行屯田，後又在陝西寶雞屯田，這樣既保證了自己所統領軍隊的糧草供應，還積累了人氣和財富。

被蒙哥任命管理漠南漢地後，他屢屢出招，讓兵禍連連和被蒙軍摧殘得「漢地不治」的地方一改頹勢，煥發出勃勃生機。

河南地處中原核心，歷來是兵家必爭之地，又是金朝晚期首都汴梁和蔡州所在。在金朝滅亡後，因貴由、蒙哥專注於征伐，實際上處在「無政府狀態」，官宦、軍閥橫徵暴斂，民不聊生。忽必烈派出楊惟中、史天澤任民政官，堅決懲治豪強惡吏，河南面貌為之一新。河北邢州納入忽必烈管轄後，民政官廉潔高效，使得流民回歸，戶口增長十倍，生產力很快得到恢復。陝西關中本為膏腴之地，但經過蒙軍與金軍的數次大規模拉鋸戰，「八州十三縣戶不滿萬」，忽必烈派出能吏，獎勵農桑、減免賦稅、開辦學堂。

若干年後，姚樞回憶忽必烈這段時間的功績時，感慨道：「陛下（忽必烈）天資仁聖……號稱大治。」

蒙哥曾經非常信任忽必烈，在委任他管理漠南漢地軍國庶事後，還把關中和河南部分地區作為犒賞和封地賜給忽必烈。

一二五二年，元憲宗蒙哥令忽必烈出征雲南。一二五四年，蒙軍滅大理國，忽必烈接受儒生建議，未在雲南進行屠城和大規模殺戮，反而起用大理國舊主協助治理雲南。

在蒙宋聯合滅金後，南宋理宗等人以為蒙古人不過是愚昧的游牧族群，一旦在黃淮的金朝舊地劫掠滿足後必然北撤，還有些南宋官員甚至認為蒙古人不適應中原氣候根本待不住。

在這些令人啼笑皆非的觀念的指引下，宋廷撕毀了與蒙古達成的劃界而治的協定，派軍迅速攻佔了河南大片原金朝舊地，因此四川三條戰線向南宋大舉進攻，差點動搖南宋的國本。

蒙軍很快攻陷了襄陽，似乎全面掌握了進攻南宋的主動權。情急之下，宋廷急調大將孟珙來解困。此公正是一二三四年與蒙軍南北夾擊，攻克金都蔡州城的宋將。

孟珙給了不可一世的蒙軍一次教訓——宋軍主動出擊，在江漢平原上連破蒙軍二十四個軍寨，取得「江陵大捷」。

窩闊台從來沒有經歷過這樣的失敗，一開始似乎勢如破竹的襄樊會戰，在蒙軍攻佔襄陽後，陷入了漫長的拉鋸戰。宋軍與蒙軍在荊楚大地上相互攻守，互有勝負。所向披靡的蒙軍竟然在漢水流域無法再前進一步。

一二三九年，宋軍在廬州會戰中重創蒙軍，乘勝追擊，連續重創之，成功收復襄陽、信陽等失地，使蒙軍繼續南進的目標破產。

孟珙帶領的宋軍在粉碎了蒙軍在江漢平原的進攻後，主力火速西進，又重創四川方向的蒙軍，收復多處失地。這樣，蒙軍第一次對南宋的戰爭，歷經六年，以失敗告終。

蒙宋「襄樊會戰」是蒙軍與南宋軍第一次真正意義的硬碰硬較量。此戰的意義，不僅在於延續了南宋四十餘年的國祚，更讓蒙軍因連勝而狂熱的頭腦漸漸清醒。

素來被認為孱弱的宋軍，在水軍、陸軍，更在水陸軍聯合作戰方面，打出了強悍的戰鬥力以及高技術化的裝備優勢，這是唐末五代北宋以來少數族群不斷南侵中，中原軍隊少有的大兵團作戰勝績，打破了蒙軍「不可戰勝」的神話。

孟珙指揮的「襄樊會戰」的勝利，為南宋打造了一個足夠抵抗蒙軍南下的堅固屏障，讓蒙軍通過淮河、漢水流域南侵的行動付出了慘痛的代價。

蒙哥和忽必烈從中吸取教訓，開始調整自己原有的政治政策和軍事政策，把學習南宋的科技與水軍戰術作為重點。忽必烈廣泛任用漢將和漢軍，以致後來的滅南宋之戰基本成為北方漢人與南方漢人之間的戰爭。前文提到的董俊之子董文炳，在忽必烈後來進佔西南和滅宋中功勳卓著；史天倪之弟史天澤，在後來平定阿里不哥和李璮時鼎力而為；張柔之子張弘範，就是最終滅宋，逼迫陸秀夫抱幼帝趙昺於崖山跳海者……

忽必烈的才能是全面的，他設立交鈔提舉司，印發那個時代在全世界都算是非常先進的紙鈔，進而控制了所征服的漢地的財政金融。

一二五六年，忽必烈命劉秉忠在今內蒙古正藍旗境營建房舍、宮殿，歷時三年建成一座完全漢式的城市，命名「開平府」，這裡既是「潛邸之臣」的聚集地，也是一個政治中心。同年夏天，已經對忽必烈的所作所為「深惡痛絕」的蒙哥，突然下令忽必烈與自己一道開始新一輪的伐宋戰爭。

不利於忽必烈的事情越來越多。

一二五七年，就在忽必烈率軍與宋軍鏖戰的時候，元憲宗蒙哥突然命令阿藍答兒等人，在關中設鉤考局，主要任務是查核京兆、河南等忽必烈所控制地方的財賦情況。阿藍答兒等人經過檢視和搜查，從忽必烈過去任命的河南經略司、京兆宣撫司等官員中羅織了一百餘條罪狀，讓忽必烈的官員班底或被殺，或被判罪，或被流放，或被迫辭職。一時間，陝西、河南各地官員風聲鶴唳，隨時擔心被蒙哥派來的欽差召喚。

蒙哥畢竟是全體蒙古人通過「忽里勒台」大會推舉出來的大汗。儘管從窩闊台被推舉開始，蒙古汗國「選汗」的公允性、代表性、權威性持續在下降。

元太宗窩闊台是在拖雷系、朮赤系極其不情願的情況下，依靠鐵木真生前遺命和察合台的全力支持得以繼位的。元定宗貴由的繼位更被詬病。短命的貴由駕崩後，蒙哥在朮赤系的全力幫助下成為大汗，但欽察汗國已經成形，窩闊台、察合台各自在封地實現相對獨立的運作。蒙哥作為名義上的大汗，對中亞和西亞地方擁有至高無上的權力，但他派出的行政機構與察合台、窩闊台兩系諸王之間存在犬牙交錯的局面，中央政令並非全部暢通無阻。

無論如何，蒙哥在拖雷系中絕對的權威地位不容任何挑戰，這一點也為忽必烈深知。因此看到蒙哥有所不滿的動作，精明的忽必烈立即在謀士的建言獻策下於一二五七年親赴蒙哥大營。

兄弟兩人暢談了一宿，忽必烈不斷地下跪以表示忠心，說到動情之處甚至潸然淚下。元憲宗蒙哥顯然被忽必烈打動了，手足之情完全佔據了上風，兩人得以盡釋前嫌。

一二五八年七月，蒙哥親率大軍再次南下伐宋，從西線即四川方向迂迴包抄南宋。十月，忽必烈奉蒙哥之命，於開平府誓師後南下，一路指向河南、湖北方向，並於一二五九年九月渡過淮河，進抵南宋境內，先鋒直逼南宋要塞鄂州。

一二五九年八月十一日，蒙哥因攻打合川釣魚城時被南宋守軍拋石機拋出的石頭擊中不治而亡。九月十九日，末哥派人快馬加鞭將蒙哥的死訊告知忽必烈，明確建議他盡快北返，採取措施承繼大位。

這末哥何許人也？他亦是拖雷之子，不過與蒙哥、忽必烈、旭烈兀、阿里不哥並非一個母親所生，係忽必烈的異母之弟。

末哥同樣能征善戰，與蒙哥、忽必烈私交甚篤，早在元定宗貴由駕崩，其皇后海迷失監國後期，就與拔都、忽必烈一道強力支持蒙哥，成功助他成為大汗。他還親自統兵平定了窩闊台生前屬意的繼承者、孫子失烈門的叛亂，為汗（皇）權轉入拖雷系立下汗馬功勞，加之在伐宋中屢立戰功，因此曾於一二五七年被蒙哥一次賞賜河南食邑五千五百五十二戶。

忽必烈得知蒙哥死訊，並獲知末哥的提議，一開始還認為「吾奉命南來，豈可無功遽還」，繼續進攻南宋並多次獲勝。但哈拉和林傳來了忽必烈夫人察必的消息，眾臣謀立忽必烈之弟阿里不哥。

蒙哥去世時，照例是幼子阿里不哥留守都城哈拉和林。阿里不哥是蒙古傳統守舊勢力的絕對代表人物，一向與強調「漢化」、實施「漢法」的忽必烈背道而馳。

阿里不哥行動迅速。先模仿其父拖雷在鐵木真去世後採取的有效措施，即以監國身分行使職權，接著任命脫里赤為達魯花赤行權於燕京，行政號令天下，又令蒙哥舊臣阿藍答兒、渾都海控制六盤山、甘肅方向的軍民事務等。阿里不哥同時得到了察合台部分後王、窩闊台部分後王，以及子侄之輩的蒙哥第四子昔里吉、旭烈兀之子出木哈兒等人的支持，一時間勢頭頗盛。

一二五九年十一月十七日，儒臣郝經上《班師議》，向忽必烈陳述必須立即北返的理由，進一步堅定了忽必烈的決心。

郝經以為：「（忽必烈）先命勁兵把截江面，與（南）宋議和，許（南宋）割淮南、漢上、梓、夔兩路，定疆界、歲幣。置輜重，以輕騎歸，渡淮乘驛，直造燕都，則從天而下，彼（阿里不哥）之奸謀僭志，冰釋瓦解。遣一軍迎蒙哥罕（汗）靈輿，收皇帝璽。遣使召旭烈（兀）、阿里不哥、摩（末）哥及諸王駙馬，會喪（哈拉）和林。差官於汴京、京兆、成都、西涼、東平、西京、北京，撫慰安輯。召真金太子鎮燕都，示以形勢。則大寶有歸，而社稷安矣。」

事實證明，忽必烈幾乎全盤按照郝經的策略去推進，並且圓滿地實現了幾個目標。

值得注意的是，郝經的這篇《班師議》呈給忽必烈時，忽必烈尚在與阿里不哥爭奪汗權，但文中赫然出現了「真金太子」的稱謂，說明忽必烈及其「潛邸之臣」早已對謀劃天下做足了「功課」，在稱謂上都有了明確的安排。

在謀士的幫助下，忽必烈散播要進攻南宋都城臨安的消息，留軍隊繼續對鄂州圍攻，似乎增加了對南宋的軍事壓力，迫使南宋丞相賈似道派使者請和，雙方很快約定由南宋割地，以長江為界，送蒙古絹銀各二十萬兩等，忽必烈則悄悄北返。

兵貴神速，一二六〇年一月，忽必烈神不知鬼不覺地率軍抵達燕京，正在召集民兵的脫里赤猝不及防被忽必烈一舉拿獲，所招募的民兵也被遣散了。

一二六〇年三月，忽必烈抵達新落成的開平府，支持者西道諸王和東道諸王紛紛來到，率先召開「忽里勒台」大會，推舉忽必烈為蒙古大汗。

忽必烈在即位詔書《皇帝登寶位詔》中，自稱為「朕」，稱他的哥哥元憲宗蒙哥為「先皇」。也就是說，忽必烈既是大蒙古國大汗，同時也是大蒙古國皇帝。

稱汗伊始，忽必烈就問計於謀臣劉秉忠，劉秉忠明確建議「採祖宗舊典，參以古制之宜於今者，條列以聞。於是下詔建元紀歲，立中書省、宣撫司」。

忽必烈建元中統，這可是蒙古人開天闢地的大事。從鐵木真建國，到窩闊台、貴由、蒙哥歷代大汗，從未有「建元紀歲」的漢式舉措。這是「示人君萬世之傳」的象徵，標誌著忽必烈身為一名蒙古統治者已然超越了他的前輩，而將「漢法」與蒙古傳統相結合，繼承了中原封建王朝「前代之定制」，開創了歷史性、創新性的政治實踐。

忽必烈全面摒棄了舊式汗廷的機構，完全打造了中原中央集權制的行政統治體系：設立行中書省和宣撫司兩大機構，以賽典赤、張德輝為燕京路宣撫使，史天澤為河南宣撫使，姚樞為東平路宣撫使，張文謙為大名彰德等路宣撫使等。七月，一邊彈壓阿里不哥，一邊設立燕京行中書省，王文統、趙璧等成為平章政事，張易等成為參政知事，大批漢人官員被選擢使用，與前朝完全不同了。

一二六一年，忽必烈下詔，嚴禁軍隊放養馬匹糟踐農田，同時要求地方官吏加強農桑建設。他還在之前發行紙鈔的基礎上，正式在全國全面發行「中統元寶交鈔」。休養生息使得經濟恢復，因此交鈔發行後效果不錯。

一二六三年，忽必烈升開平為上都，改燕京為中都，同時將燕京行中書省併入中書省，大批有才華的漢人、色目人得以重用。

消息傳到哈拉和林，阿里不哥勃然大怒，連忙召開「忽里勒台」大會推舉自己為蒙古大汗。於是鐵木真建立的蒙古汗國在半個世紀以後首次出現了赤裸裸的分裂，同時出現了兩位大汗，並且他們是一母同胞。

這個時候，雙方對陣的態勢非常明顯。已故元憲宗蒙哥的舊臣幾乎一邊倒地支持阿里不哥，被排除在「選汗」資格之外的察合台系、窩闊台系後王也多數表態予以支持，因為他們清一色是游牧、保守、傳統的價值觀。也就是說，在河西走廊和蒙古高原基本都是阿里不哥的支持者。

忽必烈的支持者主要集中在中原地區，包括陝西、河南等地。兵精糧足、準備充分的忽必烈沒有給阿里不哥以絲毫喘息之機，一套「組合拳」既漂亮又凌厲。

忽必烈派出得力幹將廉希憲為京兆等路宣撫使，擒殺阿里不哥委任的當地官員，忽必烈遂完全控制了陝甘地區。忽必烈親率大軍北征哈拉和林，先是進行經濟封鎖，讓草原上物資斷絕、物價飛漲。阿里不哥逃至阿爾泰山一帶。忽必烈佔領哈拉和林後，留下專人守衛，自己南下燕京。

此後幾年，阿里不哥一會兒假意臣服，一會兒不斷襲擾，但由於居無定所，加之諸方面實力日趨衰竭，支持者也越來越分崩離析，他不得不於一二六四年向忽必烈歸降。

一二六四年九月七日（**至元元年八月十六日**），忽必烈發布《至元改元詔》，取《易經》「至哉坤元」之義，改「中統五年」為「至元元年」。

忽必烈在實施「漢法」的道路上越行越遠。一二七一年十二月，在蒙軍對宋軍節節勝利之際，忽必烈接受劉秉忠等人建議，廢蒙古國號，建國號為「大元」，明確成為元朝皇帝，並下詔以舊中都燕京為元大都，是為元世祖。

二四、大安閣辯論：要統一中國，先統一思想

在元太祖鐵木真、元太宗窩闊台時期，軍事擴張和征服戰爭幾乎是黃金家族人生的全部內容。儘管在幾次西征中已經直接面對了不同宗教文化的激烈碰撞，但為了實現迅速擴張的需要，黃金家族基本上以軍事上的絕對優勢和強力征服為主，基本迴避宗教事宜和宗教問題。

對於那個時期蒙古汗廷的宗教政策，後世的解讀有很大不同。總體而言，多是根據自身所處宗教信仰的角度，力圖將那個時期的蒙古汗廷進行一個理想化的描述。

有的西方學者就堅定地認為鐵木真、窩闊台時期乃至貴由、蒙哥時期，蒙古全民信仰景教，並且舉出了很多例子。諸如信奉景教的汪古部，其汗廷和後宮日常用品中多次出現「十字架」。還說世代與黃金家族、元朝結親的弘吉剌部普遍信仰景教，信奉古老基督教的亞美尼亞深得蒙古人信任，窩闊台、蒙哥曾多次與歐洲基督教會有信使或書信往來……

有的西方學者則從蒙軍及鐵木真後裔的一些慣常作為來印證他們是基督徒。比如蒙軍對信仰伊斯蘭教的中亞、西亞以及伊斯蘭教哈里發國首都巴格達的屠城，比如鐵木真後裔帖木兒（其本人就是穆斯林）在十五世紀擊敗鄂圖曼土耳其後對小亞細亞半島上穆斯林的屠殺和對相關設施的焚毀，比如類似馬可・波羅這樣的西方基督徒在元朝可以為所欲為……

有些人則認為他們是佛教徒，證據是蒙古人曾長期被虔誠的佛教徒契丹人、女真人統治，並深

受其信仰影響，所以到了蒙軍瘋狂征伐金朝的時代，在攻陷中原許多城市後經常有大規模的屠戮行為，但對遼、金的佛教遺存基本沒有破壞，這些建築時至今日依然矗立著。也有人經過研究認為鐵木真及早期的蒙古人深受佛教徒乃蠻人影響。還有些人認為元朝藏傳佛教僧人能暢行於街市，說明蒙古人崇佛……

有人認為那時的蒙古人其實是穆斯林，因為他們久居漠北只適合牛羊繁殖，而鮮有飼養豬的自然條件，而征服地域中的穆斯林佔據了很大比例，包括欽察汗國、察合台汗國、伊兒汗國很快全面穆斯林化，這說明蒙古人至少「本能」上與伊斯蘭教相通……

還有許多東方學者認為早期蒙古人信了道教。一二二〇年，中原著名的道教全真道掌門人，被尊為祖師的丘處機，奉召率領弟子專程前往蒙古西征大軍行進中的昆都士❶大汗駐蹕御營，為元太祖鐵木真布學講道，獲得高度信任，鐵木真當即封丘處機為「大宗師」，負責掌管蒙軍所征服地方所有的宗教修行者。元憲宗蒙哥繼位後，面對征服地區的漢人規模急劇增加的實際情況，又命丘處機的得意弟子李志常掌管道教事務，中原宗教道教的勢力急劇膨脹，華北很多地區的佛教場所都被道家佔據了，佛、道兩教之間也自然發生了諸多激烈碰撞。

上述觀點均有道理，但都有偏頗。

蒙古汗國和元朝的建立與發展是一個非常迅速的過程。早年間，蒙古人信奉的無疑是古老的薩滿教。這種宗教非常「頑固」，時至今日，蒙古人無論身處何地都帶有它的一些元素或習俗。

蒙古人在武力和征服方面是天才，在文化包括宗教文化方面則近乎孩童。為何會有這種強烈的反差？蒙古人天生游牧，缺乏農耕文明的璀璨積累。蒙古人的世界征服進程過於迅速，以致他們完全來不及建立、形成或皈依自己主體性的、統一性的宗教信仰。換言之，隨著元朝和幾大汗國的建立，作為征服者的黃金家族最終逐漸被征服的人民及其信仰同化、融化了。

元太宗窩闊台繼位後，征服地域更加廣闊，原來蒙古人「滿足於財富掠奪」的政策開始改變，逐漸趨向正常的國家治理與建設，加之在帝國中央政府逐步建立和完善的過程中，出身蒙古部的官員已不再佔絕對優勢地位，而各族群、各宗教勢力的代表人物紛紛聚集到汗（皇）室周圍，力圖用各自的理念影響大汗（皇帝）的決策，從而干預帝國整體的宗教政策。隨著征服地域不斷擴大，征服地人口海量增加，宗教政策必然成為困擾黃金家族的一個重要問題，必須獲得一個明確的答案。

耶律楚材、鎮海等一撥人都希望通過影響元太宗，使蒙古征服者變為從善如流的佛教徒，或與儒家文明相結合，以圖長治久安。但實際上直到憲宗蒙哥時代，黃金家族的宗教政策仍然處於混沌狀態。

在汗（皇）廷內部，對宗教的認識也不盡相同，蒙哥基本上堅持宗教包容政策，可能略顯偏向於薩滿教和景教，而以幼弟身分掌管蒙古本部的阿里不哥，則是比較堅定的薩滿教徒，對道教持有強烈的懷疑態度。一二五四年，在哈拉和林舉行的一次宗教辯論會上，在阿里不哥的主持和授意下，佛教、景教和伊斯蘭教教徒紛紛對道教口誅筆伐，弄得大家不歡而散。

客觀講，蒙軍在西征進程中得到過歐洲基督教會以及作為東正教教徒的阿速人、亞美尼亞人、谷兒只人的支持，因而在蒙古西征軍中景教的影響一度有與薩滿教並駕齊驅之勢。

❶〔昆都士〕位於今阿富汗北部。

但蒙古人畢竟是深受漢人影響的少數游牧族群，他們生活的蒙古大漠承載著太多太多與漢人交流、融合的歷史積澱，因而蒙古人在還沒有消滅金皇朝進入中原以前，就深受中原宗教的影響。

東漢時期佛教傳入中國後，與本土宗教道教之間就一直存在孰正孰邪之爭。

西晉惠帝年間（二九〇—三〇七年），道教中出現了一位名叫王浮的道士，他挺身而出與佛教僧侶帛遠進行論辯，以明佛、道二教的邪正，還寫了《老子化胡經》。

《老子化胡經》說，老子西出函谷關，來到了天竺的迦毗羅衛國，此國王后名曰淨妙，老子乘其白日午睡之機，化為日精自口而入，居胎十月，於第二年的四月八日夜半時分自左腋而生，墮地即行七步，此人便是佛教祖師佛陀，佛教由此而興。

《老子化胡經》一出影響頗大，為許多知識分子所認可。到了金朝、南宋末期，為抬高道教的地位，道教徒多藉此書來打擊佛教，加之鐵木真頗為信賴丘處機，因此佛教界很是不滿。

少林寺長老福裕等人頗為不服，奏請元憲宗蒙哥要求進行論辯，以明佛道之是非。恰好蒙哥想解決這個意識形態方面的難題，當即下旨要求忽必烈具體組織辯論。

經過精心準備，忽必烈在開平府的主殿——大安閣舉行了一場規模宏大的佛道大辯論，雙方共派出高僧、大道數百人。為了顯示不偏不倚，忽必烈事先約法三章：一，雙方各出十七人主辯；二，由漢儒姚樞、竇默等二百餘人作為裁判團隊；三，任何一方如果輸掉了辯論，則其十七位主辯須改宗勝利一方的宗教。

兩家私下約定：辯論結果若道家勝出，則和尚改為道士，寺廟改為道觀；若佛家勝出，則道士須削髮剃度，道觀改為寺院。

值得注意的是，當年「涼州會盟」時跟隨叔叔薩迦班智達的藏傳佛教大師八思巴也來到了開平府，作為佛教一方的主辯人。道教一方由於丘處機和李志常兩位大師離世，實力大大減弱了。儘管如此，道教依然派出了以全真道新掌門人張真人為首，道家著名學者樊志應、魏志陽、周志立等輔佐的辯論團隊。

這場辯論還沒開始，就已經決定了勝敗。因為在西涼王闊端和藏傳佛教薩迦班智達大師舉行了著名的「涼州會盟」以後，帝國已經取得了對吐蕃地區的治權。由於蒙哥的主要征服目標還是南宋，所以一度對吐蕃地區沒有太多關注，而忽必烈在領軍從陝甘南下迂迴包抄南宋期間，準備趁機徹底落實「涼州會盟」的成果，將吐蕃全面納入版圖。當事人薩迦班智達已經去世，忽必烈不得不依託其侄子八思巴來實現目標。幾經周折，忽必烈以妻察必等人皈依藏傳佛教為代價，換得八思巴全力配合的應允。

作為取得吐蕃這樣一塊具有重要戰略意義地區的回報，忽必烈必須想方設法讓藏傳佛教取勝。還有一個重要的原因是，道教作為中原本土的宗教，到十三世紀中期時還沒有和儒家文化形成合力。儒家經歷了西漢時期的「罷黜百家，獨尊儒術」，經歷了隋唐的發展，以「程朱理學」為標誌在兩宋時期達到高峰，這個時期道教和儒家還處於各自「自我欣賞」的階段。

由中原僧眾和藏傳佛教僧人組成的佛教「聯軍」，在這場漫長的大辯論中一舉擊敗道家。佛教特別是藏傳佛教，成為有元一代在統治階級中佔主導地位的宗教。忽必烈按照當初設定的規則，派人將道教的樊志應等十七人送到龍光寺削髮為僧，還下令將改作道場的二百三十七處寺廟全數歸還佛教。

由於這場辯論，道教、儒家和佛教加速了相互之間的道義與文化整合，形成了以儒家學說為理念，以道教和佛教為宗教表現形式的一體化文化思潮，逐漸成為廣大中國人的主要精神食糧。統一思想是統一意志、統一行為的先導。

忽必烈在《建國號詔》中云：「可建國號曰『大元』，蓋取《易經》『乾元』之義。」忽必烈改蒙古國號為漢式王朝國號，建立年號，採取中原官制等一系列舉動，自然得到中原各族民眾包括漢人、契丹人、女真人的大力擁護，但必然也會遇到苛責與阻力。如確定燕京為元大都後，西北地方有諸王就遣使質問：「本朝舊俗與漢法異……遵用漢法，其故如何？」但忽必烈是「啞巴吃秤砣——鐵了心」，他堅定地按照自己選擇的道路繼續向前進。

元朝自元世祖始，皇帝被奉為「一切蒙古君主之主君」，同時也是形式上鐵木真成吉思汗大汗汗位的正統傳承者。馬可・波羅記述，元廷要求諸藩「詔令之事，大汗之名列前，至諸王上書，則以己名列於大汗名後。此三君主（察合台汗、欽察汗、窩闊台汗）皆服從大汗命而奉之為主」。其實到了元成宗以後，元朝諸帝只有名義上的宗主地位，各藩屬獨立發展。窩闊台汗國因海都失敗，其境被元廷和察合台汗國瓜分。另外，欽察、察合台、窩闊台諸汗國並不承認旭烈兀建立的伊兒汗國，而伊兒汗國卻一直「效忠」元廷。

二五、拿不下小小的交趾，賴誰呢

元憲宗蒙哥伐宋的戰略意圖非常清晰，那就是從漠北游牧族群千年以來所熟悉的道路，發兵到游牧與農耕的接合部之一河西走廊，然後進行集結和補給，再一路南下，穿越游牧與農耕交錯地區即今四川、重慶，進攻那時的大理國，進而攻佔南宋藩屬之一交趾[1]。另一路則從傳統的中原地區一路南下，然後兩路夾擊形成對南宋的合擊態勢。

佔領了大理國的核心雲南，為何還要繼續南下佔領交趾呢？這正是蒙哥等人的高明之處，也是蒙古人一貫注重偵察的成果。唐以後是五代十國，接著契丹、女真、党項等族群南下建立政權，遼、金壓迫北疆，西夏阻斷中亞，俱橫亙在古老的陸路絲綢之路上，使得中原與西亞、歐洲的貿易凋零。

到了南宋時期，海上絲綢之路異軍崛起，南部沿海的泉州港、廣州港和交趾成為著名的商貿大都會和物資集散地。發展海外貿易是南宋高宗的決策。金兀朮率金軍進攻，高宗趙構一度倉皇逃奔於溫州外海，他在那裡發現「市舶之利最厚，所得動以百萬計」，於是在回到臨安後決心發展海上貿易。

[1]〔交趾〕今越南北部。

直至南宋末年，海上絲綢之路尚在為宋廷帶來巨額的貿易順差，連宋朝貨幣都成為東南亞和非洲的硬通貨。宋人張方平說：「錢本中國寶貨，今乃與四夷共用。」此言不虛，近年來，在新加坡、印尼、波斯灣、阿拉伯半島、中南半島等地出土或打撈出了大量宋錢。製作精良、信用良好的宋錢，被當時的日本人視為「鎮國之寶」。

在南宋的國家財政收入中，傳統意義上的田賦、鹽稅等均「退居二線」，進出口貿易稅收佔了很大的比例。越南北部無疑也從巨大的海上貿易中得到豐厚的回報，所以當時的越南陳朝政府從文化上、經濟上、政策上，幾乎都是照搬南宋。因此蒙軍對交趾等地的財富虎視眈眈，更對南宋充滿了渴望。

在俘獲大理國王段智興，遣使勸降交趾被拒之後，兀良合台於一二五七年率領蒙軍三萬入侵安南，拉開了蒙古帝國與陳朝激戰的序幕。

這是安南軍隊首次在戰場面對全世界最強大的蒙軍，安南軍隊擺出了步象騎兵的混合陣勢仍被兀良合台擊潰。蒙軍趁勢進入陳朝首都升龍[2]，卻只得到一座空城。越南人堅壁清野，蒙軍僅僅待了九天就被暑熱擊垮，加之糧草已耗盡被迫撤軍，一路上又遭到交趾地方武裝的多次偷襲，疲憊不堪，其狀難以言表。

本來按照既定策略，蒙軍在交趾很注重軍紀，所到之處並不像在中原或中亞等地方那樣肆意劫掠，但是這種自我約束被交趾的百姓戲稱為「佛賊」。所向披靡的蒙軍竟然在看似弱不禁風、不堪一擊的陳朝那裡大敗而歸，當然是一件極其尷尬的事情。後世的陳仁宗，極為得意地為此寫詩云：「白髮老頭兵，常談元豐事。」

隨後二十餘年，元憲宗蒙哥和元世祖忽必烈主要精力在對宋作戰，一時無暇顧及交趾。一二七九年，崖山會戰後，南宋政權徹底滅亡，忽必烈騰出手來決心將交趾再次納入中原疆域體系。

一二八五年（元世祖至元二十二年），以忽必烈第九子脫歡為主帥，西夏降將李恒為副帥的元朝大軍，兵分六路，南下進攻交趾。吸取上次失敗的教訓，此番元軍專門配備了熟悉山地作戰和水網地區作戰的兵力，同時也加強了後勤補給。據越南方面的史書記載，此次元軍出動兵力達五十萬人。

戰爭的結局再次讓所有人始料不及。元軍在正規軍作戰中輕易地擊潰了陳朝軍隊，再次佔領升龍，但安南軍「雖數敗散，然增兵轉多」，「（元）軍困乏，死傷亦眾，蒙軍馬亦不能施其技」。在此情形下，主帥脫歡決定於當年五月撤兵。交趾人故技重演不斷地偷襲伏擊元軍，以致元軍副帥李恆膝中毒箭，歸國後毒發身亡，主帥脫歡則一路躲避於銅管裡，讓士兵護送和抬著才僥倖生還回到中原。

忽必烈勃然大怒，畢竟蒙軍何時受過這等「奇恥大辱」，於是再次集中江淮、江西、湖廣三省蒙漢軍七萬人，配備艦船五百艘，另輔以擅長叢林、山地作戰的雲南精兵六千人、黎族兵一萬五千人，於一二八七年（元世祖至元二十四年）十二月，兵分三路，進攻交趾，主帥依然是脫歡。

從廣西、雲南方向進發的是漢人、西南夷步兵和蒙古騎兵，水軍則從海路沿著白藤江（鄰近越南北部下龍灣的入海口）進犯，陳朝軍隊又一次採取誘敵深入、堅壁清野的策略，主動棄守升龍❷

❷〔升龍〕今越南河內。

城。在白藤江方向，交趾人砍伐樹木並削尖後插入江中，利用潮水下落之際，交趾人在元軍戰艦進入白藤江時出其不意地發動猛攻，把元軍船隻驅至暗樁水域，致使元軍艦船多數被木樁撞穿，交趾人趁機登船全殲元軍水軍。越南史書稱此為「白藤江大捷」。

三戰交趾皆敗，不僅沒有征服該地，也沒有獲得預期中的財富，元廷大掃顏面。忽必烈震怒之下，意欲再次征伐，怎奈西北諸王叛亂不滅，中原各地群起抗爭，只好先「忍了」。到忽必烈駕崩，元成宗繼位，他果斷地取消了勞民傷財、勞而無功的征伐交趾戰爭。

同樣是蒙軍，為何對付其他軍隊都所向披靡，征伐與交趾類似地貌的嶺南地區也沒有問題，而到了交趾卻步履維艱、寸步難行呢？很多人都進行過深入分析和探究。

首先，交趾統治者陳朝皇帝等人具有無比堅定的抵抗意志，以及切合實際的「讓開大路，佔領兩廂」策略，充分發揮越南比嶺南更加複雜的地形地貌特點，讓元軍的優勢如快馬、強悍的集群作戰等在交趾通通化為烏有。陳朝朝廷還下令，「凡國內郡縣假有外寇至，當死戰；或力不敵，許於山澤逃竄，不得迎降」。

其次，交趾特殊而惡劣的氣候條件極大地破壞了元軍的戰鬥力，陳朝軍民恰恰將這種特點完美地化為優勢。據《多桑蒙古史》記載，元軍第一次攻打交趾時，由於「熱不能堪，班師」；第二次攻打時，「盛夏霖潦，軍中疾作，死傷者眾」；第三次進犯時，又是「（元）軍中將士多被疫不能進」。交趾地區屬熱帶季風氣候，全年氣溫高、濕度極大，全年只有旱、雨兩季，與中原地區四季分明形成鮮明對比。交趾大部分地區每年五月至十月為雨季，十一月至次年四月為旱季。雨季時，到處泥濘，就是一般的旅行交通都困難，遑論行軍打仗。旱季則豔陽高照、濕熱難耐，人稍不注意便會中暑或者被瘴氣熏倒。

在這種惡劣條件下，軍事行動一旦被拖至雨季，瘟疫肆虐，簡直無法面對，而蒙軍也的確吃盡了苦頭。

最後，兵民是勝利之本。元朝自伐宋期間，南宋皇室因承平日久過慣了舒適生活，沒有交趾陳朝皇室那樣堅定的抵抗信念，因此必然會影響對蒙軍的抗爭。南宋奸相賈似道長期當政，給抗擊蒙軍造成的破壞性無法衡量，而交趾沒有這樣的「內賊」。大量北方漢人成為蒙軍的幫凶，他們與南宋漢人同文同種，讓南宋防不勝防。交趾則不然，儘管自認是「小中華」，也自認是炎帝子裔，畢竟從五代十國起已不再是中原郡縣，開始獨立發展進程，有自己獨立的語言和地方習俗系統，加之對蒙軍的殘暴已非常了解，因此不惜任何代價都要抗爭到底，形成全民皆兵的態勢。

二六、究竟有沒有「神風」

蒙軍主要精力曾長期集中於西征和南伐，但對東部也不是不關注，畢竟東道諸王直接聯結東亞的東部地區。這裡所說的東亞的東部地區，主要就是今朝鮮半島和日本。

遼金時期，朝鮮半島的北部地方是契丹人和女真人雜居，南半部分則是以開京[1]為都城的王氏政權，一般那個時期稱為「高麗」。

因為遼、金阻隔，高麗幾乎很少向漢人政權北宋、南宋稱臣，而是向遼、金稱臣納貢，與南宋的關係更多是海上的貿易往來。

蒙古崛起後，為了殲滅金朝在中原東北和朝鮮北部的殘餘勢力，也多次征伐高麗，高麗於一二一八年向蒙古稱臣。元太宗窩闊台繼位後，繼續出兵征伐高麗，拓展疆土。

一二三一年，蒙古以高麗殺蒙古使者為由，命撒禮塔率蒙軍征伐高麗。蒙軍入據高麗後，在降將洪福源的配合下連戰連捷先後攻取四十餘座城，開京指日可待。高麗高宗逃至江華島，派遣王弟乞降，蒙軍索取了巨額財物後撤軍，在高麗各京、府、縣留下兩名達魯花赤進行監管。

次年六月，高麗反叛，盡殺所有蒙古達魯花赤。

八月，撒禮塔率蒙軍征高麗，戰鬥中中流矢亡。副帥鐵哥領蒙軍班師回朝，蒙軍將降服的高麗百姓交由洪福源統治。

十月，高麗王遣其將軍金寶鼎、郎中趙瑞章向窩闊台上書請罪。

一二三三年，四月，窩闊台第三次派兵討伐高麗，此後高麗時叛時服。

一二四一年，高麗王以族子為己子入質蒙古，表示高麗又一次臣服。

元憲宗蒙哥時代，蒙軍亦四次征伐高麗。

一二六〇年（**元世祖中統元年**）春，高麗國王逝世，忽必烈派兵護送高麗王子王禃歸國即位，是為高麗元宗，同時宣布在高麗境內實行大赦，送還高麗俘虜及逃入遼東的民戶，禁止蒙軍邊將侵擾高麗，以撫民心。

高麗元宗，在元朝為質子期間與忽必烈關係頗好，因此即位後一直採取鮮明的親元立場，在國內引起一些人的不滿。由於王禃本人與元世祖和元廷的友好關係，使得持續多年的高麗與蒙古的戰爭暫時告一段落，高麗百姓得以休養生息。王禃於一二六四年親自到大都謁見忽必烈，顯示出雙方的親密關係。

但是王禃受制於權臣金俊，無法有較大作為。一二六八年，高麗大臣林衍在王禃的授意下，誅殺了權臣金俊。

次年夏，忽必烈令高麗製造可載四千石的大型海船一千艘，以備元軍攻打日本或南宋之需。元朝對高麗的控制和榨取，使高麗朝野極為不滿。林衍廢黜了王禃，另立安慶公王淐為王，雙方進行了軍事對峙。

---

❶〔開京〕又稱「松京」，今朝鮮國開城特別市。

元廷正好有了口實，派軍干涉，王禃也以元朝為後盾，恢復了王位，還都開京。元軍則藉機更加全面地控制了高麗。忽必烈精心地處理與高麗的關係，有著很深的戰略考量，因為他視高麗為進攻日本的跳板。

一二七〇年正月，忽必烈將高麗西京改為東寧府（後稱東寧路），劃歸元朝遼陽行省。後來高麗王廷徹底服從元朝，元廷在高麗單獨設置征東行省進行統治，並派遣達魯花赤常駐。

一二六六年（元世祖至元三年）八月，忽必烈首次派員出使日本，由兵部侍郎黑的、禮部侍郎殷弘分別擔任國信正、副使，帶著國書出使日本。使團抵達高麗後，高麗方面說海上風浪太大，建議由熟悉海況的高麗人前去傳達旨意比較好，便派高麗人潘阜前往。

高麗、越南自古就有作為中原封建王朝郡縣的歷史，長期是中原王朝的藩屬，一直稱臣納貢，而日本沒有這樣的經歷。潘阜抵達時，日本正處在鐮倉幕府時代，天皇形式上是至高無上，但並無任何實權，實際權力被第一代將軍源賴朝的岳丈北條政村家族控制，稱為「執權」，史稱「天皇之權在將軍家，將軍之權在北條家」。但那時日本無論哪個階層，對於元朝的情況都是稀裡糊塗的，加上潘阜傳達了日本應該成為元朝的僕從之意，自豪的日本武士便將潘阜扣押了六個月，未做任何回覆。

若放在「世界征服者」鐵木真時代，估計蒙軍直接就開幹了，但忽必烈及其臣子那時的主要精力在對付南宋，因此黑的等人以為高麗人可能沒有把事情講清楚，又在一二七一年和一二七二年兩次由元朝使節親自帶著國書前往日本。

儘管元朝的態度非常強悍，但國書的表述還算客氣，通篇都講「講信修睦」的道理，認為雙方應該在日本稱臣的基礎上「通問結好，以相親睦」，當然也在結尾部分發出「以至用兵」的威脅。

元朝使節受到的接待是粗魯而屈辱的，忽必烈決定出兵遠征。

一二七四年（元世祖至元十一年），元廷以大將忻都為都元帥，洪茶丘、劉復亨為左、右元帥，統帥蒙漢軍兩萬五千人，高麗艄公、水手六千七百人，共三萬九千七百人，乘坐戰船九百艘，東征日本。

這一次的元軍艦隊，以千料舟、拔都魯輕疾舟、汲水小舟組成。千料舟也叫「千石戰船」，是用於運載元軍將士排水量較大的主力戰艦，功能類似今天的登陸艦或者運輸艦。「拔都魯」，蒙古語意為「勇士」。「拔都魯輕疾舟」，即艦隊航行時負責主力戰艦周圍的警戒、聯絡，到達岸邊時用於搶灘登陸的小型快艇，功能類似於今天的衝鋒舟、魚雷艇、導彈快艇等。「汲水小舟」，是用於儲備淡水、糧草、軍械等後勤物資的運輸船，大約相當於今天的綜合補給艦。

元軍個人裝備也是當時世界上最好的，是冷兵器時代無人匹敵的。弓弩是元軍最強悍的單兵武器，射程遠、精度高；刀劍所用金屬，均係被俘獲的西夏工匠精工製作，見血封喉；所使用的弩機與拋石機，係原金朝燕京軍工專家與被俘獲的阿拉伯專家一同精心打造。

按道理，元軍的陣容已經非常豪華了，連年戰爭造就了強悍的戰鬥力，在高麗水軍指引下很快地佔領對馬島和壹岐島。

然而，十一月的日本海岸線，一場罕見的大風暴不期而至，對於經常面對惡劣天氣的日本人來說，這種極端災害天氣習以為常，因此很快就如幽靈一般躲到了相應的躲避之處。

而信誓旦旦、慫足勁兒要打仗的元軍完全亂了陣腳，因為這樣的天氣是從來沒有想像過的。這時候，元軍傾向於信任相對三面環海的高麗人，他們建議先回到船上，然後到大海深處避避風頭。但是巨大的風暴沒有給他們任何喘息空間，沒有機械動力的艦船頃刻間被狂風吹向岸邊堅硬無比的岩石，撞擊的瞬間猶如天女散花，連人帶船都消失在茫茫海上。

狂風過後，岸邊布滿腫脹的元軍殘肢和一片片撞碎了的船板，一片人間地獄的慘狀。這一場暴風雨過後，百分之七十左右的元軍喪生，僥倖生存下來的也完全失去了戰鬥力。時值日本文永年間，故此役被稱作「文永之役」。

逃回者向忽必烈進行了彙報，可以想像元世祖的憤怒與無奈。他於一二七五年再次向日本派出了使團，宗旨與前番一樣就是要求日本無條件臣服。結果，認為自己有「神風」保佑的日本居然殺死了元朝使者，這些使者是禮部侍郎杜世忠、兵部郎中何文著、計議官撒都魯丁。

日本鐮倉幕府不僅打破「兩國交兵，不斬來使」的慣例，將三位使臣殺死，而且將低階的書狀官董畏、高麗人徐贊也殺害了。

敢斬殺元朝人全部使者，日本鐮倉幕府也自然要做好接受報復的準備，他們一方面增加了西日本地區的防禦部署，包括海岸線和縱深的交替防守設施，另一方面在適合登陸的地方修築起長達十多公里，高約六尺、厚約一丈的石壩，日本人稱為「元寇防壘」。

一二八一年（元世祖至元十八年），元朝準備再次出兵向日本復仇，此時南宋已經滅亡。這一次，元軍集結兩路大軍：北方從朝鮮出征十四萬人馬，由忻都、洪茶丘率領，精銳作戰部隊四萬人，戰船九百艘；南方由范文虎、張禧等率領十萬江南軍，也叫「新附軍」，即南宋投降過來的部隊，配備戰船三千五百艘。其中，南路軍還攜帶了農具和大量水稻良種，兩路軍約定於六月中旬在日本壹岐島會師，由北路軍主要負責作戰，南路軍負責在被佔領區屯田，做征服日本後的長久打算。

日本方面在沿海做了破壞性布置，元軍北路軍戰艦竟找不到一處適合登陸的地點，「大戰者數矣，船壞糧盡」，只好停泊在海面。元軍在以後一個月裡多次強行登陸失敗，日軍也多次進行偷襲，雙方各有損傷。戰況膠著之下，元軍只好稍作撤退，等待南路軍趕來會合。

七月初，南路軍終於到達，兩軍會合後再次發動進攻，但在日軍的頑強阻擊下，未能取得任何進展，反而損失慘重，「招討使忽都哈斯等戰沒」。

待到八月一日夜間，夢魘般的暴風雨再次降臨。為了自保，元軍不得不將艦船捆綁在一起面對排山倒海的巨浪，元艦相互撞擊，「戰船皆破壞終覆沒，左副都元帥阿剌帖木兒以下溺死者無算，流屍隨潮汐入浦口，積如丘陵」。只有張禧所部事先築壘平戶島，隔五十步停泊戰艦，避免了風浪襲擊。損失如此之巨，再加上對颱風的恐懼，元軍統帥已鬥志全消只想逃走。只有張禧沒有氣餒，勸道：「士卒溺死者半，其脫死者，皆壯士也。曷若乘其無回顧心，因糧於敵，以進戰。」范文虎等人卻說「還朝問罪，我輩當之，公不與也」，元軍統帥完全不予採納。

此役，除了部分逃回中原的，大約有十萬名元軍被拋在日本，其中多數是「新附軍」，在面臨沒有指揮官、沒有補給、沒有宿營地，甚至吃不上飯的情況下，多半戰死，被俘者也基本被殺死。因當時日本為弘安年間，此役被稱作「弘安之役」。

日本是一個非常信仰神靈的國家，漢傳佛教東渡日本，很快成為日本全民篤信的宗教。隋唐時代，日本一次次派出「遣隋使」「遣唐使」，來中原進行全面學習，包括宗教方面的文化。同時，中原的高僧大德，也有很多去到日本傳經布道，著名的鑑真大師便是其中之一。

到了兩宋，特別是南宋的經濟、貿易、文化、藝術、技術等高度發達，在全世界都屬於翹楚，對日本人的吸引力更大。中國的茶道、花道等技藝，被日本全盤學習。對於日本而言，唐、宋完全是頂禮膜拜的對象。

在中國文化巨大的影響下，日本人普遍存在一種自卑意識，雖然他們不是傳統上中國朝貢體系中的一員，但對中華文明的崇拜程度恐怕不輸於高麗和越南。

對於蒙古人建立的元朝，日本人在內心深處是非常鄙夷的，因為他們深受中國華夷之辯的影響，當面對唐人、宋人的時候，日本人會表現得很謙卑，當面對非華人的時候，日本人完全以中華自居。但是，隨著南宋被蒙古人滅亡，日本人一度喪失了方向，他們其實並不接受這個殘酷的現實，但又無能為力，只能接納許多不願意臣服蒙古的南宋士人來日本定居。在元軍對日本的兩次征伐過程中，來自南宋的高僧和日本本土的僧眾，應鎌倉幕府之請，開展了大量的佛事活動，宗旨無外乎保護日本，詛咒元軍。

結果，奇蹟出現了，兩次極為罕見的巨大的暴風雨，讓元軍的戰鬥力蕩然無存，讓原本以為國將不國的日本取得了無法理喻的勝利。因此，日本人把兩次風暴叫「神風」，意思是有神靈保佑的風，在護佑日本。

元軍兩次東征的失敗，在元朝也是不可想像的，但也只能咽下這口氣。而對於日本而言，從以往面對中原的卑微和怯懦，一下子轉為自信。這是中日關係史上重要的轉捩點，也是日本人國民性的重大轉捩點。此後，日本人開始以更加自信、積極、主動和帶有侵略性的面目示人了。

二七、海都：不服來戰

一二五九年，蒙哥離開人世的消息一傳出，以海都為代表的窩闊台系宗王竟然摒棄前嫌，和以往不相往來甚至視若寇仇的拖雷幼子阿里不哥打得火熱。雙方密使頻繁往來，奇珍異寶互通有無，噓寒問暖不一而足。

原來，海都他們認為，佔據哈拉和林和蒙古本部的阿里不哥必然會與擁兵自重的忽必烈為了汗位決一死戰，如果自己幫助阿里不哥將強悍的忽必烈消滅，那麼拖雷一系自然元氣大傷。阿里不哥即使繼位，也必然會成為窩闊台系的傀儡，這偌大的帝國日後還是窩闊台系的天下。另外，在海都他們看來阿里不哥比起漢化的忽必烈要傳統、「親切」得多。

窩闊台系在貴由寡妻斡兀立・海迷失被迫結束監國、將汗位交給拖雷系蒙哥以後，帝國的第三次西征以及對中原的最後征服都是由拖雷系為主操辦的，窩闊台系顯然已被排除在外。他們基本上偏安於原先鐵木真在世時給予他們的中亞一帶的封地，對軍國大事已疏懶多年，大都過上了紙醉金迷的寄生生活。因此，他們真的是低估了忽必烈的綜合素質和其軍隊的戰鬥力，低估了忽必烈統一整個帝國的決心和勇氣，更低估了忽必烈所依靠的中原的巨大經濟實力、人力資源和鬥爭智慧。

海都他們萬萬沒想到看似不可一世的阿里不哥居然被忽必烈打得落花流水，最後不得不灰溜溜地向忽必烈俯首稱臣。

處理完阿里不哥的叛亂，忽必烈希望集中精力伐宋，以達到早日統一中原的目標，因此他特意將「培養」多年的察合台長子抹土干之孫八剌派往中亞，爭奪察合台汗國汗位，並希望以此手段攪亂中亞地區察合台系與窩闊台系的關係。

一二六六年（**南宋度宗咸淳二年、元世祖至元三年**），八剌成功地將木八剌沙拉下馬，自己做了察合台汗。

果真如忽必烈所設計的那樣，八剌與海都開戰了。

莫名其妙的是，兩人打了一場，卻很快成了「哥兒們」——海都、八剌和欽察汗國君王在塔拉斯河會盟，公開反對元朝和伊兒汗國，並商議以海都為盟主。會盟諸王指稱忽必烈汗已經被漢人同化，因此要討伐他，恢復蒙古人的游牧本性。

從此，雙方不斷發生戰爭。元軍始終佔上風，卻無法徹底擊敗海都。

一二六九年（**元世祖至元六年**），忽必烈以第四子那木罕為主將，在別失八里擊敗海都。

一二七四年（**元世祖至元十一年**），忽必烈再遣安童（木華黎四世孫）輔佐那木罕西征。沒想到軍中大將、蒙哥之子昔里吉，因受海都等人挑唆於次年底發動兵變，將安童抓獲後交予海都。

不久，八剌死去，海都扶立八剌之子都哇任察合台汗，意在繼續把控察合台政局，以便聯手對付元朝。

海都和忽必烈，同樣是黃金家族中可圈可點的著名人物。史書上對海都的記述多是才智過人、打仗勇敢、待民以寬等。不過，與忽必烈不同的是，海都是蒙古傳統觀念的代表性人物，而忽必烈則是接受了中原封建文明的蒙古人。只是歷史的無奈和命運的造化，使得海都這位也具有深謀遠慮和雄才大略的宗王，遇到了比他強的對手忽必烈，最後只好認輸。

如果說蒙哥以前的汗位爭奪目的更為純粹的話，海都反對忽必烈原因就更加複雜了。

第一，海都之父是窩闊台的第五子合失，深得父親喜歡，只是不幸早亡。海都在中亞窩闊台的家族領地中練就了很強的獨立生存能力和協調手段，從小就有遠大的抱負和理想，那就是恢復爺爺窩闊台的榮光，把帝國的統治權從拖雷系手中奪回來。

第二，在忽必烈降服了阿里不哥以後，海都襲封的中亞地區成為其下一個戰略目標。海都即使不想與忽必烈爭鋒，也不得不直面現實而進行軍事動員。

第三，海都本人具有強烈的個性和不可馴服的毅力，在他支持的阿里不哥失敗後，忽必烈屢屢徵調他到漢地，並許以厚祿和土地，他都以「馬瘦道遠」而堅辭不往。

第四，海都始終把自己當作正統黃金家族、正宗蒙古人的化身，並以此深深地自豪，與漢化的忽必烈形成了鮮明對比，對忽必烈把蒙古汗國改元為元朝，有著強烈且無法調和的反抗情結。

從根本上講，忽必烈與海都叔侄反目的原因，主要是價值觀的巨大反差，以及對帝國汗位的共同追求。

海都的雄心壯志，對他的東方向來說，必然與忽必烈發生交鋒，對他的西方向而言，會遇到察合台系領地的障礙。

自黃金家族建立蒙古帝國以來，窩闊台系和察合台系一直是堅固的聯盟，兩方從祖上的窩闊台被察合台力擁上臺，到後來支持窩闊台之子貴由接班，察合台立下了汗馬功勞。但是，世間沒有永恆的友誼，只有永遠的利益取捨，什麼手足之情、海誓山盟，在巨大的利益面前都會灰飛煙滅。

忽必烈急了，連忙從與南宋戰爭的前線召回了最好的將領伯顏，派留守北京的大將軍李庭帶軍迅速向北方哈拉和林方向展開。

缺乏了海都大軍支持的昔里吉不堪一擊，一二七八年（元世祖至元十五年、南宋帝趙昺祥興元年），他原先的擁護者、察合台系的撒里蠻王子臨陣叛變，抓住了昔里吉交給忽必烈處置。

看到沒什麼大便宜可佔，欽察汗國於一二八四年（元世祖至元二十一年）向元朝稱臣，還歸還了早先扣留的忽必烈第四子那木罕。

這次危機讓正忙於進攻南宋的忽必烈吃驚不小，畢竟在海都的整合下似乎煥發了生機，使得目光本來專注於滅亡南宋的忽必烈有芒刺在背之感。

還沒有下最後決心經略中亞的忽必烈，暫時沒有和海都「算總帳」。海都在十三世紀末期，依然是整個中亞的主人。經歷了幾次失利的海都，開始聯絡具有同樣價值觀、希望保留蒙古人傳統生活方式的黃金家族其他成員。一二八七年（元世祖至元二十四年），他和曾祖父鐵木真兄弟的後裔，通過在中亞召開「忽里勒台」大會，結成了更大的反忽必烈聯盟。

一二七九年（元世祖至元十六年、南宋帝趙昺祥興二年），陸秀夫背負九歲的小皇帝趙昺跳海而亡，標誌著南宋徹底歸入歷史。忽必烈此時已經擁有了幾乎全部漢地的財富，他指揮大批軍事物資源源不斷地從南向北、向西、向東運送，蒙、漢步騎兵配合默契、配合大量先進的武器裝備，讓忽必烈對海都的作戰很有底氣。

大將伯顏果然不負忽必烈的重託，攜滅南宋的餘威，率軍一一擊敗了海都本部軍隊和他的同盟軍隊，哈拉和林及中亞北部杭愛山脈一線重新回到了忽必烈的控制之下。

一二八九年（**元世祖至元二十六年**），海都又一次主動進攻負責杭愛山一帶守備任務的忽必烈孫子甘麻剌（**忽必烈早夭的太子真金的長子，未即位，被追封元顯宗**），結果忽必烈不顧自己年邁親征，大敗海都，只是海都本人僥倖逃脫了。

忽必烈於一二九四年去世時，沒有看到海都被征服。那時屢戰屢敗、屢敗屢戰的窩闊台系還是中亞的主人。這時忽必烈的孫子、原皇儲真金之子元成宗鐵穆耳（一二六五—一三〇七年）繼位，繼續和窩闊台系進行戰爭。

一二九七年至一二九八年，鐵穆耳繼位不久，但深知中亞的重要性，於是派出他的女婿、汪古部落首領闊里吉思，率軍西進中亞，不料被海都的附庸、察合台都哇汗偷襲後抓獲，並被處死。

海都年事已高，但仍執著於自己的目標。一三〇一年（**元成宗大德五年**），他率領窩闊台系、察合台系的聯軍，從中亞出發向朝思暮想的哈拉和林進軍。在鄂爾渾河流域，他們遭到了以逸待勞多時的元軍痛擊，被鐵穆耳的侄子、未來的元武宗海山擊敗。

海都這次還是跑掉了，只是運氣沒有前幾次那麼好——在撤退途中病逝。

海都的兒子察八兒，繼承了窩闊台系的家產，他同樣是積極反對蒙古帝國中央政府的首領。只是他並不具備父親海都的水準，很快地就被察合台汗都哇說服了。一三〇三年，兩家一起派使臣到北京，向元成宗鐵穆耳表示臣服。

故事到這裡似乎結束了。

但是，很快中亞又發生了變故。都哇因為領地問題與察八兒產生了糾紛，都哇抓獲了察八兒，暫時搶佔了窩闊台系的部分土地。

都哇汗於一三〇七年死後，察八兒以為有機可乘便帶兵攻打察合台汗國，反被都哇之子怯別汗擊敗。無奈之下，察八兒孤身一人倉皇逃亡到北京。

黃金家族的中亞混戰，從一二六〇年拖雷系忽必烈和阿里不哥為爭奪汗位起戰端，到一三〇九年窩闊台系察八兒汗被察合台系怯別汗擊敗，歷時四十九年。其結果是，忽必烈及其後人雖然成功地將帝國汗位留在了拖雷一系，並迫使欽察、窩闊台、察合台三系承認自己的宗主權，但是鐵木真建立的面積空前巨大的帝國，還是不可避免地在實質上分裂了。

中亞大戰的另一個結果，就是窩闊台系在中亞的領地從一二六九年至一三〇九年僅存在了四十年。海都死後，其地就被帝國中央政府和察合台汗國瓜分了。此後，中亞地區的主人就是黃金家族的察合台系了。

二八、「南海一號」：南宋抗元近半世紀的壯懷激烈

一般說來，歷史學者都把兩宋看作漢人積貧積弱的時代，其實這存在著很大的誤區。兩宋時，中國的經濟佔到全世界的四分之一左右，正如今天每個國家經濟實力完全不等同於軍事實力一樣，即便有充裕的國庫，如果不思進取和武備鬆弛，必然要被對已覬覦已久而軍事強大的異族戕害與征服。

談到宋朝特別是南宋時，我們必然會想到文天祥那首耳熟能詳的千古絕唱《過零丁洋》：

> 辛苦遭逢起一經，干戈寥落四周星。
> 山河破碎風飄絮，身世浮沉雨打萍。
> 惶恐灘頭說惶恐，零丁洋裡歎零丁。
> 人生自古誰無死，留取丹心照汗青。

詩中可見當時漢人士紳的悲慘境遇和面對強虜的錚錚氣節。

十三世紀上半葉，經過「靖康之變」，南撤的宋廷已經是風雨飄搖、江河日下了。自始祖趙匡胤從後周家中以禪讓方式取得天下以後，代代不思進取，即使有了北宋徽、欽二帝被女真人俘虜的慘痛教訓，南宋的武備依然鬆弛。雖然宋廷在和黃金家族的鬥爭中間或出現一些名垂青史的英勇戰

將，但也只是曇花一現。

不過，南宋經濟實力之強，可以從近年發掘出水的「南海一號」宋代沉船一窺端倪。

一九八七年，中國宣布了一個震驚世界的事情。交通部廣州救撈局與英國海洋探測公司在南海廣東省海域尋找一艘原英屬東印度公司的沉船時，意外地在陽江市東平港以南約二十海里的海底發現了一艘巨大的南宋沉船，當時就打撈出包括瓷器、銅器、鐵器、錫器、錫金器等在內的國寶級文物兩百四十七件。這艘被專家命名為「南海一號」的沉船，在海底「安睡」了八百年之久依然完好，確實令人稱奇。

經過努力，二〇〇七年十二月二十八日，「南海一號」完成整體打撈。

二〇〇八年起，「南海一號」正式在博物館與世人見面。在水下定位、探摸、試掘等打撈的全過程中，「南海一號」所載物品越來越多地呈現在人們眼前。

這艘目前已發現的最為完整、規模最大的古代沉船，證明了先民早在宋代就展示出驚人的海上航行能力，以及支撐這種能力所必需的高超船舶製造水準技藝。可以說，「南海一號」是中國宋代造船、海外貿易等多方面的綜合代表。

「南海一號」上發掘出的文物不僅數量驚人、價值巨大，而且具有明顯的「全球化」風格。二〇〇九年從沉船中挖掘出的一個硯臺，長近二十公分，寬十多公分，其墨池近似高腳杯的特殊形狀，腳杯底部呈現出「雞冠花」形狀的紋飾，這些特徵都與中國傳統的硯臺制式有著顯著區別。據專家分析，這類風格反映出濃烈的阿拉伯和紅海地區特徵，係典型的中西文化融合風格，烙上了深深的海上絲綢之路的印記。

無獨有偶，發掘出的五十三件錫器同樣引人注目。

人類很早就發現錫是一種對人體無害的金屬，並且以其為原料進行多種加工。在金字塔裡已發現距今三千多年前的埃及第十八王朝就可以使用錫來製造手鐲與容器。古羅馬人也很早就使用錫器來盛放食物或用作家庭器皿。

過去，我們認為中國的錫器製造相對較晚，一般認為是從明朝永樂年間（一四〇三－一四二四年）開始的，然而，此次「南海一號」出土的南宋錫器（十三世紀上半葉），則顛覆了我們以往的認知。

「南海一號」船體之巨大，也令人歎為觀止。

即使不計入桅杆，其船身高度也達八公尺，接近今天的三層樓房；其長度達三十・四公尺，與一架波音七三七型客機的長度差不多；其排水量達六百噸，滿載排水量或可達八百噸，相當於第二次世界大戰時期一艘主力護衛艦的排水量，或相當於今天一艘海軍魚雷艇的排水量。

在「南海一號」沉沒近二百年以後，歐洲的哥倫布才在西班牙王室的支持下組建了一支遠征探險船隊，所謂旗艦「聖馬利亞號」的非滿載排水量也不過一百二十噸，是「南海一號」的五分之一左右。

「南海一號」當時究竟從中國哪個海港出發，是寧波，是泉州，還是徐聞？

「南海一號」當時究竟往何處去，是東南亞，是南亞，是非洲，是波斯灣，還是阿拉伯半島？

「南海一號」當時載了多少人，船上有沒有外國人，他們是做什麼的，是商人，是學者，還是外交使節？

「南海一號」當時在中國近海沉沒的原因是什麼，是海上天氣驟變，還是遇上了什麼不測？再進行延伸——南宋時期的（航）海運政策怎麼樣？是因為什麼樣的體制、機制造就了類似「南海一號」這樣高度發達的造船術、航海術和海上貿易呢？

南宋的富庶，不僅體現魏晉南北朝中原人民衣冠南渡和隋唐大運河通達後江南的大規模開發，而是一種全方位的以農業、製造業、海上貿易為支柱的全面經濟進步。

南宋在土地制度上，「不立田制」。換成現代的話說，就是不限制甚至鼓勵「土地流轉」，土地所有權與經營權的分離更為廣泛，土地買賣盛行，租佃經濟與土地買賣成為南宋農業的本質特點，這樣的結果就導致了農業生產上出現了南糧北調的新格局。南宋各級政府利用水網密布、河道縱橫的地理地形特點，因地制宜，興修水利，鼓勵墾荒，使得農作物單位面積的產量比唐代提高了兩三倍，總體發展水準大大超過了唐代。即使不在豐產年，長江以南和嶺南的糧食生產，也足夠供應和支撐包括敵對方金朝、蒙古在內的全中國。

由於陸路貿易長期被西夏、金朝、蒙古阻斷，南宋生產和製造的精美的紡織品、瓷器等貨物幾乎都通過海上絲綢之路輸出，這也促成了南宋海上貿易的繁榮。在南宋的東南沿海，已經出現了資本主義萌芽。最大的城市臨安府和成都府人口已過百萬，而當時的歐洲還在中世紀蒙昧的黑暗統治下。

四大發明使航海技術跨入了海洋時代，製造技術和航行軌跡都遙遙領先於世界。

南宋舉世聞名的國際化貿易港口近二十個，還興起了一大批港口城鎮，也就是今天所謂的「城市群」「都市圈」，從而形成了萬里海岸線全面開放的格局，這種盛況在過去任何一個時代都未曾有過。

南宋時期，與之有穩定外貿關係的國家和地區，包括占城、真臘、三佛齊、吉蘭丹、渤泥、巴林馮、蘭無里、底切、三嶼、大食、大秦、波斯、白達、麻嘉、伊祿、故臨、細蘭、登流眉、中理、斯伽里野、木蘭皮等六十個，海上貿易航線範圍覆蓋從南洋、大西洋，直到波斯灣、地中海和東非海岸，定期貨運航線在一百條以上。

南宋出口貨物主要有絲綢、瓷器、糖、紡織品、茶葉、五金，進口貨物主要有象牙、珊瑚、瑪瑙、珍珠、乳香、沒藥、安息香、胡椒、琉璃、玳瑁等幾百種商品。從以上貨物可以看出，南宋已經擁有一個消費奢侈品的階層。

長江流域因富庶和穩定，成為孕育著名的宋詞的土壤。「春風只在園西畔，薺菜花繁蝴蝶亂」（嚴仁《玉樓春》），「少年聽雨歌樓上，紅燭昏羅帳」（蔣捷《虞美人・聽雨》），「燕燕輕盈，鶯鶯嬌軟。分明又向華胥見」（姜夔《踏莎行》）等詩詞，分明反映了當時繁榮的經濟社會和達官貴人紙醉金迷的生活。

富足的物質與風調雨順的年景，讓南宋小朝廷一直徜徉在槳聲燈影之中，軍隊多刀槍入庫、馬放南山了，軍人被長期的和平生活和沿海的資本主義要素弄得只知道孔方兄了，日常的訓練也多淪為花拳繡腿式的作秀。

在北方，虎視眈眈的元太宗窩闊台早就覬覦江南大地的物華天寶，他深知要成為世界性的大帝國，必須獲得江南地域物產、財富的支持。於是，他先是和南宋達成了共同打擊金朝殘部的約定，和宋軍一起於一二三三年攻破了金朝從北京敗退南逃後所建新都汴梁。正是在這場戰役中，窩闊台對宋朝軍力的規模、實力和戰鬥素養有了深刻的認識。

滅金不僅是蒙古人堅定不移的意志，也是遭受了「靖康之變」的南宋皇室的期望。因此當蒙古人要聯合南宋南北夾擊金朝時，南宋理宗毫不猶豫地答應了。

金哀宗得知宋、蒙達成了聯合協議，立即派使者前來爭取南宋的支持，竭力陳述唇齒相依的道理：「大元滅國四十，以及西夏，夏亡及於我，我亡必及於宋。唇亡齒寒，自然之理。若與我連合，所以為我者，亦為彼也。」意思是，支援金朝，實際上是幫助南宋自己保家衛國。但是金朝和議的請求被南宋理宗斷然拒絕。

一二三四年（**南宋理宗端平元年**），蔡州陷落，金哀宗和末帝完顏承麟死後，蒙、宋兩軍作為友軍一度相處甚歡，並達成協議劃出雙方分界。

金亡以後，蒙軍北撤，河南空虛。五月，南宋理宗不顧他人的勸阻，堅持任命趙葵為主帥、全子才為先鋒，趙范節制江淮軍馬以為策應，正式下詔出兵河南，意欲趁機收復被金朝佔據多年的中原失地，史稱「端平入洛」。

但是，中原地區經過多年戰亂滿目瘡痍，糧草必須從南宋疆域內運來，結果糧草未能及時運來，宋軍無法繼續進軍而貽誤了戰機。後續宋軍在糧草不濟的情況下勉強進兵洛陽，但遭到蒙軍伏擊，潰散撤回。

佔據了汴梁的宋軍看到戰機已失，加上糧餉不繼，只好悻悻南歸。河南其他地區的宋軍也全線敗退，南宋理宗君臣恢復故土的希望又一次落空了。

「端平入洛」使南宋損失慘重，數萬精兵死於戰火，投入的大量物資付諸流水，南宋國力受到嚴重的削弱。更重要的是，「端平入洛」給蒙軍以征伐南宋的口實，蒙軍滅南宋的戰爭由此開端。

經過一段時間的準備，窩闊台於一二三五年在哈拉和林召開的「忽里勒台」大會上正式決定出征南宋。

一二三六年（**南宋理宗端平三年**），蒙軍兵分三路，南下進擊。第一路由窩闊台汗的兒子合丹率領，主要在西線，從北方直下四川並於一二三六年十月進佔成都；第二路由另一子闊出和忒木台將軍率領，在中路緊逼湖北襄陽，並於一二三六年三月攻佔這一軍事戰略要地；第三路由君不花和察罕將軍帶領，從漢口逆揚子江上達黃州等地。

然而，他們遇到的漢人抵抗是事先遠遠沒有料到的。佔領襄陽三年後，被南宋名將孟珙收復；第三路蒙軍在黃州遇到了頑強抵抗以致沒站穩腳跟，不得不倉皇北撤；成都也在宋軍和蒙軍之間被反覆爭奪，直至一二四一年才被蒙軍又一次佔領，後來又被南宋光復。

城市攻堅戰和南宋密布的水網溝渠，以及漢人將士英勇無畏的抵抗，讓習慣了信馬由韁的蒙古人嘗到了苦頭。

一二六八年（**南宋度宗咸淳四年**），指揮征服華南作戰的忽必烈派出了他最好的軍事將領伯顏和阿朮（**速不台之孫**）進攻戰略要地湖北襄陽和樊城。

守將呂文煥英勇頑強，全城居民團結一心，給已經裝備了一些攻城武器的蒙軍以很大殺傷，兩城最後於一二七三年才陷落。這裡讓我們記住兩個英雄，他們是張貴和張順，兩位年輕的尉級軍官，冒著生命危險利用水道向襄陽城內運送給養，不幸被蒙古人發現遭凌遲處死。

一二七九年，大臣陸秀夫懷抱南宋末代幼帝在崖山跳海自盡，這標誌著黃金家族取得了勝利，徹底滅亡了西夏、金和南宋王朝，統一了中國。

在近半個世紀的血雨腥風中，以漢人為主體的南宋軍民，對蒙軍的抵抗充滿了激情和悲壯。南宋君主是那樣文弱，南宋權臣是那樣無能，但南宋軍民仍然在強悍的蒙軍面前，展示了亙古以來的勃勃雄風。這種雄風，可能就是陳寅恪先生所言的，漢人身上滲入了「胡羯之血」。

從一二三四年起，歷經元太宗窩闊台、監國乃馬真、定宗貴由、監國海迷失、憲宗蒙哥，直至元世祖忽必烈六代黃金家族領袖，蒙軍才將南宋徹底消滅。其間，蒙軍遇到了在征服世界中少見的阻力，漢人在歷史上展示了相當強悍的民族精神、團結和戰鬥力。

二九、崖山，崖山

忽必烈於一二六〇年稱汗後，真心沒有消停過。

金末紅襖軍首領李全的養子李璮，早期遊走於金朝與南宋之間。後來則利用蒙軍同時進行西征和伐宋兩條戰線，以及內部權力之爭，周旋於蒙、宋之間。時而以蒙古「山東淮揚行省」首領出現，時而向南宋要錢要糧，幾乎將山東變成獨立王國，前後經營三十年之久。

忽必烈稱汗後不久，為了全力對付阿里不哥，對其他勢力採用拉攏態度，加封李璮為江淮大都督。很快地設立了燕京行中書省，又因李璮的岳父王文統有才學而授以平章政事。平心而論，王文統對鞏固元廷對華北地區的統治，在整章建制諸方面頗有建樹。

一二六二年，忽必烈與阿里不哥的戰事還在膠著狀態，李璮探聽到這些訊息後認為起事時機到了，於是將所控制的蘇北地區獻給南宋，並接受南宋頒授的保信寧武軍節度使一職。

忽必烈得知後，立即殺掉王文統。事實上，王文統的確一直與女婿李璮暗通款曲、密謀大事。忽必烈不敢怠慢立即調集重兵，僅兩月時間即平定李璮的叛亂，李璮跳水自盡未果被抓獲，由右丞相史天澤下令處決。

速戰速決的平叛，對北方地區的豪強地主起到了殺雞儆猴的作用。之後，忽必烈才騰出手平定阿里不哥和海都諸王的反叛。

忽必烈在位三十餘年，基本上都是在戎馬倥傯中度過，光是鎮壓海都就差不多貫穿其稱帝始終。其間，他完成了滅亡南宋、實現中國大統一的偉大事業。

一二六七年（元世祖至元四年、南宋度宗咸淳三年），忽必烈掀平定阿里不哥和李璮之亂的餘威，再次大規模發兵南下進攻南宋，「首站」即襄陽，史稱「襄陽之戰」。

「襄陽之戰」是元世祖忽必烈消滅南宋政權的一次重要戰役，也是中國歷史上宋元封建王朝更迭的關鍵一戰。

這一次，忽必烈基本上仍然沿用元憲宗蒙哥伐宋時的進軍路線，即從南向北為正面進攻，主攻方向是長江和漢江流域要塞襄陽，同時以四川蒙軍為策應，從西邊夾擊。

一二三九年元太宗窩闊台時被宋將孟珙收復的襄陽城，城牆高大堅固，經過多年不斷的整軍備戰，守城軍民更是萬眾一心，誓與城池共存亡。

忽必烈委派的大將阿朮、劉整等人，為了攻克襄陽與樊城，可謂費盡心機。他們採用了大兵團重重包圍封鎖、水陸兩軍交替強攻等手段，甚至調集使用了「回回炮」。

此役從阿朮率蒙軍進攻襄陽的安陽灘之戰開始，中間經過南宋呂文煥反包圍戰，以及張貴、張順援襄之戰，龍尾洲之戰和樊城之戰等，至一二七三年（元世祖至元十年、南宋度宗咸淳九年），守將呂文煥因孤城無援力竭降元，南宋最終失敗而告結束，歷時近六年。其間，南宋奸相賈似道居然不讓南宋其他地方知道「襄陽之戰」的情況，更怠於援助。

儘管宋軍失敗了，但在蒙軍數十年的西征南伐中，所遇不多的強悍抵抗大多都發生在中原，發生在與宋軍的戰爭中。

在「襄陽之戰」時，宋軍巧妙地運用了城防、水系的組合優勢，成功遏制了蒙軍投石兵器的攻擊。後來，蒙軍令阿拉伯工匠改進了投石兵器的攻擊距離和準確率，斷絕襄陽和樊城間的聯絡，一舉攻下樊城。宋將范天順力戰不屈，城破時自縊。宋將牛富率百餘殘兵巷戰，重傷後投火自焚。宋軍的壯烈犧牲讓蒙軍敬佩不已。

樊城陷落後，襄陽苦於外無援兵、內無糧草只好投降。襄、樊失守，對於雙方的攻防而言是重大轉捩點，從此南宋的大門洞開，蒙軍可以長驅直入。

一二七四年，忽必烈命左丞相伯顏率軍南下，全面進攻南宋。伯顏分兵兩路：一路以合答為主帥，劉整為先鋒，進犯淮西淮東，目標是揚州；一路由伯顏、阿朮率領，呂文煥為先鋒，沿漢水入長江，殺奔宋都臨安城。

伯顏所部在湖北境內的漢水流域遭遇了強烈抵抗，而後進入長江，漢陽、鄂州相繼投降，黃州❶、蘄州❷、江州❸均被攻陷。當時，安慶兵精糧足，離援軍尚有一些距離，但賈似道的女婿范文虎在此擔任知府，他也是一個投降派，早早就投降了元軍，從南宋安慶知府搖身一變成為元朝江浙大都督。

七月，南宋度宗趙禥故，年僅四歲的幼子趙㬎即位，是為南宋恭帝，奸相賈似道依然把持朝

❶〔黃州〕今湖北省黃岡市。
❷〔蘄州〕今湖北省蘄春縣。
❸〔江州〕今江西省九江市。

政。面臨元軍勢不可當且日益逼近臨安，賈似道也無法遮掩殘酷的事實，不得不於一二七五年親率七萬精兵集結蕪湖，準備迎戰。賈似道還抱有與元軍議和的幻想，遭到拒絕。在元軍水、陸兩軍的猛攻下，宋軍大敗，賈似道逃回臨安後眾叛親離，宋廷將他貶職外地。在押送途中，他被怒不可遏的監押官鄭虎臣殺死。

三月，元軍已相繼佔領江南的建康❹、鎮江、常州、無錫等地，江南繁華地為元軍鐵騎踐踏。因為憤恨宋軍收復常州，元軍再度攻陷常州後進行屠城，僅有八人脫逃。

宋都臨安已近在咫尺，南宋社稷如同累卵岌岌可危。皇帝年幼，所以南宋理宗之后謝太后和度宗之后全太后不得不走出深宮，希望以柔弱身軀撐起殘破的江山。宋廷發出了「勤王」號令，但應者寥寥。

多年以來，奸相賈似道當道，忠奸不分、良莠不齊、人心不彰，導致很多官吏對宋廷失去了信心，因此對勤王號令充耳不聞。賈似道長期當政，對南宋官員和百姓遮蔽了前線的訊息，在那個通信不發達的時代，很多人並未真正了解到危險已迫在眉睫，侵略和屠殺已近在眼前。此外，蒙軍進軍過於迅速，大量北方漢人加入元軍，幫助元軍補上「短板」——水軍，蒙軍又有「回回炮」等先進攻擊性武器，讓很多宋廷官員充滿畏懼之情失去了信心。

以狀元身分當上贛州知州的文天祥，是為數不多回應勤王號令的地方官之一，他從駐地募集三萬士兵，星夜兼程趕來臨安。北方大地主軍閥張柔降元，但他的手下戰將張世傑南下投奔南宋，此次也率軍來到臨安。

誰料想，南宋朝廷走了一個奸相賈似道，又來一位奸相陳宜中，此人對文天祥和張世傑都不信任，對兩人提出借鑑南宋初年高宗趙構躲避金軍攻擊時的策略，讓太后、恭帝先行入海，對文天祥、張世傑組織堅守臨安城的建議充耳不聞。

陳宜中熱衷於和元軍議和，不斷派出使者前往請和。伯顏大軍已兵臨臨安城下，南宋大片江山已成蒙軍囊中之物，怎會在此時同意議和？

議和不成，陳宜中居然先行逃往溫州避難。此時此刻，太后和小皇帝已經失去逃離臨安的時機，被蒙軍團團圍住。無奈，謝太后、全太后只好以恭帝之名義授文天祥為右丞相兼樞密使，遣他去與伯顏談判。談判需要籌碼，蒙軍已兵臨城下，文天祥哪還有籌碼。伯顏對這位南宋狀元充滿敬意，希望他「棄暗投明」，應允無數榮華富貴。文天祥均不為所動，遂被扣留。

一二七六年（元世祖至元十三年、南宋恭帝德祐二年）一月，蒙軍攻入臨安城，謝太后、全太后、恭帝等投降。

二月初五，蒙軍舉行了受降儀式，南宋太后與皇帝被送往元大都。南宋度宗的另外兩個兒子益王趙昰和廣王趙昺，在臨安城失守前被大臣護衛逃至永嘉。在蒙軍追擊下，一行人忽而海上、忽而陸上，極盡顛沛流離。

五月，陳宜中、張世傑在福州擁立趙昰為帝，是為南宋端宗，改元「景炎」。文天祥亦從監禁中伺機逃出會合，復被任命為右丞相，隻身前往江西組織隊伍，接連收復數城，一時聲勢頗振。

但端宗所在的福建地區，對南宋小朝廷的形勢非常不利。蒲壽庚等人投降，致使蒙軍在閩、粵

---

❹〔建康〕今江蘇省南京市。

勢如破竹。

從唐朝至南宋，福建、廣東海上貿易極其發達，催生了一批巨賈，尤以定居在泉州的蒲壽庚家族為著。這個家族幾乎壟斷了海上絲綢之路，除了擁有大量的土地、房舍和商鋪，還擁有船隊。因主要從事海上貿易，蒲壽庚的商船噸位大、品質好，在國內外都赫赫有名。

元軍當然知道這個訊息，早在攻打臨安時，伯顏即派人前往泉州力圖說服蒲壽庚降元，至少可以「借」到蒲壽庚的大船，但被拒絕了。臨安城破，蒲壽庚的態度在南宋實質上滅亡之後發生了變化，主動開始聯絡蒙軍。

蒲壽庚態度的變化有多方面原因。其一，關於蒲壽庚家族的來歷，有說來自占城國[5]，有說來自西域，有說來自阿拉伯，總之，其家族並非華夏中原人氏。其二，從宗教信仰來看，蒲壽庚家族均為穆斯林。其三，該家族係商賈，商賈者，必以賺錢盈利為第一要務，因此不難理解蒲壽庚在臨安城破之後態度的轉變。

但是，蒲壽庚以一種非常殘忍和令人不齒的方式向蒙軍「輸誠」——屠殺南宋宗室和將士。究竟屠殺了多少，有不同的記載和說法。

泉州是聞名天下的貿易樞紐和大港，繁華靚麗，有大量宋朝宗室在此定居。蒲壽庚投降時，泉州城裡南宋宗室悉數被殺。宋宗室太祖派十二世孫趙由在元末完成的《瑲源圖譜》中說：「（泉州）南外宗室三千餘人，悉為其（**蒲壽庚**）害。」鄭思肖《心史》說：「（**蒲壽庚**）盡殺南外宗子數萬人。」《永春雲台趙氏族譜》記殺五千餘人。趙氏《南外天源族譜》記殺三千人。《宋史》說二千三百餘人。《泉州府志・紀兵》說：「（**蒲壽庚**）盡害宗室千餘人及士大夫與淮兵之在泉者，備極慘毒……」

福建不可久留，南宋小朝廷只好向廣東轉移，在珠江口內外的海上漂流多日。其間，雖有福建、廣東等地農民義軍協助宋軍抗擊元軍，也取得幾次勝績，但於總體形勢沒有太大影響。

熟悉漢法的忽必烈，將「以夷制夷」修訂為「以漢制漢」，授張弘範為漢軍都元帥，李恆為副元帥，在揚州集結後分水、陸兩路南下，進行滅宋的最後一戰。

一二七八年（**元世祖至元十五年、南宋端宗景炎三年**）四月，南宋端宗趙昰病故，其弟趙昺即位，是為南宋末帝。

閏十一月，文天祥在今廣東海豐縣被元軍俘獲。面對張弘範的數次勸降，文天祥均嚴詞拒絕，並寫下了「人生自古誰無死」的千古名句。文天祥被張弘範解送至大都，忽必烈曾親自勸降，亦被堅決拒絕。

元廷於一二八三年在大都將文天祥斬首。

一二七九年（**元世祖至元十六年、南宋帝趙昺祥興二年**）正月起，經過偵察得知南宋帝趙昺下落，元軍水、陸兩道直奔廣東新會之崖山。當是時，張世傑、陸秀夫等人率領宋軍將士、家屬等共計二十餘萬人在崖山海面不斷地整軍備戰，還得到周邊州縣和海上蜑民的支持。

二月，元軍發起總攻，陸上蒙古騎兵和海上漢人水軍合力夾擊南宋殘軍。南宋軍隊大敗，陸秀夫抱幼帝趙昺投海，二十餘萬南宋軍民或戰死，或溺亡。張世傑突圍後，原擬去交趾，但不幸遭遇

---

❺〔占城國〕古東南亞國家，今越南南部地區。

大風在海上淹死。至此，南宋殘存的主要政治和軍事力量已不復存在。

南宋雖然滅亡了，但揚州、邕州、合州等地抵抗元軍的力量此起彼伏堅持了很多年。許許多多的宋人在明知大勢已去、南宋朝廷已經完全覆滅的情況下仍然堅持奮勇抗擊，在史籍、地方志中留下了許多可歌可泣的事蹟。很多屢敗屢戰的宋將在明知不可為的情況下仍執著堅韌地抗爭，最後幾乎都是自盡，與來自北方的漢人地主豪強忠心侍元，形成鮮明對照。

崖山，不僅是南宋王朝最後的根據地，也是中國歷史上一個重要的轉捩點——意味著元朝實現了中國大一統，也意味著作為少數族群的蒙古人首次統一了全中國。

有人認為崖山之後無華夏。意思是說，崖山之戰，漢人最後的血性和勇敢被二十多萬南宋將士「帶到」了大海深處，從此漢人整體上不復先民那種「犯強漢者，雖遠必誅」的血性，而逐漸成為奴性十足、互相傾軋的族群。

仁者見仁，智者見智，這裡不去分析崖山之後國民性的變化。但是，崖山是一個值得中國歷史記住的地名和稱謂。

三〇、忽必烈將皇位直接傳給這個孫子

元軍南下滅宋，北方也不平靜。海都一直在襲擾阿爾泰山和天山地區，元世祖不得不設立別失八里等處宣慰司，派出常駐軍鎮守西北。

呼應西北諸王，東道諸王也不安生，鐵木真的弟弟斡赤斤和合撒兒等人的後王，一直與海都「眉來眼去」，以斡赤斤後王乃顏（？—一二八七）為東道諸王的「帶頭大哥」。

乃顏係斡赤斤三世孫。早年鐵木真分封時，對幼弟斡赤斤頗為關照，分給一萬戶（**比分給兒子朮赤、察合台、窩闊台的還多**）。其分地初始在蒙古最東境，斡赤斤幾代人經過擴展逐漸將今大興安嶺以東地方即今東北三省納入地盤。乃顏的祖父塔察兒，曾以東道諸王之長率先擁戴忽必烈為汗，因而特受元廷的尊崇。乃顏信奉景教，也是斡赤斤後裔中據有最大地盤者。

不斷接到元廷在東北地區的行政管理機構山北遼東道宣慰司關於乃顏密謀叛亂的報告，世祖忽必烈不敢怠慢，於一二八六年下令將東北地區提升規格為東京行省，以加強管控。

乃顏還是發動了叛亂，糾集合撒兒系諸王一道進攻元廷。海都起兵十萬在西北遙相呼應，意與乃顏會師蒙古高原。

忽必烈派出伯顏鎮守哈拉和林和嶺北行省，截斷乃顏和海都的聯繫，然後親自率軍東進鎮壓乃顏，乃顏戰敗被殺，其餘部眾作鳥獸散。

忽必烈平定東道諸王叛亂後，設置遼陽行省加強東北地區管理，同時在乃顏等藩王舊地設置萬戶府，以削弱其實力，加強中央集權。

一二八九年（元世祖至元二十六年），海都、都哇等人再次起兵侵襲西北，已七十四歲高齡的忽必烈御駕親征。海都聞之，不敢再戰而遠遁。

忽必烈生前最為珍愛的儲君，也是漢化最深的兒子真金（一二七三年被立為太子，死後追謚為「元裕宗」）不幸早夭，老來喪子對忽必烈實乃人生重創。好在真金妻所生第三子奇渥溫・孛兒只斤・鐵穆耳繼承了爺爺忽必烈的一些特質，擅長武功，兼備寬厚性情，成為黃金家族正統的傳承者。

真金去世後，忽必烈迅速從喪子之痛中掙脫出來，於一二八八年任命二十三歲的孫子鐵穆耳為大將軍，率軍鎮壓東道諸王的叛亂。

古時的遼東，係指現今的東北、內蒙古東部以及蒙古國東部和朝鮮半島部分地區。在帝國初期，該地被成吉思汗分封給了他的幾個弟弟游牧和統治。忽必烈長年忙於應對阿里不哥、海都等人的汗位爭奪戰，還要南下征服南宋，因而對遼東顧及較少，結果到了十三世紀下半葉時，遼東諸王已經坐大，在成吉思汗侄孫的號令下，大有威脅大都之勢。

鐵穆耳初試牛刀，即令爺爺忽必烈大喜過望——他一舉擊敗了遼東叛亂。

五年後，一二九三年，忽必烈看到時機成熟毅然把鐵穆耳立為太子，並命他領軍到蒙古高原，應對雖已元氣大傷卻依然蠢蠢欲動的海都一夥。

自忽必烈即位後，黃金家族就逐步改變「忽里勒台」大會制度，開始採用中原封建社會的嫡傳世襲制度，只是因儲君真金不幸早夭而未能立即廢除「忽里勒台」大會制度。鐵穆耳的即位，對蒙古人有著比較特殊的意義，雖然也召開了傳統的「忽里勒台」大會，但這次是蒙古帝國帝（汗）位繼承中的最後一次「忽里勒台」大會。

「忽里勒台」大會是北方少數族群原始游牧體制產生的一種「選賢」機制，在其政權初創時期所掌控疆域有限，「忽里勒台」大會是有效的、可控的，也具備一定科學性和民意基礎。

到了元世祖忽必烈時代，其治下人口主要是以億萬計的農耕百姓，加之所處中原政治文明非常發達，因此忽必烈明確採用中原封建王朝的嫡傳世襲制和傳長制也就不足為奇了，這與蒙古人傳統「選賢」和「幼子掌家灶」有著本質的不同。

忽必烈最初立長子真金為太子，可惜很有才華、非常賢明的真金太子很年輕就去世了，讓「老年失子」、白髮人送黑髮人的忽必烈非常痛苦。經過觀察和權衡，一二九三年（元世祖至元三十年），忽必烈將象徵太子的「太子寶」賜予真金第三子鐵穆耳。

一二九四年初，元世祖忽必烈病故。雖說鐵穆耳持有「太子寶」，係法定的皇位繼承人，但真金長子甘麻剌並不認可其弟登大位，因為他認為自己是真金長子，既然按照「漢法」，那就應該由他這位長子繼位。

按理說，已經拿到「太子寶」，鐵穆耳的即位應該沒有什麼懸念，但在一幫傳統勢力的鼓譟下，不得不又召開了一次「忽里勒台」大會。會上，甘麻剌及其支持者發出了很大的質疑之聲。

重臣伯顏在「忽里勒台」大會上，「按劍陳祖宗寶訓，述所以立成宗之意，辭色俱厲」，使「諸王股慄，趨殿下拜」，依照忽必烈生前旨意立鐵穆耳為帝，平章右丞張九思向鐵穆耳獻上玉璽，是為成宗，改年號為「元貞」。

這位伯顏為何如此一言九鼎呢？原來，他既出身顯赫，又位高權重，且有大功於元。伯顏的祖父是賽典赤・贍思丁，出身中亞不花剌的沒落貴族家庭，在成吉思汗西征時，贍思丁家族主動投奔窩闊台，從此成為黃金家族的寵臣，世代忠心耿耿均為重臣。

贍思丁曾任雲南行省首任行政長官——平章政事。他在任六年，體恤民情民力，注重發展經濟，在當地有很好的口碑。其子納速剌丁也先後被任命為福建行省、江西行省和河南江北行省的平章政事，其理政、理財的能力深得忽必烈信任和欣賞。

元世祖忽必烈在位期間戰事頻仍，耗去大量錢糧。到其晚年時，國家財政幾乎處於崩潰邊緣，實際上元世祖的財政入不敷出已經有十餘年歷史。蒙軍不斷征服，桑哥等人通過濫發紙幣來做表面文章，掩蓋了非常危險的財政危機。

桑哥本是畏兀兒人。早年，元太宗為了不費兵刃獲得西藏，派皇子闊端與薩迦・班智達大師結善。此後，皇（汗）室包括定宗貴由、憲宗蒙哥、世祖忽必烈皆先後成為藏傳佛教子弟，藏傳佛教僧人屢屢成為國師、帝師。

在大安閣辯論後，佛教特別是藏傳佛教取得壓倒性優勢，桑哥也混入八思巴的帳下接近忽必烈，很快得到忽必烈的寵信，頂著巨大的爭議先被任命為尚書平章政事，後被晉升為尚書右丞相。

桑哥上臺後，採取了一些積極的財政政策，但由於他內心只是為自己以權謀私、賣官鬻爵，因此所謂的「新政」多是形式上的。另外，元朝連年出兵，財政負擔不可謂不重。

桑哥的行為是絕大多數正直的大臣無法忍受的。一二九一年，世祖在大都東南方向狩獵，隨從的怯薛也里審班、徹里，以及御史中丞也先帖木兒等人控告桑哥奸貪、誤國、害民諸罪。

其中徹里表現得情緒尤為激烈，「言色俱厲」，世祖怒責他「醜詆大臣，失幾諫體」，命左右批其頰，「血湧口鼻，委頓地上」，徹里仍辯不止，聲明自己與桑哥無仇，只是為江山社稷著想。忽必烈又召見其他人，大家紛紛揭露桑哥蒙蔽皇帝、素亂政事、賣官發財等。世祖下詔拿獲了桑哥及其黨羽，審訊後將桑哥處死。

桑哥固然欺上瞞下、貪贓枉法，但元廷財政接近崩潰邊緣的根本原因是元廷超出國力的軍事征伐，以及保留的蒙古人肆意賞賜的傳統等。

藏文史籍《漢藏史集》對桑哥被誅的原因有著與上述完全相反的記述，認為桑哥約束驕橫跋扈的怯薛對國庫的虛耗與浪費，招致怯薛的廣泛不滿與憎恨。怯薛利用作為皇帝近侍的有利條件，一方面在宮廷內外不斷散布桑哥貪腐的不實訊息，引起輿論傳播，另一方面則以替皇帝和國家著想為名誣告桑哥，最終實現了根除桑哥的目的。

守成之帝鐵穆耳自幼習武練兵、擅長謀略，長期顛沛流離的軍旅生涯使他和爺爺忽必烈一樣有著強烈的統一意志和能力。他學習漢武帝厚積薄發之策，一邊對來自中亞的威脅枕戈待旦，一邊保持忽必烈在位時期基本穩定下來的政局，積極積累實力。

前文提到的伯顏，在桑哥之後成為忽必烈身邊最重要的大臣之一，他正直且有能力，深孚眾望，是忽必烈生前最為信任的大臣。

在鐵穆耳即位一事上出了大力的伯顏，當然更加得到信任和重用，他與時任中書左丞、漢人梁暗都刺（梁德珪）共同主持朝政，史稱「賽梁秉政」，其重要政策措施包括：清理戶籍，限制和杜絕佛家佔有大量民戶而未上交國庫的現象；勸誡成宗減少賞賜，特別是減少對那些於國家並無很大用處的諸王的賞賜；不再繼續對日本和安南的征伐，節省大量軍費開支。

伯顏主持成宗朝政十餘年之久，有效改善了財政狀況。

一二九七年（**元成宗大德元年**），鐵穆耳經過三年準備終於轉守為攻，他派軍主動出擊察合台汗王都哇並大勝而還；又領軍在阿爾泰山一線打敗精銳的窩闊台系首領海都的主力，於次年二次擊敗海都於哈拉和林西南方向的戈壁沙漠。

大致情形是這樣的。元軍進攻方向由阿里不哥之子藥木忽兒率領，由床兀兒（**欽察人土土哈之第三子，真金之孫海山的侍衛**）率領的欽察軍為支持，對都哇所部進行偷襲並得手，接著又挑選勇敢善戰的勇士，在今蒙古國前杭愛省戈壁中擊潰了前來報復的都哇部隊，使其士氣大挫。

一二九九年，成宗授二哥答剌麻八剌長子、侄子海山總鎮漠北，加強對海都、都哇的對抗，同時命太師月赤察兒輔助海山統軍，並給西北方向的北庭都元帥府（**負責阿爾泰山周邊**）補充戰馬兩萬三千餘匹。

曾經和忽必烈分庭抗禮幾十年的中亞分裂分子自然不會輕易言敗，在一三〇一年捲土重來，揮師直搗帝國的精神首都——哈拉和林，早有準備的鐵穆耳第三次打敗了對手，都哇中箭倉皇西逃，其士兵損失殆盡，海都負傷，在西撤的軍中死去。

一三〇二年，海都子察八兒在都哇支持下繼承窩闊台汗國汗位。

一三〇四年（**元成宗大德八年**），黃金家族在經過幾十年的內部鏖戰，迎來了至少在形式上重新統一的曙光：都哇與察八兒面對元成宗鐵穆耳強大的實力，不得不上表大都俯首稱臣。這樣，始於忽必烈時代、終於鐵穆耳時代的黃金家族幾十年內戰宣告結束，蒙古帝國中央政府終於鬆了口氣，廣大百姓得以休養生息。

不久，都哇與察八兒一言不合居然刀兵相向，於是海山和月赤察兒趁機帶兵翻越阿爾泰山，深入窩闊台汗國疆域收降其部眾十萬餘人，察八兒摒棄前嫌去投奔都哇，都哇趁機兼併窩闊台汗國部分地盤。

一三〇六年，都哇去世後，察八兒發動政變，企圖攝取察合台汗國政權，但被都哇之子怯伯驅逐。走投無路的察八兒於一三一〇年歸順元廷，窩闊台汗國被元朝和察合台汗國瓜分。

像其父真金一樣，元成宗鐵穆耳同樣英雄短命，不足四十三歲就病故了，這一年是一三〇七年。

《元史》評價曰：「成宗承天下混一之後，垂拱而治，可謂善於守成者矣。唯其末年，連歲寢疾，凡國家政事，內則決於宮壼，外則委於宰臣；然其不致於廢墜者，則以去世祖為未遠，成憲具在故也。」

元成宗去世後，與他無比崇拜的爺爺一起被安葬在起輦谷❶。他的死不是一個帝王普通意義上的駕崩，而是標誌著蒙古帝國比較正常的統治秩序的終結——此後，帝國皇（汗）位之爭愈演愈烈，階級、民族、族群矛盾日趨激化，元朝開始走下坡路了。

---

❶〔起輦谷〕今內蒙古自治區鄂托克旗一帶。

三一、在元朝，你是第幾等人

法度對於一個國家、一個社會極其重要。有人說，元朝把國民分為好幾等人，存在明顯的種族歧視，是這樣嗎？

讓我們先從法律說起。

在人類社會中，法律是道德之後的最低標準，是對於人與人之間、人與社會之間的剛性約束。這種約束，是依靠國家機器包括軍隊、員警等武力來保障的，依託系統的司法機構來實施，因此具有強制力、不可抗力。

中國歷史上每個朝代都有自己的法律體系，且法律體系帶有強烈的時代特徵，貫穿了強烈的統治階級意志，因此每個朝代的法律體系都具備鮮明的時代性、政治性和民族性。

元朝的大一統，表面上看來是一個劃時代的大事件，但其在治理國家和統治人民的進程中面臨著諸多問題。

元朝曾經想效仿遼代的南北面官制，也就是以契丹的法律、政治制度來管理主要居於北部地方的少數族群，以中原法律和政治體系來管理主要居於燕雲十六州的漢人。但隨著元朝滅南宋後，疆域急劇擴大，加之跟隨蒙古人南伐的色目人、北方漢人越來越多地定居於南方，與漢人進行雜居、混居，因此遼代的南北面官制顯然無法適應統治遼闊帝國、眾多人民的需要。

在忽必烈稱汗、稱帝後，法律體系不斷地加強，基本朝著全域統一法度的方向發展。一二六一年（**元世祖中統二年**），忽必烈對蒙古人繼續使用傳統的「札撒」，對廣大漢人和漢化的少數族群，則在金朝「泰和律議」的基礎上頒布《中統權宜條理》，後又相繼頒布多種類似今天的「司法解釋」或「修法」，使得律令逐漸完備。

一直到一二七一年，忽必烈基本都是按照「漢法」來執行，全面實施漢人的標準，包括法律體系。儘管西北諸王、東道諸王等蒙古守舊勢力一次次的反叛，主要是因為對拖雷系、對忽必烈本人擁有了黃金家族主要財富的覬覦，但從意識形態來說，忽必烈的確一直面臨全面漢化或堅持蒙古舊傳統的巨大矛盾，以及隨之帶來的諸多壓力。

元朝在滅亡南宋的進程中，按照元世祖忽必烈的授意，曾經幾乎全盤接收了南宋各級機構的官員，甚至一度努力採用各種辦法來留住南宋官員。

隨著可以被稱作「黃金一代」的忽必烈「潛邸之臣」如劉秉忠、趙璧等金朝培養出來的大儒紛紛離開元朝政治舞臺，忽必烈在晚年也日趨保守，在元朝建立後下令廢除了頗為先進的金朝「泰和律議」。

究其原因，大概是李璮叛亂時，忽必烈發現諸多漢人大族與之暗通款曲，雖然最終元廷在鎮壓李璮之後並未深究，但解除了許多漢人的兵權。對曾大力舉薦過李璮岳父王文統的劉秉忠、張易、廉希憲（漢化畏兀兒人），忽必烈雖未進行處理，但對漢人的戒心大大增強。他開始不再倚重漢人，而是更多依賴色目人來治國。這樣一來，原先比較公平的「泰和律議」，或者說在蒙古人、色目人眼裡比較「傾向」漢人的「泰和律議」，就沒有被忽必烈繼續採用了。

廢除了「泰和律議」，自然會有其他律令來替代。實際上，元朝從忽必烈中後期開始全面向統治階級傾斜，具體表現在「四等人」制。四等人的政治待遇有所區別，在任職、科舉、刑律等方面，均有不同的待遇。

根據清末史官屠寄的研究，雖然元朝沒有明確的「四等人」法律或明文規定，但實際上通過相關制度安排和法律規範，明確了國民分為四種等級。

第一等：蒙古人，為元朝的「國族」，蒙古統治者稱為「自家骨肉」。

第二等：色目人，主要指西域（中亞）人，部分契丹人也被劃入色目人。

第三等：漢人（**又稱漢兒**），主要指淮河以北原金朝境內的漢人和契丹人、女真人等（**實際上，這一部分契丹人、女真人都已漢化**），還包括較早被征服的雲南人，以及最晚為蒙古征服的四川漢人。

第四等：南人（又稱蠻子、囊家歹、新附人），指最後被元朝征服的原南宋境內——江浙、江西、湖廣三行省和河南行省南部的人民。

屠寄在《蒙兀兒史記》一書中，對元朝劃分「四等人」給出的理由，主要是從法律層面解讀的。如：元朝規定不許漢人和南人收藏兵器、練習武術；規定蒙古人如因爭鬥和醉酒殺死漢人，無須償命，以出征作為懲罰；蒙古人、色目人可以毆打漢人、南人，但漢人、南人不得還手等。

元成宗、元仁宗等都先後修訂過法令，但總體上還是以維護「四等人」體制為主，並且維護蒙古人的權益，而不顧估人口數量絕大多數的漢人。元英宗時頒行的《大元通制》，是一部帶有案例性質的法典。元順帝亦頒布過法令，但一直到元朝滅亡始終沒有一部完備而公平的法典。由於階級壓迫和民族歧視的雙重矛盾，成為被壓迫和被統治的漢人揭竿而起的重要原因。

蒙古人以騎射得天下，以弓馬建立元朝，因此從骨子裡一直將讀書人看得很低。曾有一種說法，元朝社會各階層被分為「一官二吏三僧四道五醫六工七匠八娼九儒十丐」，那時的讀書人地位比娼妓還低。

到元仁宗時期，發現草原游牧的原始簡單方式不足以治理龐大而文明的農耕社會，元廷終於接受了漢人知識分子的建議，於一三一三年下詔恢復廢除已久的科舉考試，史稱「延祐開科」。

但是，「四等人」歧視制度貫穿了元朝科舉制度的始終。

蒙古人和色目人同場考試，漢人和南人同場考試，漢人和南人須考三場，而蒙古人和色目人只考兩場。漢人和南人考經論時，每題字數不低於三百字，而蒙古人和色目人每題字數只有幾十字。蒙古人和色目人考策論時，每題字數不低於五百字，漢人和南人則每題字數不低於一千字。漢人和南人需要考詩賦，蒙古人和色目人不需要考詩賦。

元朝恢復科舉後的第一次考試，共錄取一百名進士，其中蒙古人、色目人、漢人、南人各錄取二十五人。但是當時蒙古人只有八十萬人，色目人只有六十萬人，而漢人和南人多達七千萬人，可以算一算錄取比例。

一二七三年，真金被元世祖忽必烈立為太子，兼任非常重要的中書令。真金從小接受名儒姚樞、竇默的教育，主張以儒家思想治理天下，深受漢人官僚的擁戴。真金也作為漢人勢力的代表，與腐敗的色目人勢力進行了堅決的鬥爭。但在忽必烈看來，一則他需要色目人的橫徵暴斂，來滿足元朝國家機器南征北戰的金錢物質需求，二則他對漢人的猜忌心日重，連帶對太子真金也有所懷疑。

可惜，一二八五年，真金英年早逝，色目人等再次「猖獗」，完全把持了朝政。

三一、元武宗海山：以武力得天下

元成宗鐵穆耳是一位比較有作為的皇帝，在位期間停止了祖父忽必烈在世期間的東征日本、南伐越南的戰爭，大大減輕了人民的負擔；出於政治和經濟需要，他開始限制王公貴族在采邑地無休止、無節制的橫徵暴斂，一定程度上緩和了與廣大漢人之間的矛盾。

可惜鐵穆耳身體不佳，一三〇五年（元成宗大德九年），他身染重疾，立年幼的獨生子德壽為皇太子。誰料想，皇太子竟然先行撒手人寰。年底，鐵穆耳也駕崩了。

突然的變故讓後宮亂了方寸，皇后卜魯罕與左丞相阿忽台、平章政事八都馬辛等商議，準備參照前朝舊制，以卜魯罕監國，以鐵穆耳堂兄、元世祖忽必烈第三子安西王忙哥剌之子阿難答輔佐，再圖選擇接班人之事。

右丞相哈剌哈孫並不喜歡這樣的安排，他是一位傳統的蒙古人，其祖先是鐵木真部落中的馬夫，對尼倫蒙古人忠心耿耿，曾經對鐵木真有報信救命之恩，因此一直深受黃金家族信任與重用。

哈剌哈孫並非排斥卜魯罕臨朝稱制，而是反感色目人和穆斯林把持朝政，也就是對色目人伯顏和已成為穆斯林的阿難答王子不服。

於是他秘密遣使聯絡真金第二子、成宗二哥的答剌麻八剌之子海山和愛育黎拔力八達，請他們回大都繼承大統。海山為長，時年二十四歲，愛育黎拔力八達為次，時年二十歲。

當時，海山在蒙古本部，他的軍隊兵強馬壯，長期率軍與海都、都哇等作戰。而愛育黎拔力八達在封地河南。愛育黎拔力八達曾與自己的老師李孟商議，老師打消了他的猶豫，他很快地抵達大都與哈剌哈孫等先行舉事，搶在卜魯罕做監國前一天突然發難，一舉擒殺阿忽台、阿難答等人，將卜魯罕囚禁。

海山率漠北大軍星夜兼程地回到大都，與愛育黎拔力八達相見分外開心，約定由海山為帝，是為元武宗，愛育黎拔力八達為皇太子（弟），相約日後「兄終弟及，叔侄相傳」。

武宗海山常年鎮守漠北，得到蒙古傳統貴族的擁戴，更重要的是手下有能征善戰的重兵，加上「上陣親兄弟」的愛育黎拔力八達出手迅速，所以能得到帝位，也沒人敢於對抗。

與元世祖忽必烈前期重用漢人、後期重用色目人，以及元成宗鐵穆耳平衡使用漢人、蒙古人、色目人不同，海山表現出一種明顯的「蒙古人」特徵，在用人上幾乎一邊倒地重用蒙古人或蒙古化的突厥系人，絕對地排斥其他族裔。

海山即位後，全盤推翻了成宗時期的官僚體系，進行了大換血：舊臣中只有功臣哈剌哈孫依然留任右丞相，左丞相為塔剌海（**蒙古許兀慎部落，曾任真金侍衛**），床兀兒（**欽察人**）、阿沙不花（**欽察別部康里人**）、明里不花等為中書平章政事，中書平章以上絕無漢人，也罕見穆斯林或色目人，就連奪位功臣李孟，亦早已「看破紅塵」，在武宗海山尚未抵達大都前即已遁去。

對色目人和穆斯林的排斥可以理解，畢竟海山奪取大位時的主要對手是阿難答等人。

海山完全信賴蒙古人，像極了他的祖先，對擁戴他的蒙古諸王、貴族、大臣賞賜極豐，以致「帑藏空竭」。為了解決國庫枯竭的問題，他放手讓稅官徵稅，肆意壓榨百姓，增加鹽、茶等生活必需品的稅收，百姓苦不堪言。

為解決財政危機，海山效法世祖時期色目人阿合馬、桑哥等設置尚書省的辦法，重設尚書省，改行中書省為行尚書省，名為機構改革，實際上是趁機將財政權歸於尚書省以便斂財。

一三一一年，史稱「唯曲蘖是沉，姬嬪是好」的元武宗海山，一命歸西。

海山在位期間，國政腐敗，民不聊生。時任監察御史的張養浩，就曾針砭時弊，寫過一首千古傳唱的詞《山坡羊・潼關懷古》：

峰巒如聚，波濤如怒，山河表裡潼關路。
望西都，意躊躇。
傷心秦漢經行處，宮闕萬間都做了土。
興，百姓苦；亡，百姓苦。

其實，張養浩並非「專業」的文學家和詩人，他更重要的職責是作為監察御史監督國政，他曾直言武宗朝的弊政，認為「變法亂政，將禍天下」，認為元武宗賞賜太多、刑禁太疏、土木太盛、風俗太靡等。

海山以武力得到大位，當然要進行犒賞，犒賞需要大量財物，必然要搜刮民脂民膏，以致民不聊生。

三三、元仁宗愛育黎拔力八達之仁

一三一一年（元武宗至大四年）一月，海山駕崩，皇太子（弟）愛育黎拔力八達即位，是為元仁宗，定次年改元皇慶。

青少年時期，元仁宗接受了全面而系統的儒學教育和訓練，布衣儒生李孟對他影響極大。在元成宗去世後，李孟建議他果斷地利用回大都奔喪之機一舉奪取天下，從而使得沒有軍事實力的他得以與擁有強悍軍力的「後來者」海山達成「兄終弟及」的協定，也讓他看到儒家思想的深邃。

雖然元武宗即位後，鑑於李孟的功績和對於愛育黎拔力八達的重要性，給予李孟「特授光祿大夫、中書平章政事、集賢大學士、同知徽政院參事」等一系列眼花撩亂的官稱。實際上，「特授」二字就決定了後邊一大堆頭銜不過是個幌子，武宗從根本上只信任蒙古人，因此李孟在武宗執政四年間無所事事。

元仁宗即位，李孟的才華與能力終於有了用武之地，立即官拜中書平章。

武宗駕崩沒幾天，仁宗立即裁撤大批武宗朝的重臣，脫虎脫、三寶奴、樂實等助紂為虐者被斬首示眾，另有一些被流放邊陲。

面對財政岌岌可危的狀況，仁宗在李孟等人的支持下廢除尚書省，改行尚書省為行中書省，同時裁撤大量吃閒飯的冗員；廢除武宗朝「坐大」的各類僧侶，退出大量良田；起用世祖、成宗兩朝的一批漢儒老臣，如董士選、王思廉、尚文、李謙、程鵬飛、劉敏中等。

仁宗還整治了武宗時期好大喜功的「基本建設」，比如不再修建建為中都的王忽察都❶，將所霸佔的農田還給民眾；不再修建五台山的佛教寺院，將強徵來的大量民工遣散回家。

在貨幣政策上，仁宗恢復世祖時期的紙鈔政策，實施謹慎的貨幣政策，避免通貨膨脹進一步蔓延加深。

仁宗唯才是舉，不再像武宗那樣唯蒙古人、欽察人是用，而是不拘一格地重用有才華者，無論其出身的種族或宗教信仰。

仁宗崇拜唐太宗，他說《貞觀政要》「有益於國家」，命人翻譯為蒙古文，還命人翻譯了《資治通鑑》等，分發給諸王、貴族、大臣學習。

一三一四年（元仁宗延祐元年），經中書省提議，仁宗封孔子第五十三代孫世襲為衍聖公。後來，又封孟子後人為鄒國公。

蒙古人馬上得天下，對武力高度重視而忽視文化。仁宗認為馬背上可以得天下，但治國必須有策略，靠文化。

元朝，除了在太宗窩闊台時代，因為耶律楚材極力建議，曾有過一次不很規範的開科取士，自隋代開始的科舉制度，在元朝幾乎被完全廢止了。蒙古和色目勳貴前期依靠戰功，後期依靠祖先的福蔭，過著驕奢淫逸的生活，而廣大有志報國的漢儒則生活在社會最底層，幾無用武之地。

仁宗力排眾議，於一三一三年下詔次年開始科舉。一三一五年（元仁宗延祐二年）二月，儒生會試於大都，這是多年以來讀書人所未見之景，很多人激動得熱淚盈眶。仁宗如是說：「朕所願者，安百姓以圖至治，然匪用儒士，何以致此。設科取士，庶幾得真儒之用，而治道可興也。」

仁宗完全按照傳統科舉制度，嚴格履行相應程序，最後選取精英進入廷試，皇帝親自考試，拔擢都還兒、張起岩等五十六人為進士及第。科舉一開，廣大讀書人有了進身之階，對於在少數族群中弘揚漢文明也有著重大意義。

仁宗是一位大孝子，對母后答己恭順有加，對母后信賴的鐵木迭兒，儘管聽到許多微詞也沒有深究，甚至過分遷就，僅僅是罷黜相位而已。

一三二〇年（元仁宗延祐七年），一月，年僅三十五歲的愛育黎拔力八達病故。

當年，仁宗在母后答己的支持下，未遵照與兄長武宗海山「兄終弟及，叔侄相傳」的約定，而是將應立為皇太子的武宗之子和世瑓封為周王，令他出鎮雲南。武宗舊臣不服，有些舉兵叛亂，和世瑓也趁機拒不去雲南封地，而是跑到其父生前起家之地的阿爾泰山以西地方。

元廷再次處在風雨飄搖之中。

❶〔元中都〕遺址在今河北省張北縣。

三四、吃瓜落兒的元英宗碩德八剌

元仁宗去世後，其長子碩德八剌即位，是為元英宗，次年改元至治。

元英宗自幼熟讀漢儒經典，體恤民情，與奶奶答己以及鐵木迭兒一夥的「三觀」大不相同。原本皇位應由元武宗之子和世瑓繼承，元英宗是元仁宗之子，他的繼位自然引起別人不滿。奸相鐵木迭兒一夥更是敗事有餘。

因此，英宗登基伊始就注定要吃瓜落兒，就注定命運悲慘。

英宗即位不久，有著無限權力欲和控制欲的太皇太后答己趁皇帝年輕，再次任命貪贓枉法的鐵木迭兒為中書右丞相。

鐵木迭兒是蒙古人，先天具備被信任的條件，先後經歷了元世祖、元成宗、元武宗、元仁宗、元英宗五朝。據歷史記載，鐵木迭兒貪財有術、行賄有方、斂財聚貨、中飽私囊、殘害忠良，顯然是一位奸相。

元成宗時，鐵木迭兒任同知宣徽院事，負責宮廷事務，主管宴食，得以親近後宮，於是深得答己信任。武宗剛去世，仁宗尚未登基之時，答己就任命鐵木迭兒為中書右丞相。待仁宗即位，在答己的堅持下再度任命鐵木迭兒為中書右丞相，可見答己對他極其信任。

一三一二年（元仁宗皇慶元年）底，鐵木迭兒被任命為相後不久，因病不得不去職，仁宗暗自高興，連忙於次年一月任太府卿禿忽魯接替鐵木迭兒為中書右丞相。

一三一四年（元仁宗延祐元年），禿忽魯因為治理災害不力自行請辭相位，仁宗以「回回人」哈散繼相位，但哈散深諳答己對鐵木迭兒的信任以及仁宗對答己之孝，於是自稱出身寒微，「非世勳族姓」，懇請仁宗再任用鐵木迭兒。

據史載，仁宗令哈散「啟諸皇太后，與之印，大事必使預聞」，這說明一切盡在太后掌控之中。當年四月，先是任命鐵木迭兒為開府儀同三司、監修國史、錄軍國重事；九月，即復以鐵木迭兒為中書右丞相。

有元一代，農耕社會始終民不聊生，元帝沒有建立起規範有序的傳承，更多時候是依靠武力和後宮與權臣聯合「操作」。因此，歷代元帝登基後，或為了滿足自己肆意賞賜的需要，或為了滿足支持自己登上皇帝大位的權臣武將的需要便濫加賞賜，致使國庫經常處在赤字狀態。

儘管仁宗努力改善民生，但他有讓兒子碩德八剌接班的私心，不得不在很多方面放任母親及其信任的鐵木迭兒等人。

朝廷用度很多，如何解決財政問題是仁宗非常關注的事情。鐵木迭兒為相後，展開了一系列暴虐的斂財之舉，史稱「延祐經理」，簡單說就是自上而下進行所謂的「括田增稅」，實際上是對百姓進行新一輪敲詐勒索，在手段上則無所不用其極。

這種斂財手段，針對的就是中原地區，更具體針對的就是原本富庶的江南地區。表面看是朝廷資金緊張，認為稅收有不準確的地方；稅收不準確，或者說沒有應收盡收，是因為田畝資料不清晰、不準確，田畝數字不夠；為了讓田畝數字「準確」或者足夠，就從朝廷派出官員到各地重新測量和核定。

上述措施乍聽起來沒什麼不妥，但實際上是鐵木迭兒一夥深知田畝數量並沒有不準確，為了完成這項不可思議的任務，他們與各地官吏一起用盡各種手段禍害百姓。

比如，被派往江西的一位官員酷暴尤甚，僅在信豐一個縣就拆毀民房一千九百多間，還到處亂挖墳墓充作新增田畝，然後以此要求百姓增加納稅，百姓無不恨之入骨。

「延祐經理」中的江南尤為慘烈，「贛為甚，寧都又甚」，民不堪命，只能揭竿而起：贛州人蔡五九遂在寧都舉兵反抗，進圍州城，燒四關、殺貪官、除汙吏、號令四方，最後被鐵木迭兒派兵殘酷鎮壓了下去，但是「延祐經理」的確失敗了。

年輕的英宗在父皇治喪期間就開展了一系列抑制答己、鐵木迭兒一夥的行動：先是罷免了假惺惺以「非世勳族姓」而推舉鐵木迭兒為右相的哈散，將其「流放」到嶺北行省任職，同時任命木華黎後裔拜住為中書左丞相以牽制鐵木迭兒。

在拜住等人協助下，英宗很快就以謀廢立之名將哈散以及中書平章黑驢、徽政院使失列門等答己與鐵木迭兒一夥的「骨幹分子」全部誅殺，並籍沒全家。就在這時天遂人願，答己和鐵木迭兒都在一三二二年（**元英宗至治二年**）去世了，年輕的英宗有了施展政治抱負的機會。

被稱作蒙古人中「大儒」的拜住，自然清楚這些年來社會矛盾不斷激化的原因和根源，也出於對英宗和元室的忠誠，對統治階級面臨的危機憂心忡忡，一有機會就立即「出招」。

英宗任命拜住為中書右丞相，接著根據拜住的提議大力選用漢儒治國，充實到各級官僚體系之中。拜住舉薦張珪，復職平章政事。

張珪係滅宋名將張弘範之子，漢人地主豪強大戶張柔之孫，忠元報國卻深受迫害。仁宗朝時，鐵木迭兒本應承起「延祐經理」失敗的責任，但太后答己居然任命他為總宣政院事，不久又晉封為太師。時任中書平章政事的張珪明確提出反對，認為太師論道經邦必須有才德兼備之相，方足以擔當此重任，而「鐵木迭兒非其人」。太后答己非常反感張珪之言，趁仁宗離開大都巡幸上都之機，令徽政院使失烈門召張珪入見，以杖擊致重傷。張珪無奈，立即繳還印信，帶家眷離開大都逃命。

張珪被重新徵召入仕，標誌著英宗改新除弊的決心。

英宗壓縮大量政府機構，遣散眾多閒散人員，還命張珪主持並制定了《大元通制》成文法，此法前後執行了約四十年。

元英宗在位僅僅三年，但他革舊除弊、大膽創新，元廷面貌煥然一新，史稱「英宗新政」。

三五、元泰定帝也孫鐵木兒：我是嫡系

元英宗年輕有為，敢作敢當，固然是一件好事，但畢竟元廷沉痾已久，利益集團尾大不掉，稍有不慎就會出現重大轉變。

經過英宗、拜住的連續打擊後，答己、鐵木迭兒為首的后黨貌似沉寂下來，實則在暗處蠢蠢欲動，鐵木迭兒的養子、御史大夫鐵失身邊悄悄聚集了一批意欲謀變的不安定分子。

英宗和拜住在鐵木迭兒去世後，開始追查其任內貪贓枉法之舉，抄沒其家產，清算其餘黨。鐵失等人非常恐慌，他們與晉王也孫鐵木兒的心腹、「回回人」倒剌沙勾結，準備發動政變。

起先，倒剌沙之子負責拜住的宿衛，因此對拜住等人的言行非常清楚，也知道鐵失與拜住不合有謀害拜住之意；鐵失一夥的宣徽使探忒趁機也來倒剌沙處挑唆，云：皇上（英宗）容不得晉王（也孫鐵木兒）等。

這樣一來，鐵失與倒剌沙等形成共同體，背後自然是覬覦皇位的也孫鐵木兒。正常情況下，英宗以後應為英宗之子。退一步說，即使不是英宗之子，也應該按照當初武宗海山與仁宗愛育黎拔力八達相約，由海山後裔繼位。也就是說，雖然大家都是元世祖忽必烈夭折太子真金之後，但皇位自真金第三子、成宗鐵穆耳駕崩後，都在真金第二子、答剌麻八剌家族傳承。海山和愛育黎拔力八達分別是答剌麻八剌的長子和次子，英宗碩德八剌是仁宗（愛育黎拔力八達）之子，和世㻋是武宗

（海山）之子。也孫鐵木兒固然也出自真金太子，但係長子甘麻剌的長子，與成宗、武宗、仁宗均非直系。

臨近八月十五中秋節，秋高氣爽，英宗在拜住陪同下去上都巡遊，在準備返回大都，離開上都到達南邊三十里處休息時，政變發生了。

早有預謀的鐵失，與其弟宣徽使鎖南、知樞密院事也先鐵木兒、大司農失禿兒、前雲南平章政事完者等，以及衛士禿滿以及諸王按梯不花、孛羅、月魯帖木兒等反動政變，將英宗、拜住等殺害，史稱「南坡之變」。鐵失等人謀殺元英宗，是元朝歷史上第一次出現臣子戕害皇帝（大汗）事件，的確非常令人震驚。

政變成功後，按梯不花、也先鐵木兒等按照計畫將傳國玉璽送往草原，迎立晉王也孫鐵木兒。也孫鐵木兒早有準備，於九月初在克魯倫河附近即皇帝位，是為元泰定帝，次年改元泰定。

元泰定帝不費吹灰之力得了皇位，他並非前任皇帝的直系後裔，皇位的取得也是來自別人政變，因此他的內心其實非常複雜。

為了掩人耳目、引導輿論，泰定帝公開宣稱自己是元裕宗真金的長孫，是世祖忽必烈皇帝的嫡系傳人，以此來說明自己做皇帝的正當性、合法性。同時任命倒剌沙為中書平章政事，倒剌沙之兄馬某沙為知樞密院事，控制了政治、軍事兩大樞機部門。

泰定帝覺得還不夠，因為畢竟背負著「政變」之名，為了「洗清」自己，他在草原上就地處死了也先鐵木兒、鎖南、禿滿、完者等人，然後命人在大都將鐵失、失禿兒等一概處斬並籍沒家產。對於擁立自己的諸王，包括按梯不花、月魯帖木兒等，則將他們定罪流放遠地。

泰定帝通過這一系列動作來「證明」自己的清白，但後人還是認為他的皇位係非法獲得。他駕崩後，並未得到標準的漢文廟號、諡號，也未得到蒙古汗號，只好以年號「泰定」命名。

泰定帝的即位詔書，是元朝歷史乃至中國歷史上第一份白話文詔書，至今讀來仍頗有意思：「薛禪皇帝可憐見嫡孫、裕宗皇帝長子、我仁慈甘麻剌爺爺根底，封授晉王，統領成吉思皇帝四個大斡耳朵，及軍馬、達達國土都付來。依著薛禪皇帝聖旨，小心謹慎，但凡軍馬人民的不揀甚麼勾當裡，遵守正道行來的上頭，數年之間，百姓得安業。在後，完澤篤皇帝教我繼承位次，大斡耳朵裡委付了來。已委付了的大營盤看守著，扶立了兩個哥哥曲律皇帝（元武宗）、普顏篤皇帝（元仁宗），侄碩德八剌皇帝（元英宗）。我累朝皇帝根底，不謀異心，不圖位次，依本分與國家出氣力行來；諸王哥哥兄弟每，眾百姓每，也都理會的也者。今我的侄皇帝（指元英宗）生天了也麼道，迤南諸王大臣、軍上的諸王、駙馬、臣僚、達達百姓每，眾人商量著：大位次不宜久虛，唯我是薛禪皇帝嫡派，裕宗皇帝（真金）長孫，大位次裡合坐地的體例有，其餘爭立的哥哥兄弟也無有；這般，晏駕其間，比及整治以來，人心難測，宜安撫百姓，使天下人心得寧，早就這裡即位提說上頭，從著眾人的心，九月初四日，於成吉思皇帝的大斡耳朵裡，大位次裡坐了也。交眾百姓每心安的上頭，赦書行有。」

此詔書係也孫鐵木兒在漠北行在舉行登基典禮時所頒布，係蒙文字直譯為漢文，顯得頗為生澀，也顯示當時泰定帝即位之急迫，以及漠北晉王王帳缺乏漢家知識分子。

泰定帝即位後，追崇父親甘麻剌為顯宗光聖仁孝皇帝（元顯宗），母親普顏怯里迷失為宣懿淑聖皇后，並加封晉王妃八不罕（一作「八八罕」）為正宮皇后，兒子阿速吉八為皇太子。這樣，真金的三個兒子，長子甘麻剌被追授廟號元顯宗，次子答剌麻八剌被追授廟號元順宗，三子鐵穆耳即元成宗。

泰定帝在位五年，政績乏善可陳，基本屬於維持狀態。

那些年，國內災害頻發，草原上雪災不斷，牧民流離失所；中原地震、水災頻頻，百姓生靈塗炭。漢人最高官員、中書平章政事張珪屢屢向泰定帝建言獻策，建議繼續清算鐵失一夥的餘黨、革除弊政、減少皇室奢侈享受等，泰定帝一律不予採納。

「回回人」倒剌沙因為策劃擁立泰定帝有功而位極人臣，在中書右丞相去世後，身為左丞相的倒剌沙實際把持了朝政大權，整個中書省，幾乎成為「回回人」的天下。

三六、元文宗圖帖睦爾：大都和上都哪個拳頭更硬

一三二四年（元泰定元年），也孫鐵木兒立長子阿速吉八為皇太子，阿速吉八年僅四歲。為了培養接班人，泰定帝命人將《帝範》[1]翻譯成蒙古語，取名「皇圖大訓」，教阿速吉八學習。

一三二八年（元泰定帝致和元年）七月，也孫鐵木兒在上都病死，享年三十五歲。

當是時，倒剌沙等一干「回回人」權臣俱在上都皇帝左右，但在泰定帝駕崩後一個月，不知為何都沒有將皇太子阿速吉八推上皇位。

這樣一來，就有變數了。武宗時期，與弟弟仁宗訂立君子之約「兄終弟及，叔侄相傳」，仁宗本應將皇位交給武宗之子和世㻋或者圖帖睦爾，但仁宗變卦了，傳給了自己的兒子英宗碩德八剌。正常來看，英宗之後也會交給自己的兒子，也就是說與武宗的後裔沒什麼關係了。結果發生「南坡之變」，英宗死於非命，暗中運作多年的也孫鐵木兒賺了便宜成為泰定帝。

這次泰定帝駕崩了，按常理應該是太子阿速吉八即位，但倒剌沙莫名其妙沒有立即擁立皇太子上位，結果大都方面出了情況——武宗海山在位時，偏愛使用蒙古人或蒙古化了的欽察人，其中任中書平章政事的欽察人床兀兒，其子燕帖木兒在泰定帝巡遊上都期間留守大都，掌管樞密符印，有軍事力量調動之權，他與西安王阿剌忒納一拍即合，謀立武宗之子為帝。

八月的一天，大都百官上朝時，燕帖木兒等人攜帶武器，要求百官一道擁立元武宗之子，「有

不順者斬」，一些不服從的官員當即被殺或被逮捕。燕帖木兒派武宗朝河南行省參政知事明里董阿、前宣政使答里麻失里等人，星夜兼程前往江陵❷迎接元武宗海山之次子圖帖睦爾。

武宗生前告訴仁宗，仁宗百年以後要由武宗長子和世㻋繼位，為何這會兒燕帖木兒要迎立武宗次子呢？

原因很簡單。仁宗不想傳位給和世㻋，便將他封到雲南。和世㻋不甘心丟掉皇位，逃奔至阿爾泰山，與察合台的後王混在一起。如今雖有機會繼位，但確實路途遙遠，而和世㻋的弟弟圖帖睦爾在湖北，明顯到大都更近，時間和效率是排第一位的，這是其一。

其二，就燕帖木兒而言，他內心忠誠於武宗海山，至於海山的哪位兒子成為皇帝並不重要，重要的是海山的兒子做皇帝。所以，他在面對百官宣誓時說：「武宗皇帝有聖子二人，孝友仁文，天下正統當歸之。」

驚聞大都發生政變，倒剌沙等人才與梁王、遼王等於上都擁立皇太子阿速吉八為帝，改元致和為天順。倒剌沙和支持阿速吉八的諸王派軍從多路向大都方向進兵。

九月初，懷王圖帖睦爾抵達大都，燕帖木兒率百官懇請他早日就位，懷王認為自己不能僭越。燕帖木兒告知人心向背都在瞬間，一旦時機失去將後悔莫及，先做了皇帝再說。

於是圖帖睦爾即位，是為元文宗，當即改元天曆。這樣，元朝同時出現了兩位皇帝：一位是

---

❶〔《帝範》〕唐太宗自撰講述為帝之道的書。

❷〔江陵〕今湖北省荊州市。

「法定」的繼承人阿速吉八，人在上都；一位是前朝「法定」繼承人之一圖帖睦爾。

雙方派出的大軍在長城一線進行了激烈的戰鬥，上都方面的軍隊屢戰屢敗。到十月初，上都被文宗、燕帖木兒的部隊佔領，天順帝死於亂軍之中，倒剌沙、馬某沙、子潑皮等俱被處決，家產被籍沒。

或懾於兄長和世㻋在西北方向的武力，或因長幼有序，應由和世㻋繼承皇位。總之，文宗一開始還是表達出「兄終弟及，叔侄相傳」的意願，於十一月派專使到西北迎接周王和世㻋還大都。

西北蒙古王公大臣皆歡天喜地，諸王、萬戶以及眾多武宗時代人舊臣紛紛跟隨和世㻋向大都方向進發。一路上，各路人等皆以皇帝之禮向和世㻋示好，上都、大都百姓也爭相傳告：「吾天子實自北來矣！」

京城百官和百姓的聲音傳到了文宗耳裡。王公大臣一個個竊竊私語準備迎接和世㻋，這些都讓文宗不安甚至惱怒。

一件新的大事件即將發生。

三七、元明宗和世㻋之死：為了皇位，親兄弟算什麼

到嘴的肉不會捨得吐出來，這是動物界弱肉強食的基本生存法則。作為高等動物的人類，出於進化原因，有了道德、法律、精神等方面的約束與追求，在很多時候人類社會似乎是溫情脈脈又充滿悲天憫人色彩的。然而在權力的遊戲背後，充斥著一張張因為貪欲而變形的臉，充斥著一顆顆因為對利益的瘋狂追逐而扭曲的心靈。

照規矩說，元仁宗駕崩時就應該由和世㻋繼承。假定和世㻋繼承了，那麼在他駕崩之後應該要交給元仁宗之子碩德八剌，這樣才符合海山與愛育黎拔力八達兄弟約好的「兄終弟及，叔侄相傳」。

儘管後人對元仁宗的評價相對不錯，但他確實破壞了與兄長海山的約定，將皇位傳給自己的兒子碩德八剌，同時封和世㻋為周王，命他出鎮雲南，這實則帶有流放性質，希望以此舉措讓和世㻋無法威脅碩德八剌。

但是和世㻋堅定地以自己理應從元仁宗那裡繼承皇位為由，拒不前往雲南上任，反而是逃奔到阿爾泰山以西的中亞地方，去察合台系後王那裡尋求支持和幫助，並且擁兵自重。這的確給年輕的元英宗造成了一些壓力，但由於英宗有拜住等一批元仁宗的舊部輔佐，貌似江山還比較穩固。

沒想到半路殺出個程咬金：元英宗、拜住因對后黨一夥的清洗不夠徹底，以致其「餘孽」鐵失

等人居然發動「南坡之變」，一舉將元英宗、拜住等人襲殺。早有預謀的真金長孫也孫鐵木兒，倒是摘了桃子，當上了皇帝。

就在遠在中亞的和世㻋與定居江陵的親弟弟圖帖睦爾無計可施的時候，元泰定帝在上都離世，權臣倒刺沙等「回回人」官僚集團莫名其妙地沒有及時將泰定帝之子阿速吉八扶上皇位，就在這猶豫間，留守大都的原武宗時期備受信任的中書平章政事床兀兒之子、欽察人燕帖木兒，以對海山家族的赤膽忠心，脅迫百官迎立海山次子圖帖睦爾為帝。

有元一代，伴隨著皇帝大位的血腥爭奪，大臣體系也不斷面臨洗牌。燕帖木兒固然是真心擁戴海山家族，但也有代表著對仁宗、英宗重用儒臣（**或漢化蒙古人**），對泰定帝重用「回回人」，使得欽察人相對不被重視、邊緣化的一種群體性憤怒的意識形態。因此，看似是皇帝為了一己之私而不惜用各種手段去爭奪大位，其背後也不知隱藏了多少大臣的私心與利益。

不管怎樣，敢於弒殺元英宗，標誌著元朝皇帝爭奪戰已經到了新的階段，也是更加赤裸裸、毫無廉恥與顧忌的帝位之爭。

元朝帝位傳承之無序和殘忍、瘋狂，在中國歷史上是非常罕見的。

有了（**刺殺英宗**）的第一次，必然就會有第二次。

就在和世㻋歡天喜地向大都行進，想像著自己承繼大位的風光與威儀時，一場巨大的陰謀也在醞釀並積極準備著。

一三二九年（**天曆二年**）一月，圖帖睦爾委派朝臣中最高官職者、中書右丞相躍里帖木兒專程北上迎接和世㻋，表達奉文宗之命勸進和世㻋為帝。

如當年窩闊台登基汗位一樣，擺開了數不清的巨大穹廬，很多是用草原上不多見的金屬製成的氈包。忽必烈系諸王、東道鐵木真幾位弟弟後裔諸王、中亞察合台系後王、欽察大汗委派的專使、遙遠的伊兒汗國的使者，以及阿美尼亞國王、谷兒只國王、埃及蘇丹、歐洲基督教教會的代表等歡聚一堂，共同見證這一場許久不見的登基大典。

與長期在中原漢人地方成長的圖帖睦爾不同，其兄長和世㻋更像一位蒙古人，因此他刻意留在蒙古高原以祖先繼承汗位的形式，以無比盛大、彰顯游牧帝國時代的規模，潛意識中在展示自己的價值觀，而不是按照最初圖帖睦爾的建議到大都或上都舉行儀式。因為在和世㻋看來，無論是大都還是上都都是標準的漢人城市，而他要做包括漢人在內的全體被征服者的統治者，因此只有在草原上、在蒙古包方能展示威儀。

和世㻋向天舉誓，是為元明宗。

四月，第二輪讓和世㻋開心的時刻到來了：燕帖木兒從大都來到明宗駐蹕地，率百官一起獻上皇帝寶璽。明宗感恩於燕帖木兒與其父床兀兒兩代人對海山一族的赤膽忠心，於是拜燕帖木兒為太師，授中書右丞相，開府儀同三司、上柱國、錄軍國重事、監修國史、答剌罕[1]、太平王，可謂位極人臣。

---

[1] 〔答剌罕〕蒙古語意為自由、不受管轄者。元代成為一種世襲封號和特權，包括「宴飲樂節如宗王儀」；允許宿衛佩帶箭筒；圍獵時獵獲的野物歸自己獨有；出征時搶掠的財物歸自己獨有；九罪不罰；免除賦稅；無須獲得許諾，隨時可入宮禁；自由選擇牧地。

明宗當然也不是傻子，他授父皇時代舊臣哈八兒禿為中書平章政事，授伯帖木兒為知樞密院事，授孛羅為御史大夫，就這樣在已被文宗奠定格局的朝廷重要的行政、軍事、監察部門安插了自己的嫡系。

明宗志得意滿，慢悠悠地率領百官大臣向南方大都方向行進。

八月初，已到達王忽察都境內，距離大都不過一箭之遙，遜位的弟弟圖帖睦爾覲見明宗，執禮甚恭，親兄弟和諸王子歡聚一堂，一派祥和景象，天天大宴、頓頓大餐。

結果第四天，年僅二十九歲的明宗暴斃而亡，明眼人很清楚這是一場蓄謀已久的行動。因為在明宗突然駕崩後，是一連串讓人眼花撩亂的動作，沒有一絲慌亂，甚至「井井有條」。比如，燕帖木兒立即以明宗皇后的名義，將所管理的皇帝寶璽授給文宗。同時，為戒備明宗舊臣「疾驅而還」，與文宗一起迅速離開明宗死難地，很快抵達有重兵把守的上都。

還有一個可資證明明宗之死並非意外事件的事實是，文宗重新登基後，給予燕帖木兒的封賞可謂到了極致，連封其三代，而且讓當時著名的文學家馬祖常在大都北郊為燕帖木兒勒石記功。勒石記功，一般是有天大的功勞才有此殊榮，比如漢代的「封狼居胥」「勒銘燕然」。

一三二九年年，明宗即位後，並未更改年號，這是因為和世球是蒙古游牧文化特徵更為明顯的一位皇帝，對於年號這類標準的漢人文明特徵並不敏感，因此沿用了文宗的天曆年號。

次年，大局已定的文宗，龍顏大悅，下令停用天曆三年，改元「至順」。的確，至為順利啊。

文宗在官銜上，更是給予燕帖木兒以無比的榮耀，據《元史・燕帖木兒傳》記載：「帝（元文宗）又以屢頒寵數未足以報大勳，下詔命獨為丞相以尊異之。略曰：『燕鐵木兒勳勞唯舊，忠勇多謀，奮大義以成功，致治平於期月，宜專獨運，以種秉鈞。授以開府儀同三司、上柱國、太師、太平王、答剌罕、中書右丞相、錄軍國重事、監修國史、提調燕王宮相府事、大都督、領龍翊親軍都指揮使司事。凡號令、刑名、選法、錢糧、造作，一切中書政務，悉聽總裁。諸王、公主、駙馬、近侍人員，大小諸衙門官員人等，敢有隔越聞奏，以違制論。』」

這是目前文字記載中有元一代，給予勳臣最多、最大、涉及面最廣的頭銜，上述職銜也就是「一人之下，萬人之上」了，可以說不是皇帝的皇帝。史載，燕帖木兒亦挾有大功於皇家，肆無忌憚、驕奢淫逸、荒淫日甚。

三八、燕帖木兒還要控制皇權多久

元文宗圖帖睦爾自小生長在漢地，與其兄長、明宗和世㻋的文化修養顯著不同。在元朝所有皇帝中，文宗的漢文化修養最好，不僅擅寫詩文，而且畫得一手漂亮的中國水墨山水畫。《元詩選》中，錄有文宗《望九華》《自集慶入正大統偶吟》兩首詩作。

正因為如此，文宗剛登基就出臺一系列尊儒舉措。如設立高規格的奎章閣學士院，專門編制有大學士兩名。設立這一機構的主要目的，在文宗看來是「日以祖宗古訓，古昔治亂得失陳說於前，使朕樂於聽聞」。其一，集中一批研究人員和專家，總結歷朝歷代皇帝執政之得失、興亡之道理，以供他借鑑。其二，作為一個宮廷教育基地，這裡集中了優秀的學者讓皇帝易於接受更優化集成的學術成果。

奎章閣創立後，集中了一批當時頂尖的儒生大家，包括趙世延、宋本、歐陽玄、沙剌班、蘇天爵等。但是，實際掌控奎章閣的燕帖木兒和伯顏（一二八〇—一三四〇年，蔑兒乞人，權臣），並不希望看到一個漢化的、本土化的、儒家化的機構，因此僅僅將奎章閣的影響與權力把控在宮廷內部，而不是像文宗所憧憬的成為治國理政的助手和參謀機構，因此那些大儒只好於一三三〇年辭職了。在元文宗去世後不久，這一機構乾脆被權臣伯顏撤銷了。

另外，在奎章閣開創和運作的那兩年，文宗與燕帖木兒一直「惦記」如何將明宗和世㻋消滅掉。在和世㻋暴亡後，燕帖木兒幾乎壟斷了朝政所有權力，因此奎章閣的運作實際上並不由文宗說了算，得按照燕帖木兒的安排來進行。

比如，燕帖木兒希望美化將當朝事項，於是讓文宗下令奎章閣總編輯，翰林國史院配合，編纂了《皇朝經世大典》，於一三三一年完成，體例參考了《唐會要》《宋會要》等經典皇家書籍又有所創新。全文共分十篇，八百八十卷。

據《元文類》所收《經世大典序錄》記載，全書十篇分別是：君事四篇，即帝號、帝訓、帝制、帝系，別置蒙古局負責修纂；臣事六篇，即治典、賦典、禮典、政典、憲典、工典，各典複分若干目。

該書已殘缺，所餘不足原文的百分之二三，明初修《元史》時多有引用，《永樂大典》亦予輯錄。其內容涉及元代市糴糧草、倉庫、招捕、站赤、急遞鋪、海運以及高麗、緬甸等藩屬國事，為後人研究元代社會經濟、朝廷政治、軍事攻伐、工藝技術、中外關係等提供了彌足珍貴的資料。

比如，據《皇朝經世大典・站赤》記載，元朝時期，在全國建設的驛站達一千五百餘處。驛站設置布局的範圍很廣，東連高麗，東北接奴兒干❶，北達吉利吉思❷，西通伊兒汗國，西南抵烏思藏❸、南接安南❹、緬國❺。

❶〔奴兒干〕今外東北俄羅斯境內，即明代的奴兒干都司。
❷〔吉利吉思〕地處今俄羅斯西伯利亞。
❸〔烏思藏〕今西藏。

元代的驛站有水陸之別，陸地驛站一般使用馬、牛、驢、狗為交通工具；水上驛站使用船；驛站一般由固定的站戶服役，很多站戶為世襲；各驛站所置站戶及交通工具數額不等，由管理機構依據該驛站業務量的繁閒程度而核定；元代驛站根據規模分為不同等級，大型驛站設置驛令，小型驛站設置提領，在重要關口、要道交會之地置脫脫禾孫（蒙古語意為「查驗者」）；各地驛站歸地方官府提調，統隸於通政院、中書省兵部；享受驛站提供服務的人員須出示元廷所發的圓符、鋪馬驛旨等信物，方可得到站戶的服務。

可見元代的驛站功能已經超過古代的驛站，有了新的發展。畢竟元代疆域遼闊，還有欽察、察合台、伊兒等汗國，以及西北諸王、東道諸王等各類獨立性不一的宗室，都需要與元廷進行各種公文、人員、物資等方面的往來，因此元代驛站的「業務量」遠遠超過各個時代。

另外，元代脫胎於游牧族群劫掠習俗而來的財富濫加賞賜、贈予的不良傳統，相互間動輒就是大量金銀財富的交換或者犒賞、賄賂，因此也需要中途有各個驛站進行服務或轉遞。

元代賞賜之巨，令人咂舌：武宗即位不足半年時就已濫加賞賜和揮霍了四百二十萬錠，而支持他上位的宗室求賞的一百萬錠居然還欠著，類似今天的「打白條」（賒帳）。到文宗在位的至順年間沒有戰事，但朝廷經費缺口竟然達兩百三十九萬餘錠，很大一部分就是因為不斷的皇位之爭和迅速更迭的皇帝。

從成宗開始，元朝諸帝都比較短命，因此皇位之爭頻仍，新皇帝剛剛賞賜完支持者，很快又一位新皇帝上臺，也要如法炮製來犒賞支持者。武宗即位時，賞賜用去黃金三萬九千六百五十兩、銀一百八十四萬九千零五十兩、鈔二十二萬三千二百七十九錠等；英宗即位時，賞賜用去黃金五千兩、銀七十八萬兩、鈔一百二十一萬一千貫等；泰定帝即位時，賞賜用去黃金七百餘錠、銀三萬三千錠等，到文宗即位時，僅賞賜燕帖木兒一人就將本已空虛的國庫再次搜了個底兒朝天。勤勞的漢人，是元朝統治階級不斷獲取財富的主要壓榨對象，而更加勤勞的江南人民則被壓榨得無以言表。

從北宋起直至元末，近兩個半世紀設立的平江路，治所在今江蘇蘇州市，其轄區主要在江南，物華天寶、沃野千里，僅文宗賞賜燕帖木兒一次就是優質的「平江田」五百餘頃。假定一頃地由一戶人家耕種，那就相當於文宗讓五百戶農民「租種」燕帖木兒的水田。要知道，這只是燕帖木兒在平江路獲得的一次田地賞賜而已。

儘管燕帖木兒控制著大部分朝政，但畢竟文宗是皇帝，他還是可以做一些自己喜歡的事情。比如，剛剛改元至順，他就加封孔子的父母，並封孔子弟子顏回為兗國復聖公，子思、曾子、孟子等都相應地予以加封。此外，還把漢代首倡「罷黜百家，獨尊儒術」的董仲舒列入孔廟一同祭祀。

元朝皇帝的奢靡生活，在歷朝歷代中是罕有的。幾乎每一位元朝皇帝，即使是比較注意節儉的仁宗、英宗、文宗在物質消耗上也都非常奢華，只有武宗、泰定帝稍好些。

元朝帝位傳承的無序，造就了權臣生死的無序，元廷朝政始終不能走上正軌，而長期處在黑暗的政治狀態，偶有皇帝任用了賢臣力圖有所作為，但皇帝命短，清明政治不過是曇花一現。

❹〔安南〕今越南。
❺〔緬國〕今緬甸。

燕帖木兒原本忠誠於元武宗海山家族，在海山兩個兒子和世㻋與圖帖睦爾之間保持中立的角色。但是和世㻋回來的路途遙遠，先到大都的懷王圖帖睦爾即位，而和世㻋還在遙遠的阿爾泰山以西向大都方向移動。文宗「做通了」燕帖木兒的工作，讓他不顧一切地完全倒向自己的一邊。這個時候，燕帖木兒的腦海裡怕是完全沒有了什麼道德規範，他要與文宗綁成堅不可摧的利益共同體。

有人曾有過疑問：畢竟明宗和世㻋待燕帖木兒也不薄哇，在哈拉和林剛舉行登基大典，就頒授燕帖木兒最高的官階了，燕帖木兒為何還要下毒手害死明宗呢？

史籍中沒有詳細的記載，不過可以大概推測，對於燕帖木兒來說，除了忠誠於元武宗海山家族，保證皇位落仍在海山兒子之手，他可能更加注重「三觀」的一致性。燕帖木兒祖上雖為欽察突厥人，但祖輩世受皇恩，代代為官，他生長在大都，必然在文化薰陶方面與明宗有顯著的不同。明宗、文宗都不約而同授予他同一個職務——監修國史，說明燕帖木兒的文化修養頗高，這一點從後來他作為總監製的《皇朝經世大典》的成就可見端倪。這樣的文化涵養，與明知要繼承帝位卻在路上打獵玩耍、豪宴連連的明宗形成鮮明對比。燕帖木兒也喜歡奢華，但他知道輕重，起碼他知道皇位的重要性，因此一定與明宗在這方面有不同的觀念。

燕帖木兒先擁立為帝的是文宗，文宗在大都已經搭建了以燕帖木兒為首的官僚體系或利益共同體。明宗即位後，雖然同樣給予燕帖木兒高位，但他深知以明宗的價值觀一定會更多地使用在中亞時的各種支持勢力，以及自己的人馬，所以他未來不會受到像文宗那樣的信任，明宗也一定不會在任用官員問題上聽任他的意見。

種種因素，必然導致燕帖木兒果斷地與文宗抱團成為利益共同體，他也確實因為毫無保留地支持文宗，得到了所有人都不敢想像的權力。

但是燕帖木兒心理並不踏實，原因有二：其一，明宗被暗殺了，但他有兒子，尤其是長子妥懽帖睦爾，雖然在父親離世時尚年幼，但畢竟目睹了全過程；其二，文宗的皇位雖說高枕無憂，但篤信藏傳佛教的文宗夫婦，一直為戕害親哥哥明宗一事受到良心譴責，據說甚至想把皇位交給侄子妥懽帖睦爾。

這讓燕帖木兒非常恐懼，一旦文宗不在人世，或者文宗在世時將皇位交給明宗之子，別說榮華富貴了，他恐怕連小命都不保。

於是，燕帖木兒利用職權積極採取措施：首先在利用明宗皇后八不沙名義讓文宗成功復位後，與文宗后卜答失里一起，害死了明宗的皇后；其次，將明宗長子、九歲的妥懽帖睦爾送往人跡罕至的藩屬國高麗之大青島；最後，督促文宗立自己的長子阿剌忒納答剌為皇太子。

一切似乎都在燕帖木兒的掌控之中，但人算不如天算，皇太子阿剌忒納答剌居然因病夭折了。這下子，連文宗也一病不起。

臨終前，文宗將皇后卜答失里、次子燕帖古思以及燕帖木兒叫到床榻前做了最後的政治交代，大意是害死明宗是自己平生最大的錯誤，此後幾乎每天以淚洗面、夜不能寐、追悔莫及，「我雖然愛二子燕帖古思，但這個皇帝之位應該是明宗的後人來繼承。你們如果聽我的，那就把妥懽帖睦爾請回來做皇帝吧，這樣我到陰間見到哥哥也好有個交代，能免責了」。

說完這番話，文宗就駕崩了，享年二十九歲。

但是，文宗再溫情的話語，又怎麼可以打動見多了人間冷暖的燕帖木兒呢？何況，妥懽帖睦爾一旦即位，燕帖木兒怎麼會有好果子吃呢？

燕帖木兒非常狡猾，公然隱藏了文宗立妥懽帖睦爾的遺詔，暫時由太后監國，而意欲立文宗之子燕帖古思，朝廷上下懾於燕帖木兒的威權，竟然無人敢言。

太后卜答失里堅持按照文宗遺訓辦事，即迎立明宗長子妥懽帖睦爾為帝。燕帖木兒堅決不從，與太后反覆博弈，兩人最終達成妥協，將明宗幼子懿璘質班擁立為帝，是為元寧宗。燕帖木兒認為懿璘質班歲數小，比妥懽帖睦爾易於把控。

就在燕帖木兒以為一切都以自己的意願和安排進行的時候，意外再次發生：寧宗在位僅一個月就夭折了，這標誌著元朝開始從中期走向末期。

寧宗駕崩後，燕帖木兒要立文宗次子燕帖古思為帝，但這一次太后卜答失里沒有聽燕帖木兒的，而是堅決執行文宗生前遺命，即由妥懽帖睦爾承繼大統。

妥懽帖睦爾自小命運多舛，被流放到高麗後，文宗、燕帖木兒下令不許他與外界接觸，但是高麗人頗為同情他，在生活上接濟他、照料他，甚至傳出高麗人支持妥懽帖睦爾即位的消息。消息傳到元廷，文宗、燕帖木兒非常恐慌，他們商量後對外聲稱妥懽帖睦爾不是已故明宗的親生兒子。這個謊言壓根就沒人信。無奈之下，文宗同意燕帖木兒的提議，將妥懽帖睦爾從高麗軟禁之地押回，流放到今廣西桂林。妥懽帖睦爾在桂林得到了高僧和當地百姓的悉心照料與教育。

元廷派出中書左丞相闊里吉思，專程前往廣西接妥懽帖睦爾來大都。

妥懽帖睦爾一行到達大都郊區良鄉時，燕帖木兒親往迎接。他與妥懽帖睦爾齊頭並進，說明希望擁他為帝，此舉實際上是在試探妥懽帖睦爾。

妥懽帖睦爾當時年僅十三歲，一時嚇得不敢回答，但燕帖木兒不認為他是害怕而不敢回答，反倒懷疑他受了教唆。

待妥懽帖睦爾到達大都，燕帖木兒居然違抗太后之命沒有立妥懽帖睦爾為帝。得到燕帖木兒授意的司天監太史，也說夜觀天象知妥懽帖睦爾不可立，立則天下亂云云。如此一來，寧宗駕崩後，元朝的皇位竟然空缺達半年之久，直到燕帖木兒離世才無人阻擋。

三九、元朝權臣，沒有最狠，只有更狠

燕帖木兒權盛一時，簡直凌駕於元朝皇室之上。他迎娶泰定帝的皇后為夫人，納元朝宗室的公主四十餘人為妾，日日鶯歌燕舞，終於在一三三三年（元至順四年）五月，因縱欲過度而亡。

皇太后卜答失里在明確自己的二子燕帖古思為妥懽帖睦爾繼承人後，正式擁立妥懽帖睦爾為帝。一三三三年六月，妥懽帖睦爾即位於上都，是為元順帝（**元朝廟號惠宗，明朝謚號順帝**），改元元統，並封燕帖木兒之女答納失里為皇后，封燕帖古思為皇太子。

燕帖木兒已故，雖然關於百官的安排也得聽從其他人的意見，但是妥懽帖木兒畢竟少了很多束縛，於是委任伯顏為太師、中書右丞相，封秦王。

直接給予這樣高的權爵，是因為燕帖木兒尾大不掉，依然在朝中有很強的勢力，他的弟弟撒敦就是中書左丞相。小小年紀的妥懽帖睦爾不得不嘗試進行危險而有趣的權力制衡。

此伯顏不是元世祖、元成宗時期的那位伯顏。元順帝重用的伯顏是元武宗時期的舊臣，蔑兒乞部人，十五歲起就在海山身邊做侍衛（**怯薛**）。怯薛一般為世襲，多由宗室、貴族子弟出任，擔負皇帝（**大汗**）侍衛等工作，深受皇帝信任，經常得到封賞。做怯薛也是一條晉升的捷徑。

元世祖、元成宗命海山征伐海都等窩闊台系、察合台系汗王的叛亂時，伯顏就立有戰功。海山受封懷寧王後，賜伯顏巴特爾（**蒙古語意為「英雄」或「勇士」**）稱號。

海山即位後，伯顏官拜吏部尚書，負責為武宗「考核幹部」，後被拔擢為中書平章政事，領右阿速衛親軍都指揮使司達魯花赤，也就是兼任武宗御前侍衛軍中一支的全權負責人，可見伯顏被武宗信任之深。

仁宗繼位後，伯顏實際上被猜忌了，未被安排在朝中任職，而是出任周王（後來的明宗和世㻋）府中的一個閒散職務，後外放任河南行省平章政事。

泰定帝在位期間，伯顏也沒沒無聞。燕帖木兒發動政變，伯顏積極支持擁立武宗之子。文宗圖帖睦爾即位，伯顏因擁戴有功被授予御史大夫、中政院使等職。明宗在哈拉和林登基時，拜伯顏為太子詹事、太保。文宗復位後，授伯顏中書左丞相等職，加封浚寧王。

在武宗及其兩個兒子明宗、文宗，及至明宗之子順帝那裡，伯顏可謂「代代紅」。在文宗朝，由於燕帖木兒過於招搖，人們往往忽略了伯顏。其實伯顏是政治地位僅次於燕帖木兒的重臣，他很多的劣行甚至超過了燕帖木兒。

一三三五年（**元順帝至元元年**），燕帖木兒之弟撒敦去世，這樣一來，燕帖木兒家族的勢力就大大削弱了。接替撒敦任中書左丞相的唐其勢，是燕帖木兒的兒子。唐其勢看到伯顏日益權重非常不滿，說：「天下是我家天下也，伯顏何人，而居吾上？」也是啊，唐其勢的妹妹答答失里還是妥懽帖睦爾的正宮皇后呢。

唐其勢與他的另一位叔叔答里開始策劃準備殺掉伯顏一夥，廢黜順帝妥懽帖睦爾，另立文宗義子塔剌海（**實為燕帖木兒之子，唐其勢的親弟弟**）。

誰知道天下無不透風的牆。文宗皇后、當朝太后卜答失里早已和伯顏明鋪暗蓋，唐其勢等人的行動被卜答失里知道了，此事迅速傳到了伯顏耳朵裡。

伯顏立即起兵，粉碎了唐其勢等人的政變，相關人等都被殺了。伯顏將燕帖木兒的女兒、皇后答納失里逐出皇宮後殺死。

原本就很脆弱的元廷政治平衡瞬間被打破了。伯顏用尖刀上的鮮血證明了自己才是大元天下最有權力者，也開啟了有元一代政治上最為黑暗的一頁。伯顏可以說是元朝最壞的丞相，元朝走向窮途末路固然有很多原因，但伯顏的所作所為成為元朝滅亡的直接緣由和導火線。

四〇、史上官銜字數最多者

從肉體上清除了燕帖木兒的兒子唐其勢、女兒答納失里，標誌著燕帖木兒權臣家族的覆滅，從此元廷開啟了伯顏專權時期。史載，他「獨秉國鈞，專權自恣，變亂祖宗成憲，虐害天下，漸有奸謀」。伯顏較之權臣燕帖木兒，有過之而無不及。

伯顏打著改革的旗號，進行復辟行動，也就是「變亂祖宗成憲」。與燕帖木兒相比，伯顏更加野心勃勃，更加希望回到忽必烈以前甚至窩闊台、貴由時代的社會，即蒙古人依然過著生殺予奪、肆意游牧、任意佔有農耕人民財富的日子。

他試圖重新建立自己頭腦中的「烏托邦」。

開啟於一三一五年的科舉時斷時續，在員額上對漢人減少了很多，而給予蒙古人、色目人優惠條件。但不管怎麼說，廣大漢人得以有一個相對公平的機會，通過制度化的考試進入官僚系統來實現自己或奉獻給江山社稷、或光宗耀祖的人生目標。整個元朝官員系統中，漢人的比例已經不低於百分之七十。

蒙古人進入中原已較長時間，儘管人口不多，但作為統治階級就能擁有強大的權力資源和話語權。很多漢人與蒙古人進行結合，甚至使用蒙古語和蒙古式的名字，也有很多蒙古人熟習中原文化，喜歡中原生活，幾乎成為一名漢人。到元順帝即位時，整體上蒙古人和漢人的界限已經非常模糊了。

比如，與伯顏一起做過元武宗海山侍衛的克烈部人阿榮，喜歡打麻將和踢蹴鞠，偏愛江南的山水和中國水墨畫，與漢人中的著名文化人往來密切。

上述這些，都是伯顏極其反感的，也是他要「改革」和「糾正」的。

伯顏希望看到的是蒙軍初入中原的情景：蒙古人是自由自在的、完全隨意的，而漢人包括南人（**其實都是漢人**）必須住在固定的地方，不可以隨便遷徙流動；禁止漢人學習蒙古語，當然也禁止蒙古人學習漢語；下令沒收所有鐵質農具（**因為擔心會變成武器，他甚至一度想把所有漢人家中的菜刀等金屬餐具都沒收**）；禁止漢人演唱和傳播傳統戲曲戲劇，不允許說書人這一古老曲藝形式存在（**理由是擔心漢人煽動反對蒙古人**）。

一三三五年，伯顏下令取消元朝的科舉制，極大觸動了包括蒙古人在內的百姓利益，因為科舉已經不僅僅是漢人的一項人生追求，也成為很多出身寒微的蒙古人、色目人得以進身官宦的途徑，但是他們的夢想都破滅了。那一年，伯顏上奏順帝云：「陛下有太子，休教讀漢兒人書。漢兒人讀書，好生欺負人。」

伯顏總感覺「有人謀害朕」，連諸王也不放心。比如一三三八年被他處死的郯王徹徹禿，就是因為喜歡儒生，與漢人往來較多，就被懷疑而濫加罪名殺害。徹徹禿系元憲宗蒙哥之後裔，根據黃金家族傳統一般血親都不讓流血而死，因此順帝提議賜死即可，但伯顏堅持斬首。此外，元世祖忽必烈的兩位後裔諸王，也被伯顏打擊排斥。

「溥天之下，莫非王土」，伯顏也是王，因此天下有他很多的田地：泰定帝曾賜河南田五千頃，順帝賜田五千頃，又賜薊州寶坻縣田若干。伯顏得到的黃金、幣帛等賞賜更是無法計數。伯顏甚至在一幫小人慫恿下，差點兒得到元世祖忽必烈一樣的稱號「薛禪」（蒙古語意為「賢明」）。

伯顏把持朝政的時期，藏傳佛教僧人的地位也到了極致。

前邊提過，蒙古人最初的宗教信仰就是薩滿教。在征服進程中，蒙古人在不同的地方遇到了不同的宗教，在中原遇到了道教、漢傳佛教和儒家學說；在中亞遇到了信奉漢傳佛教的西遼人、畏兀兒人，也遇到了信奉伊斯蘭教的花剌子模人；在西亞遇到了信奉伊斯蘭教的波斯人、阿拉伯人；在南俄草原遇上了信奉東正教的斡羅思人。後來，隨著薩迦班智達、八思巴等人對元廷的影響加大，以大安閣辯論為標誌，元朝統治階級一邊倒地信奉了藏傳佛教，皇室和貴族對藏傳佛教的信仰幾乎到了走火入魔的地步。

伯顏也是如此，他甚至在家中常年「養」著一位藏傳佛教巫婆，凡事皆從其計。一次，伯顏問她吉凶以及自己未來生死，那巫婆隨口一說「當死南人手」。所謂南人，就是淮河以南原南宋地方的漢人。這話一出，伯顏當即深信不疑，開始了對漢人的種種限制和迫害措施，包括漢人不能養馬，在朝官中也堅決不用漢官。到後來，他竟然荒唐地設想殺絕漢人中的「張、王、劉、李、趙」五大姓。

伯顏及其團夥的倒行逆施，使得整個社會處在崩潰邊緣。在他把控朝政的七八年間，廣西、福建、江西、河南等地不斷發生起義，即使這樣仍然過著極其腐敗的生活。他在一三三八年過壽誕時，前來祝壽的官員堵塞了整個街道，甚至有一位漢人官員險些被踩死。

伯顏不僅要利，也要官銜名頭。

當年，奸相燕帖木兒的官銜有五十三個字，而伯顏的官銜居然有兩百四十六個字！

讓我們「欣賞」下他的官銜吧：元德上輔廣忠宣義正節振武佐運功臣、太師、開府儀同三司、秦王、答剌罕、中書右丞相、上柱國、錄軍國重事、監修國史、兼徽政院侍正、昭功萬戶府都總使、虎符威武阿速衛親軍都指揮使司達魯花赤、忠翊侍衛親軍都指揮使、奎章閣大學士、領學士院知經筵事、太史院、宣政院事、也可千戶哈必陳千戶達魯花赤、宣忠斡羅思扈衛親軍都指揮使司達魯花赤、提調「回回」司天監、群牧監、廣惠司、內史府、左都威衛使司事、欽察親軍都指揮使司事、宮相都總管府、領太禧宗禋院、兼都典制、神御殿事、中政院事、宣政侍衛親軍都指揮使司達魯花赤、提調宗人蒙古侍衛親軍都指揮使司事、提調哈剌赤也不斡察兒、領隆祥使司事。

最多字數的官銜，也不能保證伯顏能夠平平安安。

四一、物極必反，叔侄相爭

伯顏的貪婪與胡作非為到了令人髮指的地步。燕帖木兒敢娶元泰定帝的老婆，伯顏就敢勾搭當朝太皇太后卜答失里。據《元史》記載：「（伯顏）數往太皇太后宮，或通宵不出。京師為語曰『上把君欺，下把民虐，倚恃著太皇太后』。」

伯顏專權和肆無忌憚造成了元朝國政凋敝，整個社會處於大變革的前夜。伯顏的侄子脫脫，感到事態嚴重，對其父馬札兒台說：「伯父驕縱已甚，萬一天子震怒，則吾族赤矣。曷若於未敗圖之。」為了保住家族的整體利益，避免前朝屢屢出現的權臣最後被株連九族的悲慘結果，他決心採取果斷措施，以家族內部鬥爭的形式進行權力轉移，以最大限度減少惡劣影響。

脫脫係伯顏弟弟的兒子，自小被伯顏養大，按說應該與伯顏情同父子。但脫脫本人自幼受到良好的儒家教養，為人頗有城府，亦有公平、正直之心，係有元一代罕有的賢相、良相。雖然年幼，但被伯顏控制著的元順帝妥懽帖睦爾也一直被深深地壓抑著。為了幾位開罪伯顏的黃金家族諸王的死法，妥懽帖睦爾就不知向伯顏求過多少次情，目的是希望盡量按照祖訓採用不流血的方式，比如裝入袋子沉入河中，或者用毒酒鴆殺等，但伯顏就是強行以聖旨名義進行公開斬首，這讓年幼的妥懽帖睦爾感覺身為皇帝無地自容，後脊梁不斷感受到深深的寒意。

一天，順帝與脫脫交流時，兩人禁不住相視而泣，議定採取措施處置伯顏。

利用伯顏出大都城打獵而疏於防備之機，脫脫下令親信舉事，在伯顏回城時傳聖旨，曰：「諸道隨從伯顏者並無罪，可即時解散，各還本衛，所罪者唯伯顏一人而已。」伯顏要求入京向皇帝辭行，脫脫不允許。伯顏所帶領的軍人見其失勢，頓時作鳥獸散。這時，元順帝下詔，云：「朕踐位以來，命伯顏為太師、秦王、中書大丞相。而伯顏不能安分，專權自恣，欺朕年幼……變亂祖宗成憲，虐害天下。」伯顏被免中書右丞相，貶於河南，任河南行省左丞相。

在清除伯顏的過程中，順帝得知了父皇（元明宗和世㻋）死亡的真相，勃然大怒，將與伯顏私通的太皇太后流放，同時將文宗之子、儲君燕帖古思外放至高麗。燕帖古思於途中被殺。順帝又徙伯顏於廣東。伯顏在被解送的途中病故。

脫脫的計謀果真是高明的。伯顏本人的政治生命被終結後，順帝出於對脫脫「大義滅親」的鼓勵，不僅賞賜了無數奇珍異寶，而且任命脫脫的父親、太保馬札兒台為太師、中書右丞相，因此大權依然在脫脫家族之中。在驅逐伯顏中有功勞者皆被提拔，以示酬勞。知樞密院事踏馬赤晉升為太保，太尉塔失海牙晉升為太傅，脫脫本人被任命為知樞密院事，脫脫弟也先帖木兒為御史大夫等。

但是，脫脫父親馬札兒台與伯顏真心是親哥兒倆，連毛病都如出一轍：做丞相不到一年就熱衷經營運作「商業地產」大肆斂財，比如在大都周邊開設酒樓、酒廠，甚至公然插手國家壟斷的鹽業專賣，讓所有人為之側目。脫脫看在眼裡急在心上，通過「告御狀」讓順帝罷免了馬札兒台的丞相職務，僅保留太師這樣一個無甚實權的職級，而脫脫本人則被任命為中書右丞相。

鑑於「天子（元順帝）圖治之意甚切」，脫脫大刀闊斧地廢除了伯顏積弊已久的各類政策，元朝國政面目為之一新，史稱「脫脫更化」。

脫脫的改革得到了兩方面極為重要的支持，一個來自順帝毫無保留的信任和支持，一個來自脫脫的老師、儒生吳直方。首要的更化措施就是恢復被伯顏下令停止了的科舉制度，引導各族人士攻讀儒學，在一定程度上緩解了統治階級與廣大知識分子的矛盾。

文宗時期設立的奎章閣，其作用雖然因為奸相伯顏專權受到很大限制，但畢竟機構和基礎尚在。脫脫在順帝的支持下將奎章閣改為宣文閣，一方面選拔優秀儒生，給包括順帝在內的年輕宗室子弟傳道授業，一方面將《貞觀政要》等一批治國理政經典翻譯成蒙文，供蒙古子弟學習。

脫脫還針對伯顏在位時期對諸王濫殺造成的皇室與宗室緊張的關係進行了調整，對於被錯殺、冤殺者進行平反昭雪，維護了統治階級內部的團結。

主持編纂《宋史》《遼史》《金史》「三史」，是脫脫對於中國歷史的一項重大貢獻。他以中書右丞相之職而身兼都總裁官，鐵木兒塔識、賀惟一、張起巖、歐陽玄、揭傒斯、呂思誠為總裁官，廉惠山海牙等人為修史官。在當時國庫十分困窘的情況下，脫脫勉力爭取通過各種途徑來籌措經費，最終有力地保障了「三史」的撰寫。

解決誰是正統，是「三史」修撰的首要任務。在順帝的支持下，脫脫以「各與正統，各系年號」來統一思想，解決了元朝立國以來長期沒有得到清晰認知的問題，也大大加快了修撰速度。

「三史」修撰，始自一三四三年（元順帝至正三年），至次年三月即完成《遼史》，次年十一月即完成《金史》，再過一年的十月完成《宋史》。不足三年時間，修撰完成總計七百四十七卷的三朝歷史，可謂大功。儘管在修「三史」的後期，脫脫已辭去丞相職務，但整體的功勞，還是應該記在他的頭上。

四二、元末大亂，哪個有力回天Ⅰ

元順帝繼位後，雖有勵精圖治之心，也確實任用脫脫在多方面進行了革弊立新的努力，但天下之覆亡似乎不以哪個人的意志為轉移。脫脫的一些良策，儘管在當時看來似乎頗有成效，但今天觀之無非是曇花一現，至多延緩了元朝的覆亡而已。

當時黃河水患頗為駭人。

早在一二三四年（南宋理宗端平元年），蒙軍聯手南宋軍隊攻克蔡州滅金以後，南宋欲趁機恢復北宋舊有疆域之汴京一帶。沒想到蒙軍突然揮師南下，在開封城北二十餘里處的寸金淀決口黃河以灌南宋軍，由此造成黃河由封丘南、開封東至陳留、杞縣分為三股：一股由杞縣、太康經陳州匯潁水至潁州南下入淮；一股經鹿邑、亳州等地匯渦河入淮；一股經歸德、徐州，合泗水南下入淮。這樣，黃河浩浩蕩蕩，分為三流奪淮入海，為後世留下了水利隱患。

到元初時，三股河道經常決堤氾濫、威脅運河漕運，有時甚至十多處同時決口，使得中原地區苦不堪言。到了元末，水患愈演愈烈。據《元史》載，「至正四年（一三四年）夏五月，大雨二十餘日」，以致「黃河暴溢，水平地深二丈許，北決白茅堤」。

此後短短一個月時間，黃河「又北決金堤」，黃河流域之濟寧、單州、虞城、碭山、金鄉、魚台、豐、沛、定陶、楚丘、武城，以至曹州、東明、巨野、鄆城、嘉祥、汶上、任城等處都遭到大水洗劫，「民老弱昏墊，壯者流離四方」。

《元史》還記載：「至正四年五月，應州大水。」可見此次黃河水患波及面甚廣，河南、山東、江蘇、河北等地都有遭災，可以說幾乎遍及了中原。這次水患固然與連天陰雨有關，但主要歸咎於黃河南下三股奪淮的隱患。

古代在以農耕為主的中原地方，治理黃河流域的水患是歷朝歷代極為重視之事，因為直接關乎王朝興衰。元順帝和脫脫也高度重視黃河水患的治理。脫脫舉薦賈魯治理黃河。

賈魯是今山西省高平人，仕途較順利，曾任戶部主事、中書省檢校官、監察御史等職，還曾以《宋史》局官身分參與了脫脫主持的遼、宋、金三史的編纂。賈魯在工部郎中任上時，恰逢黃河再次發水，於是在脫脫支持下請纓治理水患。

順帝命賈魯「行督水監」。賈魯循行河道，考察地形，總結了兩條治河方案：「其一，議修築北堤，以制橫潰，則用工省；其一，議疏塞並舉，挽河東行，使復故道，其功數倍。」

一三五一年（**元順帝至正十一年**）四月，賈魯以工部尚書、總治河防使、進秩二品的官階，親自帶領黃河南北諸路軍民，共計十三路十五萬名百姓，並兩萬名各族軍士一起開展治黃河工程。賈魯事先準備充分，事中執行得力，使得治黃河工程順利進行，取得預期效果。但是，連年多次的黃河水患，造成中原地區百姓生命財產受到很大損失，人民流離失所，廣大百姓對朝政失去了信心。

賈魯治河的確是正能量的好事，但是元朝當權者並未因為黃河水患造成的災難而重新審視各項治理政策，也沒有因為賈魯等人勉力維繫元朝統治而收斂各種驕奢淫逸的生活方式，反而在很多方面繼續「敗家子」式的行徑。元廷按照脫脫等人的「餿主意」，為了彌補治黃河所需的資金缺口，在沒有增加準備金的情況下大肆印發紙鈔，造成可怕的通貨膨脹。因此一批有想法的人，積極準備推翻元朝。

河北人韓山童的祖父韓學究，係佛教淨土宗一支門派白蓮教的教主。後來韓山童繼承教主一職，總管北方白蓮教。元朝初期曾經對白蓮教採取過一定程度的支持，後來因有教徒進行反元鬥爭，元武宗時期遂禁止白蓮教，到元仁宗時又得以恢復。

白蓮教教義簡潔明瞭，於是在韓山童身邊迅速聚集了劉福通、杜遵道、羅文素、盛文郁、王顯忠、韓咬兒等一批骨幹，他們在賈魯主持的治黃河工程開工之前，事先做好一個石人，只開一隻眼，在石人背上刻上「莫道石人一隻眼，此物一出天下反」，然後埋入地下，並在民間散播「石人一隻眼，挑動黃河天下反」。

開工時，工人果然挖出獨眼石人，一時間在中原大地傳得沸沸揚揚，大家都認為該反了。韓山童、劉福通看到時機成熟，便在今安徽潁上聚眾三千餘——大多為白蓮教教徒，假託北宋徽宗之後裔的旗號，要「重開大宋之天」。

地方元軍立即趕來鎮壓，韓山童被俘犧牲，妻子楊氏、兒子韓林兒等出逃，劉福通等率領起義軍攻佔今安徽阜陽。

元末大起義爆發了。劉福通的起義軍皆頭戴紅巾，因此被稱作「紅巾軍」。他們平時燒香聚眾，故也稱「香君」。

潁州起義爆發後，脫脫曾派樞密院同知赫廝、禿赤率「素號精悍，善騎射」的六千名阿速軍鎮壓，結果大敗而歸。不久，又派其弟也先帖木兒等率十餘萬軍進兵河南，結果在沙河不戰而潰。

在官軍屢戰屢敗的情況下，脫脫在元廷內部加強對漢人的防範，同時將在大都以外的蒙古人和色目人召還京師。

各地豪強地主在利益上與元朝統治階級成為一體，與農民起義軍涇渭分明，他們紛紛組織武裝，或結寨自保，或協助元軍鎮壓起義軍。其中，以畏兀兒人、定居河南沈丘的察罕帖木兒和河南羅山人李思齊最凶狠，對中原紅巾軍威脅最大。他們組織的武裝號稱「義兵」，多次大破紅巾軍，元順帝、脫脫大為讚賞，對他們分別授以官職以示恩寵。

劉福通在佔領潁州成功後，迅速進據河南朱皐、羅山、真陽、確山、汝寧、息州、光州等地，起義軍迅速擴充至十萬人。

一三五一年，八月，今江蘇邳縣人芝麻李（也叫李二，因在饑荒時用家中芝麻一倉賑濟災民而得名）等起兵，佔領徐州，也燒香聚眾，稱紅巾軍。芝麻李佔領徐州後，盡有徐州附近州縣。年底，安徽定遠縣富豪郭子興與農民孫德崖、俞某等人起兵，攻佔今安徽鳳陽，也以紅巾為標誌，郭子興自稱元帥。次年，貧苦農民出身的朱元璋投奔郭子興，被任為親兵。

徐州地處黃河與運河交匯處，芝麻李據有徐州，擁兵十萬，截斷黃河、大運河運輸，讓大都的物資供應陷於停滯。一三五二年，脫脫親率大軍出征徐州。九月，元軍攻破徐州，進行了慘無人道的大屠殺，芝麻李被俘後押送大都，在今河北雄縣附近被脫脫密令殺害。

脫脫得勝班師回朝，順帝妥懽帖睦爾大喜，加封他為太師，在徐州為脫脫建生祠，立「徐州平寇碑」表彰其功績。

中原地區的紅巾軍起義一時陷入低潮。

四三、元末大亂，哪個有力回天Ⅱ

南方紅巾軍的代表主要是彭瑩玉和徐壽輝。

彭瑩玉出身今江西省宜春市一戶農家，又名「彭翼」「彭國玉」，曾被當地寺廟慈化寺老和尚收為徒弟，因此也被稱作「彭和尚」，教徒則稱他為「彭祖」。

彭瑩玉於一三五一年夏起兵淮西[1]，部將有趙普勝、李普勝、金花姐、左君弼等，沿江佔領多地後，人們紛紛來投，號稱聚眾百萬。

徐壽輝本一名布販，於今湖北省蘄春起兵，也稱紅巾軍，於十月攻克今湖北浠水，以此為都建立政權「天完」，年號治平，這是元末起義軍中最早建立政權者，軍政機構皆模仿元廷，從年底開始兵分四路向各處進發。

南方的地主豪強也紛紛募集壯丁，配合元軍攻打江淮的紅巾軍。其中，淮東的王宣糾集三萬人，皆黃衣黃帽，號稱「黃軍」。他們給紅巾軍造成了很大損失。

徐州芝麻李部被元軍消滅後，其部將趙均用、彭大、彭早等率眾投奔郭子興。

脫脫下令中書左丞相賈魯鎮壓，賈魯圍攻郭子興等未果，病卒。元軍撤離後，趙均用稱永義王，彭早稱魯淮王，反而超越了郭子興，朱元璋與他們不和，分兵去了今安徽省滁州市。

在脫脫、察罕帖木兒、李思齊等人的聯合鎮壓下，紅巾軍逐漸走入低潮。一三五三年，十一月，彭瑩玉在江西被殺。十二月，元軍和民團攻陷天完政權都城，四百餘名官員被殺，徐壽輝不得不逃遁。

各支紅巾軍被鎮壓後，元廷一片歌舞昇平，原本有勵精圖治決心的元順帝彷彿進入了太平盛世之中，自我享受著幻覺般的假象。他一方面大肆賞賜，一方面立兒子愛猷識理達臘（一三四〇—一三七八年）為皇太子、中書令、樞密使，以為萬事大吉。

順帝開始在哈麻等奸臣的引導下走向墮落。他信任的藏傳佛教僧人伽磷真與禿魯帖木兒、老的沙、納哈出等人，向順帝灌輸「陛下雖貴為天子，富有四海，亦不過保有現世而已。人生能幾何，當受我秘密大喜樂禪定」的思想。所謂「大喜樂」，指當時藏傳佛教僧人的男女雙修，這是以宗教舞蹈之名，掩蓋淫蕩之實。

他們公然建築淫樂之室於大都宣文閣旁，表面上引進高麗女子，其實是專門搶奪公卿和市井的良家女子尋歡作樂，藏傳佛教僧人一時間招搖過市，人們敢怒不敢言，身為皇太子的愛猷識理達臘對之深惡痛絕。

就在大都一派喜樂之時，一三五三年正月，江浙地區興起的起義軍方國珍、張士誠所部逐漸坐大。張士誠在高郵❷自稱「誠王」，國號大周，改元天祐，分置百官。

九月，順帝令脫脫率軍百萬攻打高郵。

---

❶〔淮西〕今安徽省中部。

❷〔高郵〕今江蘇省高郵市。

由於力量對比懸殊，張士誠在高郵城外的大戰中大敗，不得不退出城中堅守。元軍分兵攻破蘇北各地，將高郵圍得水洩不通，張士誠意欲與脫脫議降，怎奈之前他時反時降，「誠信」上不可靠，加之他擔心投降後被殺，因此猶豫不決。

這時候，元廷內部出現新情況。「新貴」哈麻等人蓄謀已久，委託監察御史袁賽因不花上奏順帝曰：「脫脫出師三月，略無寸功，傾國家之財以為己用，半朝廷之官以為自隨。又其弟也先帖木兒，庸才鄙器，玷污清台，綱紀之政不修，貪淫之心益著。」

順帝被哈麻等人讒言蠱惑，先收回也先木兒的御史臺印，又下詔奪去脫脫兵權。聖旨還未到軍中，哈麻已派人先行到達並散布說「詔書且至，不即散者當族誅」，於是百萬元軍登時潰散，有些則依附了紅巾軍。

脫脫被輾轉多地軟禁，先淮安路，後轉移至亦集乃路❸，再徙至雲南騰衝流放。最後，哈麻假傳聖旨派人將脫脫在雲南毒死。

脫脫以這樣的下場離開人世，著實令人唏噓。

脫脫是一位精於權力控制之人，比起叔叔伯顏有過之而無不及，他身上充滿了奇妙的農耕漢民的精細、蒙古人的粗獷、色目人的狡黠，很多被他提拔重用的官員私下也對他的嚴密控制表示不滿。

他的嚴密控制取決於嚴格甚或嚴苛的紀律，他大力強化御史臺的作用，對所有族群出身的官員都嚴加管制。這一點幾乎讓所有人不滿，皇帝久而久之也會覺得自己的自由也受到了限制。

脫脫的權勢過大，而「用途」似乎不多了，起義軍似乎已被鎮壓得抬不起頭，黃河水患治理似乎也取得了巨大成就。對於順帝而言，脫脫似乎有些「鳥盡弓藏」的意味。

順帝是在顛沛流離中成長起來的，內心充滿焦慮與渴望、充滿自卑與狂妄、充滿自律與玩世不恭。這一切都和他青少年時代的經歷息息相關，他缺乏安全感，因此對於很多人和事都有著極為強烈的敏感。

在皇權方面，順帝縱覽上幾代元帝驚心動魄的宮廷鬥爭，顯然對自己和兒子的未來有著強烈的計畫。順帝在兒子愛猷識理達臘年幼時就為他聘請上好的宮廷教師，教習皇家禮儀、各族群語言和國家治理方略。那時因為信任脫脫，一度將愛猷識理達臘「寄養」在脫脫家中，由著名的儒生教師鄭深親自授課。

在脫脫前往中原鎮壓農民起義期間，順帝甚至將軍國大事交於愛猷識理達臘處理。順帝甚至為兒子打造了一支忠誠可靠的衛隊，以及帶有「影子內閣」性質的小型官僚系統。

一三五四年，愛猷識理達臘十五歲時，順帝在皇宮中修建了特殊的漢式學校，延聘九位大儒任教，學生只有愛猷識理達臘一個。順帝的目的就是盡快為愛猷識理達臘舉辦冊封皇太子的正式典禮。

帶有濃厚保守意識的脫脫卻一再拖延此事，這樣便引發了順帝和愛猷識理達臘父子兩人共同的不滿。脫脫的理由似乎充分，那就是愛猷識理達臘的出身問題：其母奇氏來自高麗，原為宮廷內一般宮女，後得到順帝寵愛生下愛猷識理達臘，被立為「第二皇后」，第一皇后是一位正宗的蒙古女性，只是生下的兒子夭折了。因此，脫脫認為愛猷識理達臘的出身不算高貴和正當。

---

❸〔亦集乃路〕今內蒙古自治區額濟納旗。

有元一代，高麗女人大量被引入元廷，但總體上地位比較低下。

今天看來，脫脫被解職乃至很快被害死，標誌著元朝作為一個統一的中央集權制王朝的框架已不復存在，各地很快進入割據時期。脫脫以其傑出的才能，以及相對於其他權臣來說比較廉潔的品格，對維護岌岌可危的元朝江山社稷做出了貢獻。

在軍事上，高郵之戰中百萬元軍的潰散是一個重大轉捩點。從此，元廷再也無法集結百萬重兵，其對於起義軍的優勢已不復存在，只能更加倚重「義兵」等民團，起義軍則利用這一時機得以休整，重新會聚再圖發展。

四四、壓倒元朝的最後一根稻草

一三五五年（元順帝至正十五年）二月，劉福通迎立韓山童之子韓林兒為帝，在今安徽省亳州市建立政權，國號為「宋」，改元龍鳳，該政權的實際控制人為劉福通。

劉福通與以答失八都魯為代表的元軍和以察罕帖木兒為代表的民團，圍繞今河南周口、亳州等地進行了多次激戰，亳州得以保全。在此基礎上，劉福通從一三五六年九月起派三路大軍進行北伐，自己則領大軍攻克今河南開封，於是「宋」政權名副其實了。

三月，郭子興去世。

四月，宋政權任命郭子興之子郭天敘為都元帥，郭子興的小舅子張天佑為右副元帥，朱元璋為左副元帥。

一三五六年一月，天完政權在漢陽重新建都，徐壽輝命鄒普勝為太師，命倪文俊為丞相，改元太平。

次年，倪文俊企圖謀殺徐壽輝篡位，反被其部將陳友諒殺死，陳友諒與趙普勝合併很快地佔據了兩湖、兩廣、閩浙等大部地方，成為南方起義軍中實力最強者。

一三五九年，陳友諒殺害趙普勝，逼迫徐壽輝遷都，進而伏殺徐壽輝部屬，而自稱「漢王」，改元天定。

一三六〇年，陳友諒殺徐壽輝，改國號為「大漢」，自稱皇帝。陳友諒的行為使得天完政權將士離心離德、分崩離析，很多人投奔朱元璋。

朱元璋早有大志，因此一直很注意控制軍隊、延攬人才。早期他在家鄉招募七百餘人，包括「髮小」徐達、邵榮等人，後來有常遇春、胡大海等加入。被宋政權任命為左副元帥後，朱元璋兼併了巢湖水師。俞廷玉、俞通海父子以及廖永忠、廖永安兄弟等人加入，成為朱元璋的基本力量。

正在這時，中原紅巾軍發生分裂，力量削弱。一三六三年（元順帝至正二十三年）二月，張士誠乘人之危，派部將呂珍進攻安豐，劉福通向朱元璋求救。待到朱元璋率軍趕到安豐時，劉福通已被呂珍殺死，朱元璋只救出小明王韓林兒，把他安排在滁州居住。

朱元璋率主力北上營救小明王時，陳友諒認為反攻時機已到，於是率兵進攻洪都。朱元璋的侄子朱文正率領將士堅守了八十五天。

七月，朱元璋統兵二十萬進發洪都，陳友諒獲悉撤出圍軍，迎戰朱元璋，雙方在鄱陽湖展開決戰。

鄱陽湖水戰從八月二十九日開始，至十月三日結束，進行了三十六天。朱元璋的軍隊充分發揮小船靈活的長處，火攻陳軍，最終取勝，陳友諒被亂箭射死。

一三六四年正月初一，朱元璋被宋政權百官推舉為吳王，建百官司屬，仍以小明王的龍鳳紀年，以「皇帝聖旨，吳王令旨」的名義發布命令。因上一年張士誠已自立為吳王，故史稱張士誠為元末之「東吳」，朱元璋為元末之「西吳」。

殲滅陳友諒部後，朱元璋著手進攻張士誠部。

一三六五年（元順帝至正二十五年）十月，朱元璋的部隊一舉攻下通州、興化、鹽城、泰州、高郵、淮安、徐州、宿州、安豐諸州縣，將張士誠的勢力趕出江北地區。

一三六六年（元順帝至正二十六年）五月，朱元璋發表檄文聲討張士誠。在檄文中，朱元璋一改農民起義的口吻，代之以完全的地主階級立場。

這樣做有兩個原因：其一，朱元璋本人雖出身寒微，但經過多年歷練成長，已是手握重兵的一方割據勢力，他本人也已蛻變為大地主、豪強；其二，為很快到來的北伐乃至統一全國的需要，朱元璋必須團結北方強大的地方地主階級勢力，包括本土化的蒙古人、色目人豪強，也很有必要改變原有的農民形象和性質。

同年十一月，太湖南邊的湖州、杭州、嘉興等地張士誠所部，在朱元璋軍隊的迂迴包抄下，先後投降，張士誠所在的平江❶成為孤城。

在圍攻平江的同時，朱元璋派大將廖永忠去滁州接小明王韓林兒到應天府，卻在瓜州❷渡江時讓人悄悄鑿漏船底，小明王沉於江底。接著朱元璋宣布不再以龍鳳紀年，稱一三六七年為吳元年。

平江戰役開始時，朱元璋築牆圍城，他大量借鑑了元軍的武器裝備，如建造了高過城牆的三層高木塔樓，以弓弩、火銃向城內射擊，還讓元軍俘虜製造襄陽炮日夜轟擊城內。張士誠幾次率部突圍都失敗了。

---

❶〔平江〕今江蘇省蘇州市。

❷〔瓜州〕今江蘇省揚州市。

張士誠知道最後的時刻到了，只好下定死守平江的決心。糧食吃光以後，城內士兵以老鼠、枯草為食；弓箭盡後，他們以屋上磚瓦為武器。

一三六七年九月初八，朱元璋率軍攻入平江城，雙方展開巷戰，進行了殘酷的肉搏。最終，張士誠被俘解往應天府。朱元璋問話，他不搭理。李善長問他，他則破口謾罵。朱元璋令手下衛士以亂棍將張士誠打死（**也有一說是張士誠自縊而死**）。張士誠時壽四十七歲。東吳政權滅亡。

消滅張士誠政權後，東南方面僅剩盤踞在浙江南部的方國珍和福建的陳友定，這兩位都是「兩面派」，一方面向朱元璋輸誠，另一方面得到元廷的任命。方國珍被元廷封為江浙行省左丞相，陳友定被元廷封為福建行省的平章政事。

那時候的元廷已經無力顧及江南和華南地區了，在多事之秋他們內部反而動亂頻仍。

脫脫雖然有著強烈的「蒙古人優先」意識，也對廣大被統治的漢人表現出極端的不信任，但他對元廷、元順帝是忠誠的，在他的執政後期集合百萬大軍攻伐紅巾軍，險些將農民起義全部絞殺。

然而歷史就是這樣滑稽，就在脫脫身先士卒在南方奮戰的時候，奸臣哈麻利用順帝的弱點，或者說帝王共同的弱點——貪圖享受、貪戀女色——而與妹夫禿魯帖木兒一起蠱惑順帝修煉藏傳佛教所謂「雙修術」。順帝立即「上鉤」，樂此不疲。

哈麻、禿魯帖木兒、老的沙、八郎、答剌馬吉的、波迪哇兒禡、脫懽、納哈出、速哥帖木兒、薛答里麻等十人，成為順帝的「倚納」（**最親密心腹**），他們表面上與高麗籍宮女「切磋」，以此為障眼法專門打探大都富貴人家的女眷或街市裡坊的良家婦女，然後騙取甚至公然搶奪，供順帝和

「倚納」聚眾淫樂。

就在朱元璋「從容不迫」地在南方消滅一個又一個起義軍或以起義軍隊伍起家的軍閥時，元廷內部烏煙瘴氣。自一三五五年脫脫被害死後，順帝日漸怠於朝政，貪歡享樂，直至一三六八年逃出大都為止，其間所任用的丞相非奸即貪，或是無能庸碌之輩，或是只為自身考慮之軍閥武夫，因此國政日漸凋敝。

且說扳倒脫脫的哈麻如願成為丞相後，突然注重起個人形象，以自己之前推崇的藏傳佛教僧人及其所作所為為恥，大肆驅逐他們，還要清除自己的妹夫、「十倚納」之一禿魯帖木兒。結果被禿魯帖木兒探知，他搶先到順帝處告了他一狀。沉湎淫樂的順帝，當即授意御史大夫搠思監、中書右丞相定住、平章政事桑哥失里等人上書彈劾哈麻，下詔將哈麻貶往廣東。

哈麻在被貶途中被人殺死，這至今是一個謎案，有人說是他得罪人太多所致。哈麻之死，怕是與順帝本人脫不了干係。

縱使禿魯帖木兒不斷向順帝進讒言，順帝畢竟信任、使用了哈麻多年，即使相信禿魯帖木兒所言，也不至於讓哈麻落到危險的境地。事實上是哈麻所做的一件事真正觸動了順帝，或者說讓順帝無法忍受，那就是哈麻與順帝的奇皇后關係不錯，已經開始設計採用「內禪」方式，讓順帝將皇位交給皇太子。順帝能開心嗎？

哈麻死後，「十倚納」更加猖獗，宮中淫亂已到無可復加的地步。

一三五七年（**元順帝至正十七年**）五月，順帝任命搠思監為中書右丞相。這位只知道收取賄賂者，一旦大權在握，所做的第一件事便是命人印製假鈔，搠思監於事情敗露後居然殺人滅口。

順帝經常不理朝政，十八歲的太子愛猷識理達臘「春秋日盛，軍國之事，皆其臨決」，已經開始參與決策了。奇皇后與哈麻之前策劃的「內禪」沒有成功，並不意味著大家死了這條心，他們想另闢蹊徑。

奇皇后來自高麗，其同鄉朴不花以閹人身分服侍奇皇后多年，備受信任。奇皇后命朴不花前往時任丞相的賀太平處尋求支持，但賀太平並未答應，為避開紛擾的宮廷權力之爭主動辭去相位，最終還是被逼自殺。

一三六〇年，搠思監為右相，與朴不花結為「戰略同盟」，一時間皇宮內外、朝廷上下沆瀣一氣，眾臣普遍不滿，其中以御史大夫老的沙比較「出頭」。

老的沙不僅是順帝的母舅，也是其「十倚納」之一，備受順帝寵信。

但是，順帝架不住「枕邊風」，奇皇后絮絮叨叨地數落老的沙等人的不是，迫使順帝封老的沙為雍王，讓他去高麗。

老的沙沒有聽命，反倒跑到了山西大同，在孛羅帖木兒的軍中躲了起來。這一躲，拉開了元末北方軍閥混戰的序幕。

元末農民起義軍起事，元廷按下葫蘆起了瓢，這邊彈壓，那邊圍堵，可謂四面楚歌。元朝國政積弊日久，階級壓迫、民族歧視、權貴剝削，致使人民困苦不堪，只有反抗一條路。

為了維護蒙古人的統治，為了延續元朝的國祚，元廷使出「十八般武藝」來應對，但隨著元廷內部的權力之爭延伸到軍隊，官軍屢戰屢敗。

在這種情況下，一批中原本土化了的蒙古人、色目人豪強出於保衛自己既得利益、獲取更多利益的目的，紛紛組織武裝，或依託元軍，或自行「組隊」，配合元軍對起義軍進行鎮壓。他們被元廷稱為「義兵」或「義軍」，有些時候他們的戰鬥力超過了元朝正規軍。

與南方起義軍不斷強大相類似，北方的所謂「義兵」逐漸分化整合，出現了兩大武裝集團。一個是蒙古人出身、被授四川行省參政知事的答失八都魯，一個是畏兀兒人出身、河南沈丘大地主察罕帖木兒。前者自認出身正統的蒙古人，祖上一直是朝廷命官，因此看不起察罕帖木兒。而後者完全靠自己組建武裝，依靠戰功一舉成名，所以也對答失八都魯不屑一顧。

兩人在北方的勢力不斷增強，終於釀成一場混戰。答失八都魯屢敗，憂憤離世，其子孛羅帖木兒率軍進駐大同，並與察罕帖木兒爭鋒於冀寧❸，在元廷調解下雙方才脫離接觸。

一三六二年（元順帝至正二十二年），察罕帖木兒在山東被刺殺，其兵權由養子、外甥擴廓帖木兒繼承。

孛羅帖木兒和擴廓帖木兒雙方在河南、陝西打得不可開交。

一邊是奇皇后、皇太子、搠思監、朴不花和擴廓帖木兒，一邊是老的沙和孛羅帖木兒，雙方既有朝廷權勢，亦有強悍的軍力，誰也不把誰放在眼裡。

老的沙沒去高麗，而是待在孛羅帖木兒軍中。消息傳出後，皇太子屢屢要求交出老的沙，但孛羅帖木兒就是不從。

在搠思監、朴不花的堅持下，順帝下詔削奪孛羅帖木兒的兵權，孛羅帖木兒拒不奉詔。順帝命

---

❸〔冀寧〕今山西省太原市。

擴廓帖木兒討伐孛羅帖木兒，結果引起宗室內部紛爭。順帝又連忙貶斥搠思監和朴不花等人，並恢復孛羅帖木兒原職。

孛羅帖木兒欲報此仇，派禿堅帖木兒率軍直接殺奔大都。禿堅帖木兒原為元廷知樞密院事，因開罪皇太子被免職，後投奔孛羅帖木兒。

大軍直入居庸關，元廷派出的軍隊前往迎擊大敗而還，只好四閉城門。太子愛猷識理達臘則率侍衛軍奔赴遼西。

順帝使人詢問禿堅帖木兒緣由，他回覆只要搠思監和朴不花二人。順帝無奈只能交出二人，二人被殺。順帝授孛羅帖木兒為太保、中書平章政事，兼樞密院事，令他守衛大同。授禿堅帖木兒為中書平章政事，禿堅帖木兒軍隊遂退。

皇太子勃然大怒，命擴廓帖木兒集結軍隊十二萬人，大舉進攻孛羅帖木兒於大同。孛羅帖木兒一面派軍迎擊，一面以「清君側」為名再次進攻大都，皇太子率軍於清河迎戰，不敵，逃往太原擴廓帖木兒處。

孛羅帖木兒一幫人進京，順帝成為孤家寡人，任命孛羅帖木兒為太保，晉升為中書右丞相，節制天下兵馬，老的沙被任為平章政事，禿堅帖木兒為御史大夫。

一三六二年八月，順帝進一步加封孛羅帖木兒為開府儀同三司、上柱國、錄軍國重事、太保、中書右丞相、節制天下兵馬。孛羅帖木兒殺禿魯帖木兒等幾位「倚納」，裁撤冗官，禁止藏傳佛教僧人淫蕩之事，還多次派人敦請皇太子返京。

但梁子是結下了，皇太子不僅沒有返京，還把派來的使者扣了起來，同時以太子身分號令嶺北行省、甘肅行省、遼陽行省等地軍隊，共同討伐孛羅帖木兒。孛羅帖木兒在大都聞之，立刻將奇皇后軟禁，其軍隊則在華北地區與擴廓帖木兒的軍隊鏖戰。

皇后被囚，不堪受辱的順帝無法忍受孛羅帖木兒的霸道行徑，秘密下令刺殺之，並將其首級呈送太原，召皇太子返京。

老的沙攜孛羅帖木兒的母親、妻子和兒子天寶奴向北逃竄，與禿堅帖木兒會合後，欲共同迎立趙王為帝，但被趙王灌醉後解送元廷。

經過這番折騰，順帝又任命「太子黨」掌控局面，任命擴廓帖木兒為中書左丞相，封河南王，總管天下兵馬。

擴廓帖木兒意圖在河南大本營調遣各路軍閥征伐南方朱元璋等勢力，但大家都不買帳。以漢人豪強李思齊為代表，他自認與擴廓帖木兒的養父察罕帖木兒同輩，面對擴廓帖木兒的調兵令時勃然大怒，以「乳臭兒」稱呼之。李思齊被眾多不服擴廓帖木兒的軍閥推為共主，雙方相持一年多，大戰百餘次，未分勝負。

轉眼已是一三六七年，朱元璋在南方已形成基本統一的局面。順帝憂心忡忡地面對北方軍閥的互相攻訐，無奈之下只好下詔命太子總制天下兵馬，意圖整合各方勢力。

孛羅帖木兒死後，擴廓帖木兒一支獨大，自恃軍力強悍而日漸囂張，不僅不服從調遣，還殺死元廷派來開展「思想工作」的欽差大臣，招致眾人不滿，部將貊高、關保便公開宣布與他脫離，轉而效忠於元廷。

十月，朱元璋認為時機已經成熟，命中書右丞相徐達為征虜大將軍、中書平章常遇春為副將軍，出兵二十五萬，從淮河流域出發向黃河流域進發。這標誌著朱元璋的北伐開始。

皇太子命幾路大軍分進合擊，夾攻屯兵於澤州❹的擴廓帖木兒。這時，朱元璋的北伐軍已經進抵河南。

擴廓帖木兒率軍大勝官軍，獲高、關保等人被俘。順帝見其勢不可當，加之朱元璋部所向披靡，只好殺掉幾位與擴廓帖木兒不合的官員，然後下詔恢復擴廓帖木兒的原職，令他南下對陣。

徐達所部一路北上，很快奪取重鎮淮安，接著佔領了山東地區。

鑑於北伐順利，朱元璋於一三六八年（元順帝至正二十八年）正月初四宣布自己為皇帝，定國號大明，建元洪武，是為明太祖。

❹〔澤州〕今山西省晉城市。

四五、一三六八年：黃金家族辭別北京城

元中期三十九年間，有九位皇帝即位，平均在位時間只有四年多。九位皇帝中，六位是在激烈的權力競爭中或者武裝鬥爭勝利後登基的。九位皇帝中，兩位被殺，還有一位在被推翻後失蹤。

這九位皇帝分別是元武宗海山、元仁宗愛育黎拔力八達、元英宗碩德八剌、元泰定帝也孫鐵木兒、元天順帝阿速吉八、元文宗圖帖睦爾、元明宗和世㻋、元寧宗懿璘質班、元順帝妥懽帖睦爾。其中，元仁宗愛育黎拔力八達、元英宗碩德八剌、元明宗和世㻋基本算是正常即位。元仁宗帝位取自其兄長元武宗海山，約定「兄終弟及，叔侄相傳」；元英宗因為其父元仁宗破壞了「規矩」得到傳位；元明宗是在弟弟元文宗即位之後被交還了皇權。

九位皇帝中，元英宗碩德八剌系被奸相鐵木迭兒餘黨鐵失等人在「南坡之變」中殺害，開元朝皇帝被刺殺之先河；元明宗和世㻋則是在南返大都過程中，被不甘心退位的親弟弟元文宗圖帖睦爾及奸相燕帖木兒暗殺。

這些黃金家族成員，不是渾渾噩噩地「吃老本兒」，就是盡享漢地物華天寶的「專家」，大多數完全是躺在先祖鐵木真和忽必烈功勞簿上的「敗家子」，也是殘害百姓的「行家裡手」。

相對而言，元武宗海山之弟、元仁宗愛育黎拔力八達是靠刀槍上臺的，倒還做了一些有利於元朝苟延殘喘之事：廢除了前任給予少數藏傳佛教僧人的特權，停止了其兄揮霍巨資興建的「樓堂館

所」，精簡了上幾任留下的冗餘的禁衛軍；平素注重文化修養，做人強調溫良恭儉讓。但是，元仁宗只是元朝從興盛走向衰落進程中曇花一現的人物。

仁宗之後的英宗碩德八剌、泰定帝也孫鐵木兒、天順帝阿速吉八以及文宗圖帖睦爾、明宗和世瓎、寧宗懿璘質班等多是少年即位、死於非命，在位時沉湎邪惡之事，任奸臣肆意玩弄朝綱者。元朝末代皇帝順帝妥懽帖睦爾。是中國歷史上酷愛群體交媾的皇帝之一，他以九尊之身與少數藏傳佛教僧人聚眾淫亂，在朝堂之上公開宣淫，其種種作為古今中外都屬罕見。

順帝雖然出生於人煙稀少、遼闊空曠的金山以北，但和眾多黃金家族成員一樣，不僅對皇位、皇權充滿了欲望，而且對其兒時生活過的城市——大都北京的感情很深。

起初，他尤好臨幸京城貴族家中的女眷或士紳家室的良家女子。後來，他喜歡上了高麗女子的低眉順目與紅袖添香。在他的帶動下，蒙古達官貴人競相以擁有高麗女子為榮，京城的高麗女子奇貨可居。

有投其所好者，專程「引進」並豢養高麗幼女，置於專門修建的皇家尋歡淫亂場所「穆清閣」。他們教習這些高麗女子，薰陶以京城文化培養其大家女性之高貴氣質，待她們稍稍發育就讓她們滿足順帝和達官貴人的特殊癖好。

順帝長期不理朝政，倒是深入研究和親自製作巨大的木質龍船。他喜歡在宣淫之餘暇，乘坐自己「研製」的龍船，泛舟於皇宮內外的人工湖上，用美食補充體力，用眼睛搜尋京城好女，隨時隨地命人強奪良家女子進行「臨幸」。

一三四二年（元順帝至正二年），他不顧國家財力幾盡枯竭的情況，命權臣脫脫強徵民工十萬開挖通惠河，其間對民舍「野蠻拆遷」，民工食不果腹，病者、死者無數。

一三五〇年（元順帝至正十年），順帝因治黃河所需資金缺口很大，而自己的揮霍淫亂處於「無源之水」的境地，大肆印發紙鈔，搜刮民脂民膏，造成可怕的通貨膨脹。沒有準備金做底，加之百姓對元廷已經徹底失去信心，物價立刻飛漲十倍以上，百姓在一夜之間傾家蕩產。

從一三五二年（元順帝至正十二年）起，百姓紛紛揭竿而起，吹響了一曲曲推翻黃金家族暴虐統治的壯歌。

二月，安徽士紳郭子興、孫德崖在濠州起兵。久有大志的朱元璋很快地聚眾前往，以圖共同反抗元廷。十二月，元軍在大將軍賈魯的帶領下兵圍濠州，朱元璋配合郭子興力戰，斃傷元軍主力，使其不得不撤圍而去。朱元璋逐步建立起了自己的隊伍，為日後將順帝逐出大都，建立明朝打下了基礎。

一三五五年，安徽人劉福通在永年❶起兵，以紅巾為號，用白蓮教教義凝聚人心，到一三五五年（元順帝至正十五年）時已擁有數十萬之眾，擁立韓林兒為帝。

江蘇人張士誠不堪富豪凌辱，於一三五三年（元順帝至正十三年）聚眾於高郵起事，自稱「誠王」，立國號大周。

浙江人方國珍在沿海岸行商，因無法忍受元廷的苛捐雜稅而起義，長期割據浙江中南部寧波、

❶〔永年〕今河北省邯鄲市永年區。

溫州一帶。

湖北人徐壽輝積極回應劉福通也以紅巾為號起義，後得到同鄉陳友諒相助，一度佔據了今天湖北、湖南、安徽、浙江、江西的部分地區。

湖北隨州人明玉珍不堪壓迫，投身徐壽輝的起義軍，後佔據重慶、四川一部稱雄。

已是窮途末路的順帝仍然大夢不醒，繼續尋歡作樂，哪管北京城外已是殺聲震天。這邊，蒙古貴族權臣的火拼煞是熱鬧；那裡，起兵於江淮的朱元璋早已磨刀霍霍。

一三六八年（元順帝至正二十八年、明太祖洪武元年），一定是黃金家族，特別是拖雷系後人永遠難以忘懷的一年，他們狼狽地離開了祖先鐵木真開創的大帝國中最為耀眼、最為富庶、最為美麗的土地——漢地中原。

閏七月，平定了江南的朱元璋，在古都汴梁集結了大軍揮師北上，劍鋒直指元朝心臟大都北京。朱元璋取道今河北邯鄲廣平縣向北攻擊，元廷早已沒有了鬥志和取勝的信心，只有自發抵抗的大將不顏帖木兒在北京南郊設防，結果很快就被勢如破竹的明將徐達擊潰。元大都萬間宮闕已經映入明軍將士的眼簾。

這時候的順帝，多麼難以割捨自己生活了三十年的家啊！他太熟悉這個美麗的城市了，不僅因為他為這裡修建了通惠河。他在這裡玩弄過那麼多嬌豔欲滴的高麗少女，他曾與不計其數的京城達官貴人的女眷一起放浪形骸，也不僅因為這個城市給他帶來了繼承皇位的動力與好運，還因為那巍峨的城牆、綠草如茵的人工湖，以及那些教會他各種性樂之道的藏傳佛教僧人。

只有到了離別時刻才知時光短暫，後人已無從揣度順帝此時此刻的心境。想到拖雷一系辛辛苦苦、絞盡腦汁從黃金家族中奪取最好的土地就要失去了，先祖忽必烈縱橫馳騁打下的江山就要失去了，擁有無數世界珍奇異寶的皇宮就要失去了，縱然是鐵石心腸也難免要潸然淚下。曾經威震世界，令無數人傑都膽寒心驚的蒙古鐵騎，具有諷刺意義地在黃金家族最為蔑視的漢人面前居然是那樣弱不禁風。

順帝太迷戀這座給了他無窮尊嚴、無盡快感和無上榮光的城市了。於是他做了最後的力圖保留些許顏面的抵抗，也是無謂的最後的瘋狂。

九月十日，黃金家族在北京的最後時刻終於來臨了。順帝在一群護衛的簇擁下，帶著列祖列宗的神主牌位和金銀財寶驚慌失措地離開北京，從健德門❷出城，經過居庸關，向著北方，向著自己祖先生長的蒙古高原狼狽而逃。

一三七〇年（元順帝至正三十年、明太祖洪武三年），即將病死的元朝末帝妥懽帖睦爾，回憶起北京宮闕的倩影，難掩心中悲傷：「我的大都（北京）是各種顏色的華麗裝點而成的，那些平原、河流，是我的列祖時代歡樂和休憩的所在。蒼天啊，我做了何種壞事以致失去了我的帝國？」

蒼天不會給出答案，北京已經遠去，留下的只有曾經不可一世的黃金家族蒼涼的背影……

❷〔健德門〕今北京德勝門外、馬甸橋以北。

四六、黃金家族何以征服世界

人們很難想像：在七八百年以前主要依靠兵員數量的冷兵器時代，人口規模很小的蒙古人，憑什麼縱橫馳騁在亞歐非大陸上，又靠什麼戰勝了一個個比它經濟發達且人口眾多的民族和國家呢？毋庸置疑，蒙古人普遍彪悍的身體素質，勇猛、頑強的民族個性，特別是其他民族望塵莫及的組織紀律性和團結精神，是他們不斷戰勝對手的原因。但更重要的是，黃金家族整體具備天才般的軍事指揮藝術、嚴密的軍事組織和揮灑自如的精彩戰術。

蒙軍紀律嚴密

黃金家族在軍事組織方面是古今中外所有軍事家驚歎不已的。早在鐵木真剛剛從草原崛起時，他的軍隊面對的敵手主要是同為游牧族群、同樣具備高超個人戰鬥力的部落，及至後來統一蒙古各部後，又面臨著眾多定居者的常備軍隊，如果沒有嚴密的組織和鐵的紀律，蒙軍恐怕早就消失在歷史長河了。

一二〇六年，鐵木真被推為成吉思汗後，就把自己獨特的軍事組織方式推廣到全部蒙軍之中。他下令：每十人設置一名十夫長（**類似今天的班長**），在每十名十夫長之上設置一名百夫長（**類似**

今天的連長），每十名百夫長之上設置一名千夫長（類似今天的團長），十名千夫長之上設置一名萬夫長（類似今天非集團軍建制的師長）。

軍隊實行嚴格甚至嚴苛的紀律。

鐵木真規定軍隊逐級對上負責，最終都要對大汗負責；一個十人隊中如果有開小差者，就把這個十人隊的其他人全數處死；如果一個十人隊全部臨陣脫逃，就把在一起戰鬥的十人隊全數處死。這種帶有「連坐」方式的紀律，使蒙古士兵保持了高昂的士氣和戰鬥力，更有了與對手死戰到底的精神。

蒙軍的良好組織還體現在軍事和民政工作分工清晰、責任明確，已經超前產生了集團化、流水線式作業的特點。比如在進行城市攻堅時，隊伍一般分成幾個部分：少量特種兵性質的士兵分作多路，事先進行火力偵察；一部分擅長騎射的士兵作為預備隊，或者作為設伏人員，在預定地點隱藏起來；大批軍士主要攻城。一旦城池被攻陷，立刻有專門的隊伍負責把被俘軍民集合起來屠殺，有專門的隊伍逐戶搶劫財寶和糧食，還有專門的人員負責甄別手工藝者和工匠送往蒙古本部。待搶劫和屠殺完畢，又會有專門的隊伍在達魯花赤的帶領下登記城市中的倖存人戶，展開民政管理。

蒙古人的軍事「聯勤」業務，相當於今天的軍事後勤和軍事裝備工作，在那個時代比較先進。僅鐵木真一生就征戰三萬餘公里，在那個通信、交通極其落後且所征伐地域反抗非常激烈的時代，後勤保障似乎從未成為蒙軍的大問題。這固然和蒙古騎兵自小在嚴酷的自然環境中鑄就的「錚錚鐵骨」、蒙古馬耐力持久等因素有關，但更重要的是他們有一支精悍高效的後勤保障隊伍和一套出色的兵工生產系統。

首先，全民皆兵的舉族軍事動員體制和習以為常的大規模游牧遷徙生活方式，決定了他們在軍備物資、戰馬等方面保障的先天優勢。其次，他們在首都哈拉和林建立了規模巨大的兵工廠。後來，隨著征服地區不斷擴大，他們在哈拉和林至歐洲的交通驛站附近建立了當地工匠所擅長製造的武器的生產基地，保證武器裝備能夠及時運送給前線的軍隊，也能保證各種重型武器裝備的及時維修和保養。

帝國前期，軍隊中戰鬥力最強的是作為黃金家族「御林軍」存在的怯薛兵，這批人很多都是由大汗親自從各民風強悍的部落中選拔的，從孩提時代就集中在大汗的大帳旁邊生活和訓練，從小就對慘烈的戰爭有了近距離的觀察和體會。這些軍士在成年後，日常負責黃金家族的護衛，在戰役出現膠著狀態時，則往往被大汗作為一支奇兵來使用，以收到提升士氣、事半功倍的效果。

即使在元朝或藩屬汗國統治後期，統治力不從心的情況下，黃金家族的軍隊依然保持著當初優良的軍事組織和軍事戰術的傳統，在很長時間裡一直是亞、非、歐各國的心腹之患。比如，在欽察汗國裂變為克里米亞、阿斯特拉罕汗國等實體後，其軍隊仍然是俄羅斯人的強敵。察合台汗國的繼承者帖木兒汗國，其軍隊讓歐洲、南亞和小亞細亞各國聞之色變……

蒙軍軍事組織優化

黃金家族在開始征服戰爭的前期，也就是在鐵木真一二〇六年稱汗到一二六〇年忽必烈建元中統的半個多世紀裡，其軍事的組織模式基本上還是沿襲了游牧族群傳統的體系，但隨著時間推移和征服地域迅速擴大，軍事組織和制度也不斷根據新的情況進行重大調整和改革。在一二六〇年以後，黃金家族的征服戰爭從整體上看是基本停止了，而統治進入了相對平穩階段，這樣軍事組織也就適應實際，逐漸走向宿衛（衛戍大都和上都）和鎮戍（帝國本土全境）相結合的國土防衛體系。

鐵木真時代早期「兵民一家」，這是因為黃金家族雖然統一了蒙古高原各游牧部落，但兵員的來源和保持軍隊的持續戰鬥力依然靠蒙古人自身。那時的汗國經濟還很落後，人力資源相當有限，不可能由國家承擔巨大的軍事開支和後勤保障工作，所以只能寓軍於民，先將百姓按戶編為萬戶、千戶、百戶等形式，分別由不同層級的骨幹人員來領導，或通過戰功賦予特定人員管轄的權力。《元史・兵志一》載：「若夫軍士，則初有蒙古軍、探馬赤軍。蒙古軍皆國人，探馬赤軍則諸部族也。」那時候的探馬赤軍，主要由黃金家族非常信任的弘吉剌、兀魯兀、忙兀、札剌亦兒、亦乞烈思等五部人馬組成，所以探馬赤軍是一支比較能打硬仗、靠得住的軍隊建立的，逐漸在各地駐守以保持正常帝國統治的需要。

這樣一來，汗國不需要設立龐大的常備軍，而普通百姓在平時進行聚群而居的游牧生活，一旦有戰事，每帳都要派出戰士，並且為之提供充足有效的後勤保障。簡而言之，那時蒙軍的幾乎所有工作都由每戶牧民來承擔和完成。事實證明，這種軍事組織形式非常適應汗國初期的征服戰爭需要。在一場戰役勝利以後，黃金家族固然要佔有最多的財富，但是畢竟要拿出很大一部分來犒賞或補償給付出甚多的牧民。

隨著黃金家族不斷擴張，特別在佔有了中亞和消滅了西夏、金朝以後，士兵的來源大大擴大了，而征服戰爭的主要目標南宋具備了先進的封建社會的軍事組織，是一塊「難啃的骨頭」，所以蒙古人進一步完善了其軍事組織。蒙軍的變化不大，作為常規部隊基本上保持戰鬥力就可以了，但是為了統治所征服地區巨大的定居軍民地域的需要，就必須擴大探馬赤軍。這樣一來，探馬赤軍就增加許多了諸如漢人和漢化的契丹人、女真人以及中亞和西亞的色目人等，這些人事先要經過嚴格的甄選。

鐵木真在統一蒙古各部之前，還成立了自己的「親軍」——怯薛，這個軍種最初來源於游牧族群首領一般都有的「伴當」，後來逐漸成為一種軍事建制，這種獨特的軍事組織形式帶有濃厚的草原社會特點。怯薛人員的組成和要求比探馬赤軍要更加嚴苛，對黃金家族成員的生命財產安全負有不可替代的責任，所以怯薛軍的家人可以獲得比所有軍事組織都要多的財富和牧場。

怯薛的另一個功能是「質子」。在黃金家族征服的地域中，不僅有眾多的族群，還有很多勢力強大的民族共同體或國家，為了保持帝國的長期統治，鐵木真和他的後人也借鑑了中原古往今來的「質子」形式，即要求一些歸降或被征服民族、國家首領的兒子從小就加入怯薛軍。通過這種形式，既有效地進行了羈縻，又造就了一批蒙古化了的各族群首領。當然，有些「質子」是很多部族首領心甘情願送到怯薛軍中的。

怯薛成員深受歷代汗（皇）的信任，所以在忽必烈入主中原以前，怯薛不單純是一個精銳的軍事組織，還擔負著許多重要的政府職能。比如，怯薛成員的行政職級和待遇一直很高，遠遠超出了一般野戰部隊，它的一些成員往往是地方大員的「後備幹部」，隨時可能被朝廷派往各地擔任重要的行政官員，經常代表黃金家族處理軍事以外的治國工作。

職責權利相結合的怯薛人員待遇之高，在中國軍事史和世界軍事史上都屬罕見。即使是最普通的怯薛士兵，每人都終生配有至少四名隨從，鞍前馬後照料飲食起居。任何一位普通士兵的官階都在千戶長之上。換句話說，一個怯薛兵在戰場上可以指揮一千人以上的部隊。

初期怯薛的領導地位相當高，比如鐵木真一二〇六年稱汗以後，不僅大大擴充了怯薛的編制，使之達到了數萬人的規模，而且按照輪班執勤的原則，將其分為四個輪值組，分別由著名的「四傑」即博爾忽、博爾朮、木華黎、赤老溫領銜並規定由其後裔世襲官職。出於種種原因，鐵木真兼任過一段時間的怯薛領導人。即使到元末怯薛的職能、職責、權力大大地萎縮，其政治地位和經濟待遇依然相當高。

到一二六〇年左右時，蒙軍的軍事組織已經非常完善了。從軍種看，野戰部隊有負責大兵團作戰的蒙軍，有適合平原和農耕地區作戰的漢軍（包括契丹人、女真人、党項人），還有可以配合城市攻堅戰的大理國、南宋等歸降的新附軍，有負責治安、鞏固統治的內衛部隊探馬赤軍，也有裝備精良、專事領袖護衛的怯薛軍。從兵種看，為了征服江南和華南水鄉地區，帝國在南宋降軍的基礎上組建了水軍，整合了後勤裝備資源，組建了專業的輜重兵工系統，同時建立和發展了專業的火器兵種。

此外，黃金家族還針對不同地區的戰爭特點，建立了雇傭軍制度，比如在攻擊伊拉克、波斯、埃及等地區時，他們就把亞美尼亞、喬治亞等東正教的民族軍隊編入帝國軍隊序列，進行統一調度和指揮。在帝國的怯薛和探馬赤軍中，甚至吸納了為數眾多的歐洲被征服地區的士兵。

到了忽必烈時期，黃金家族在中原的統治基本穩定下來了，三大藩屬汗國各自為政，整個家族的征服工作基本告一段落，特別是中央政權基本上全盤接受了漢人的軍事組織制度和組織形式，因而到忽必烈執政中後期，元朝的軍事組織成為中原定式與游牧族群傳統的有機結合體。

《元史・兵志》記述了蒙軍的軍力結構和軍事組織形式：「元制，宿衛諸軍在內，而鎮戍諸軍在外，內外相維，以制輕重之勢。」以同心圓來比喻的話，蒙古帝國本土的軍事組織大體是這樣的：圓心為皇帝（大汗）及其皇室近親，他們由最核心和最信任的蒙古人傳統怯薛軍組成；外圈是新建的中原式皇家衛隊，也被稱作「御林軍」，其名稱為「衛」，但其實是探馬赤軍的「變種」，是該軍種中最精銳、最可靠的部分，加入了不同民族和種族的「可靠分子」；再外圈則是鎮戍軍，本族人為主的蒙軍作為常備軍而存在，還有由北方各部以漢人為主組成的漢軍，以及大部分的探馬赤軍。

帝國的軍事體系和軍隊實際上分為兩大系統：衛戍京畿地區包括大都北京、上都開平和舊都哈拉和林的宿衛系統；鎮守帝國本土各地的鎮戍系統。

宿衛系統由怯薛和衛軍（探馬赤軍之一部）組成，長期保持著很強的戰鬥力，兵員始終在一萬人以上。其中怯薛由皇帝親自指揮和管轄，衛軍則由相當於國防部的樞密院節制。

鎮戍系統又分為兩類。一部分戰略重點地區如大都周邊的山西、陝西、河南、河北以及四川等地被稱作「腹裡」，一般由蒙軍、漢軍和探馬赤軍戍守。以探馬赤軍的戰鬥力最強，地位也最高，一般由當地蒙古萬戶府統領，但最終隸屬樞密院管轄。南方諸行省的鎮戍軍主要由蒙軍、新附軍和漢軍組成，日常管理歸所在行省，但調防移動等重要軍務則必須經過樞密院批准。

黃金家族在中原建立了比較穩定的統治以後，受到軍事組織變革和相關制度調整影響最大的就是怯薛了。

在忽必烈之前，中央政府雖然已經具備了雛形，但是由於以軍事征服為主，擴張速度又過快，加上黃金家族成員仍然在全盤漢化和堅守游牧傳統兩種理念之間徘徊，所以政治體制沒有發生太大的變化，怯薛當然就是擁有巨大政治權力和軍事實力的組織了。

但在忽必烈建立了中央集權封建制度體系以後，中原模式的中書省、樞密院、御史臺等機構建立和完善起來，怯薛的政治功能和行政權力就大大地萎縮了。在軍事方面，征服戰爭已經基本結束，即使在中亞還有黃金家族的內戰，單是以蒙漢聯合野戰軍出征也就足矣，所以怯薛從原來的「朝臣加上內侍（衛）」的角色直接滑落到僅僅為內衛部隊了。

不僅如此，怯薛的內侍（衛）「業務」也受到了強有力的挑戰。從忽必烈時代起，歷代元帝積極仿效中原皇室的尊嚴和威儀，先後在宮廷內部建立大量處理皇帝和皇室私人事務的專業性內府機構，使得怯薛被「打入冷宮」，在宮廷內外的權力、控制力、影響力都極大地縮小了。

好在怯薛世受皇恩，忠誠度不是一般軍事組織所能比擬的，所以在黃金家族汗國成立直至元末的一百六十多年時間裡，和皇帝僅在咫尺的怯薛沒有因權力的弱化和消失而做出任何不利於皇帝（大汗）的事情，這不能不說是黃金家族管理軍隊方面的一個奇蹟。

集中優勢兵力打殲滅戰

一二一八年（元太祖成吉思汗十三年、西夏神宗光定八年、金宣宗興定二年、南宋寧宗嘉定十一年），已經攻佔了中亞部分地域的鐵木真，所面對的是花剌子模，這個國家剛剛在一二一二年殺掉了西喀喇汗國末代可汗斡思蠻軍力齊整、士氣高昂，軍民基本上是由具有共同信仰的突厥人和一些狂熱的阿拉伯移民組成，而此前黃金家族在對金朝進行的城市攻堅戰中，因為極其不適應設防堅固、武器先進的華北地區作戰而損失慘重，士氣也比較低落。

然而花剌子模蓄意挑釁，使原本希望暫時與之交好以避免「兩線作戰」的鐵木真騎虎難下，只能決一死戰了。

儘管當時鐵木真已經統一了蒙古高原上的各個部族，但是軍民合起來數量都超不過一百萬人，其中軍隊僅有十五萬人，固然有許多能征善戰之輩，但也有很多年老體弱者。而花剌子模國，據信僅正規軍隊就超過了四十萬，還劫掠了西遼八十餘年辛辛苦苦積累起來的大量財富，兼有數萬阿拉伯籍士兵的協助，可以說兵強馬壯，鬥志昂揚。但是花剌子模最大的失誤就是把自己的幾十萬大軍沿阿姆河一線分散展開，分布在八百公里長的近五百個城堡中，恰恰讓睿智的蒙古人鑽了空子。

不僅如此，花剌子模軍隊內部成分也比較複雜，有當地主要居民組成的突厥部隊，有從北方草原南遷的具有突厥血統的欽察部、康里部士兵，還有以前的阿拉伯統治者遺民組成的雇傭軍。其軍事指揮官也各懷異心，只有少數對花剌子模蘇丹忠心耿耿，多數將領滿足於固守自己勢力範圍的城市，對蘇丹的號令陽奉陰違。而那些原西遼王朝降將中的畏兀兒佛教徒，則因為他們很多同族人早早加入了黃金家族大軍，對蒙古人抱有一些期待。花剌子模蘇丹更是在建立了強大的國家後沾沾自喜，對來勢洶洶的蒙古人缺乏各種準備。

花剌子模的兵力不僅分散，而且缺乏蒙古人大兵團作戰的素養，他們雖然兵員充足，但竟然沒有準備精銳的戰略預備隊。他們的軍隊集中部署在阿姆河、錫爾河、楚河等流域的城市，只考慮用堅固的城郭來阻擋蒙古鐵騎，卻沒有進行城市以外野戰的訓練和準備。他們佔盡了天時、地利、人和，卻沒有考慮到強敵後勤補給不足的軟肋，根本沒有實施「堅壁清野」的有效之策。

一二一九年夏，鐵木真陳兵於額爾濟斯河上游，在認真分析了敵我情勢後，確立了集中優勢兵力，對花剌子模進行殲滅戰的戰術。十五萬蒙古騎兵除了部分用作干擾對方馳援，多數集中起來逐個殲滅花剌子模的城市守軍，先後由朮赤、察合台、窩闊台率領部分兵力，攻佔了錫爾河流域以及阿姆河以北地區。在花剌子模故都玉龍傑赤會師後，蒙軍把花剌子模蘇丹摩訶末追殺到裏海中間的一個小島上。摩訶末於一二二〇年病死在小島上。

在接下來的戰鬥中，黃金家族用同樣的方式一路追殺摩訶末的兒子札蘭丁到了阿富汗。札蘭丁是花剌子模比較有作為的王子和軍事將領，他一度在阿富汗北部做了精心的軍事準備，但面臨的是正蒸蒸日上的蒙軍。蒙軍採取了逐城圍攻、強化局部優勢的策略，最終，札蘭丁及其家族於一二三一年被屠殺殆盡，蒙古人徹底將花剌子模地區納入帝國的版圖中。

這是黃金家族在對世界的征服史上首次成功地征服一個組織體系良好的國家，因為在此之前他們征服的是突厥或者蒙古部落，或者是與他人共同滅掉弱小王朝（如西遼）。對花剌子模的征服，使黃金家族得到了肥沃、富裕的中亞地區及其提供的源源不斷的物資供應和糧食保障，並獲得了征服組織體系良好的定居居民和國家的寶貴經驗，特別是軍事戰爭經驗，對日後消滅更為強盛、富庶的金朝、西夏和南宋打下了良好基礎。

揚長避短，充分發揮游牧族群的優勢戰力

蒙古人論文明程度，遠遠不及當時他們準備征服的地域；論軍隊的現代化訓練，也與別國軍隊處於伯仲之間；論人力資源也是少得可憐，但他們戰勝了無數的對手。

但是蒙古人將自己游牧族群的特點巧妙地運用於自己的軍事征服活動中，並發揮得淋漓盡致。他們很清楚自己擅長的是平原和草原作戰，因為平坦的地勢非常有利於戰鬥序列的展開，非常適合身體條件出眾的蒙古騎兵橫刀立馬。他們在進行平原上的城市攻堅戰時，不會把自己不擅攻堅的一面暴露出來，而是採用誘敵至城郭以外進行聚殲的辦法。大規模的騎兵如風捲殘雲一般迅速地在城外消滅敵方的戰力，然後由配合騎兵跟進的少量步兵收拾殘局或者打掃戰場。

黃金家族以區區不足百萬人口，連續不斷地衝擊四十餘個國家和民族地域，除了源源不斷的戰馬保障外，人力資源的供給就是最大的問題。因此如何最大限度地發揮自己的軍力之長，最大限度地減少自己人員的傷亡，就是蒙古人在征服進程中的最大問題，也是他們精彩戰術的一個體現。

一二二〇年，鐵木真親率主力從花剌子模布哈拉向首都撒馬爾罕進攻，這一次他們遇到的情況非常嚴重。撒馬爾罕當時有居民五十萬人左右，經過阿拔斯阿拉伯王朝和塞爾柱人以及花剌子模突厥人的幾百年經營，早已是中亞的政治、經濟、文化、交通和戰略防禦中心。花剌子模汗摩訶末委託其舅舅禿海漢駐守，時有六萬突厥精兵、五萬阿拉伯士兵和二十餘頭戰象，而鐵木真的軍隊雖有十餘萬人，但經多次戰鬥已人疲馬乏了。

如果按照一般攻防軍力，必須有二十萬以上的精壯士兵才有可能攻陷撒馬爾罕。蒙軍不僅人手

不夠，而且面對的是意志堅定的對手。鐵木真經過幾天認真觀察，發現撒馬爾罕三面環山，城西是一片開闊的平原，於是他決定揚長避短將敵軍誘至平原進行決戰。

守將果然中計帶兵殺出城外，結果被設伏的蒙軍打得大敗，損失精銳士兵六千餘人，最後只好閉門不出。鐵木真派人誘降成功，他深知城中士兵並非都同意納降，於是趁著敵方猶豫之間迅速下令削平了不利於騎兵作戰的寬大城牆，填平了深深的壕溝，使得蒙古騎兵得以進出自由。

花剌子模有一千多名波斯籍的堅定抵抗者，退至內城繼續頑強抵抗。但沒有了城牆和壕溝護衛的城市，對騎兵來說僅僅是一個適合馳騁的戰場而已。

一二二一年二月中旬，鐵木真次子察合台、三子窩闊台率軍進抵舊都玉龍傑赤。他們先派出一支騎兵偵察部隊，在城門處搖旗吶喊、百般挑釁，耐不住性子的花剌子模將士紛紛衝出城來欲全殲這股蒙軍。結果他們被引誘到利於騎兵展開的地區，做了蒙軍伏兵的刀下鬼，蒙軍趁勢殲滅這支很有戰鬥力的隊伍，為後來攻城奠定了基礎。

撒馬爾罕和玉龍傑赤兩座都市的陷落，不僅標誌著花剌子模這個中亞新型強國的覆滅，也是黃金家族揚長避短戰術的一個精彩範例。

主動示弱、以退為進的圍殲戰術

多年生活在茫茫草原和高原的蒙古鐵騎，在和狼群的鬥爭以及各種自然界的猛禽相處中，充分訓練出了自己的各種戰術。有人描述蒙古人就像一隻老狼，總是機警地窺視著遠方獵物的行蹤，它時而匍匐跟進、時而上前衝殺、時而相機而動，時而又裝作落荒而逃，實則把敵手引誘到自己合適的獵殺場地，這時的蒙古人又彷彿變成了草原上凶猛的黑鷹，會毫不猶豫地把獵物撕成碎片。

蒙古人對草原上的狼有很強烈的崇拜，甚至可以說是把狼作為自己生命的圖騰。他們從狼的計謀中學會了很多克敵制勝的法寶。狼不僅是一般人們印象中的殘忍而已，它們具有比較高的智商，會審時度勢把握最有利於自己的時機和戰機。它們會在自己力量不足以立刻獲取獵物時，能很耐心地做戰術退卻讓對手喪失警惕和貿然出擊，然後再伺機圍殲敵人和獲取勝利果實。

在進攻金朝和南宋的各種戰鬥中，他們很好地利用了這一戰術。蒙古人經常在與敵手短兵相接時，發現自己很難迅速地取勝就做出一副潰敗的樣子四散逃去，而女真和漢人士兵卻誤認是蒙古人徹底的潰逃，於是各個爭相邀功的將領紛紛出擊，隊形散亂了，完全沒有了建制，他們這時已經不自覺地進入了蒙古人早已設好的埋伏圈，等待他們的命運就像一群被誘至狼群中的小鹿，被準確地射殺。

黃金家族的第二次西征由鐵木真之孫、長子朮赤之子拔都領軍。

拔都是鐵木真之後最具戰術素養的軍事家。一二四一年（**元太宗窩闊台汗十三年、南宋理宗淳祐元年**），在鐵木真死後第十四年，拔都受「忽里勒台」大會委託率軍一路攻殺到了當時歐洲軍力最強的匈牙利。

四月初，拔都與鐵木真時代的老將速不台各領軍馬會師於多瑙河支流蒂薩河附近。當時他們面對的匈牙利軍有正規軍六萬餘人，還有教士、貴族組織的武裝八萬餘人，在總量上是蒙軍兩倍之多，已經枕戈待旦、以逸待勞多時了。

看到這種狀況，拔都果斷下令軍隊後撤，且在井然有序地退後的同時布置了精心的防守。他們撤到了蒂薩河東八公里處，此地三面環水，易守難攻。反觀匈軍，對這種以退為進的戰術不以為然，依然按照歐洲傳統戰法，將大軍整齊推進到一片開闊的平原之上。這正中拔都的下懷。

他在比較安全的地形中休養數日，仔細觀察了匈軍的部署，在相持數日後，果斷於夜間突襲匈軍，並一路追殺數十公里，一舉斬殺四萬餘人。匈軍屍首遍地皆是，蒂薩河水都成了「血河」。很快地，拔都就血洗了當時歐洲著名的城市佩斯市[1]。

重視偵察和「疲勞戰術」

蒙古鐵騎的偵察工作是其克敵制勝的另一法寶。

每次戰役之前，他們都要派出精幹的「偵察小分隊」作為先行官。偵察部隊一般由兩百餘人組成，和正規軍隊不同的是：第一，他們全部是純正的蒙古士兵，而且是黃金家族比較信任和了解的部落或者貴族家庭；第二，除了氈子、戰馬和武器等必備的物品外，他們不攜帶任何輜重，也沒有任何後勤部隊做保障；第三，他們沒有正規軍隊搶劫、焚燒民宅以及打獵的任務，只有摸清敵情一項職責。

他們都是以一當十的精裝士兵，在遇到規模較大的敵軍隊伍時，他們的原則是能隱蔽就隱蔽，

---

❶〔佩斯市〕今匈牙利首都布達佩斯的一部。

能逃脫就逃脫，絕不戀戰；在遇到他們可以對付的敵軍小股部隊時，他們的原則就是不留活口，盡可能一個不剩地殺光對手。

有時候，這些偵察兵不搶劫、不焚燒民宅的表象會讓很多見過他們的老百姓很放心。但這些似乎「軍紀嚴明」的士兵離開後，帶著蒙古大軍再回來時，慘烈的燒殺搶掠才正式開始。

在進攻西夏、金朝、南宋、大理、花剌子模等政權和莫斯科、基輔大公國等具有高度定居文明和堅固的城防時，他們則往往利用事先準備好的當地居民提前潛入城池之中，把城市的守備、部署、備戰等情形摸個「底兒掉」，這樣在正式發動進攻時就能夠從城防的薄弱環節入手了。

黃金家族的四個骨幹——鐵木真長子朮赤、次子察合台、三子窩闊台、四子拖雷，無一不是攻城拔寨的好手。

他們在進攻規模較小的城市時，往往先把它圍個水洩不通，讓城內的居民在心理上產生震撼。接著就是他們的拿手好戲：疲勞戰術。蒙古兵會有組織地分為若干梯隊，交替進攻、輪流休息，這樣既保證自己不至於過分疲勞，又能使城市守軍始終處於不得休息和恐懼狀態。如雨般的弓箭和炮聲，即使不讓守軍的心理崩潰，也會使得對方軍士的耳膜被震壞。

在進攻規模較大的城市時，蒙古人又會換一種疲勞戰術的套路。先是全面包圍，晝夜不停地攻擊。如果效果不佳，就會反覆把沾滿了油的木條射入城內，或者把死屍煉出的脂肪點著了投射進城內，讓城內軍民驚慌失措，從而擇機攻進去。如果還不能得逞，蒙古人就會選擇一個比較開闊的城門放鬆攻擊，待守軍求戰心切衝出來的時候，就用早已設伏的弓箭手殺死他們，從而不斷殲滅對手的戰力。

蒙古人還常常採用「水攻」。如一二二〇年在攻打玉龍傑赤時，連續六個月久攻不下，主將朮赤就命人引烏滸河❷河水灌城，最終攻破這座城市。

這種事前偵察的手段正是兵法中「知己知彼，百戰不殆」的具體體現，城市攻堅中的疲勞戰術，則是現代戰爭中「心理威懾」和「雜訊污染」的應用。

借刀殺人：「蒙協軍」的充分利用

借刀殺人，可謂是蒙軍的一大發明。蒙軍將此戰術主要應用在征服中亞和歐洲的戰爭中。他們經常在騎兵部隊第一次衝鋒時，由大批投降士兵（我們不妨稱其為「蒙協軍」）作先鋒，待這些人基本損失殆盡，而敵方也已經人困馬乏之際，突然把蒙古本部軍隊派出，以收到奇兵之效。

從一二一九年到一二二五年，鐵木真及其黃金家族用了六年時間，徹底征服了中亞強國花剌子模，比征服南宋（從一二三四年至一二七九年，用時四十五年）、西夏（從一二〇五年至一二二七年，用時二十二年）、金朝（從一二一一年至一二三四年，用時二十三年）所用的時間都短得多。黃金家族在對南宋的征服中有多種比較複雜的情況，比如遇到突然的西征、內部汗位的明爭暗鬥、南宋城池的堅固等，但比較重要的原因是蒙軍在漢地遇到的是寧死不屈、堅決反抗屠殺的人民。

花剌子模就不是這樣了，這裡是蒙軍取得大量「蒙協軍」的天然場地，缺乏統一文化的當地軍

❷〔烏滸河〕今阿姆河。

民給了蒙軍可乘之機。

花剌子模故地，包括今天的阿富汗、烏茲別克、土庫曼、吉爾吉斯、塔吉克、伊朗的大部，以及伊拉克、巴基斯坦和哈薩克一部。這裡從遠古時候就是一個不同種族和民族的走廊，黃種的匈奴人，白種的突厥人，突厥人的一支塞爾柱人，白種的粟特人、西亞的阿拉伯人等。隨著歷史的變遷，語言文化也非常複雜，有波斯語族、阿勒泰（突厥）語族、印地語族等；宗教則有原始宗教、拜火教、佛教、基督教的一些流派等。儘管花剌子模在消滅文明而軟弱的西遼似乎易如反掌，但一遇到蒙古人就顯得力不從心了——人民的分裂、軍隊不能相互配合等，還有些權貴則是被蒙古人輕易地事先用金銀財寶收買等，不一而足。

於是在花剌子模戰爭中，出現了黃金家族征服史上比較少見的一幕。每攻下一座城池，除了被屠殺和被擄去蒙古本部的人，剩下的人無論自己願意與否通通做了蒙軍的「蒙協軍」。僅在進攻忽氈時，就有當地「蒙協軍」五萬人為蒙古人效力。這些人即使僥倖生還，在日後黃金家族征服漢地的戰爭中依然作為「蒙協軍」出現。

蒙古人對這些被俘的人，採取非常嚴厲的管理手段。讓他們充當炮灰，進攻他們自己同胞的城市，如果不好好作戰就予以處死。這些人的表現得到了蒙古人的肯定，就又會被忽悠一把，諸如給予榮華富貴云云。其實黃金家族「蒙協軍」的最終下場基本上都是死路一條。

個人優秀軍事素質和高超戰爭藝術的完美結合

黃金家族擁有迄今為止世界上最有效率的戰爭機器，它建立在極強的機動靈活性、優勢的武器裝備、幾乎萬無一失的戰士體系和蒙古人軍事戰略天才四大基礎之上。

和所有歐亞大陸游牧族群一樣，蒙古人全民皆兵。鐵木真時期的十五萬帳族人，一般情況每帳出兵一人，而且規定凡蒙古人家中男性，從十五歲到七十歲必須每日訓練，枕戈待旦，隨時準備出征打仗。黃金家族「寓兵於民」，輕輕鬆鬆地就可以集結騎兵十五萬人以上。

蒙古人先天的個人戰爭素養相當優秀。他們生來就是好戰士，服從命令、目標堅定、嚴守紀律，特別是具有高超的騎術和射箭技術。他們講究「人歇馬不歇」，在西征中每個士兵都配備五匹左右的戰馬，一匹馬跑死了，立刻換上一匹。士兵則在馬上睡覺和行軍，直至戰鬥結束。士兵的箭術高超，他們能在很遠的射程準確地射中目標。在對南宋的戰爭中，蒙軍因為兵員損失巨大，連老人和弱冠少年都可以招之即來，來之即戰。

黃金家族崛起時的中原、阿拉伯和東羅馬（拜占庭），雖然對弓箭都極為重視，但它在蒙古人手中的效力更高。蒙古人是天生的軍事天才，他們不斷改進和發展弓箭的製造工藝，他們的弓箭具有當時全世界獨一無二的防銹技術，可以全天候地用於進攻。他們的弓箭拉力巨大，保證了能達到其他弓箭兩三倍的射程。

蒙古騎兵當時擁有的火器裝備不是最為先進的，但他們善於學習，更善於採用在遠距離充分發揮鐵騎威力、結合中近距離騎兵作戰的多兵種協同技巧。從外形上看，他們的騎兵似乎不具有特點。蒙古馬身材矮小，粗壯的小腿看似不大善於奔跑，與久負盛名的「汗血馬」相比，簡直就是醜小鴨與白天鵝。但是蒙古馬具有超乎想像的長途奔跑能力，以及不間斷、不休息的體力和無比穩健的四蹄，對水草等條件要求基本上隨遇而安。

蒙古騎兵的裝備是所有人都會羨慕的：精緻而靈活的馬鐙子，讓騎手可以輕易地從馬的一側轉向另一側，而避開攻擊；武器的標準配備包括兩把保護良好的弓，兩個箭筒，用於近戰的一把利斧、一柄彎刀和一把金屬製成的狼牙棒。此外，每位騎兵還配備一個可以把敵人戰馬拉倒的活結繩索。最重要的是蒙古人那令人望而生畏的組合式弓弩，它力道強大，翼展寬廣，射出的弓箭不僅距離很遠，而且不隨風向發生偏移，有效地保證了射程和精準度。

蒙古人的智慧充分展現在他們的戰爭藝術上。本來面對的征服對象軍力遠遠在他們之上，但是蒙古人恰恰抓住了定居民族的弱點。花刺子模、西夏、金、南宋等國，大量的部隊屯集於不同城市，功能局限於「遙相呼應」和自保一方平安，缺乏大兵團野戰素養和訓練。一旦戰事開始，很容易被蒙軍採用圍點打援、聲東擊西的戰法各個擊破。

黃金家族熟知「擒賊先擒王」的兵法。他們經常是「讓開大路，佔領兩廂」，「直搗黃龍府」，往往不拘泥於眾多城市的攻守，而是先進攻其首都或戰略要地，在毀滅對方的政治中心和軍事指揮中心後再橫掃其餘。比如，六打西夏，每次都是長驅直入，直接殺到其都城興慶府[3]。進攻金廷，則是以直接攻下中都北京和末都開封為目標。打擊花刺子模，也是迅速地進佔布哈拉、撒馬爾罕、玉龍傑赤等重要城市或要塞，以便使對手指揮失靈、喪失鬥志，從而加快征服進度。

蒙古人深知自己兵員不足的缺陷，因而在征服戰爭的初期便注意對佔領地區工程師和技術工匠的利用，他們通過瘋狂的屠殺來摧毀人們的抵抗意志，這些技術人員為了求生，只能以百倍的用心為蒙古人生產武器及裝備。黃金家族三次西征部隊，總是跟隨著人數超過軍隊數倍由不同族群組成的軍工隊伍。

蒙古人在重型軍事裝備上也是虛心的學習者和實踐者。他們從突厥人那裡學會使用發弩機和發石機，從漢人那裡學會使用攻城雲梯和巨石機，把漢人的火藥結合阿拉伯人的技術生產了「回回炮」等火器，這些裝備極大地彌補了蒙古騎兵不擅城市攻堅戰的缺點，使他們如虎添翼。

在中世紀征服進程中的蒙古人的確是軍事戰爭天才與粗野文明踐踏者的矛盾統一混合體。

❸〔興慶府〕今銀川。

四七、元朝的興衰密碼

仰天長歎：令人困惑的元朝興衰

元朝這樣一個金戈鐵馬、氣吞萬里如虎的龐然大物，遷都北京一百來年就轟然倒塌。廣義概念的黃金家族對世界的統治延續了四多個世紀——從一二〇六年鐵木真稱汗起，至一六三四年為後金所滅。黃金家族於一三六八年匆匆敗退大漠，面對把他們趕走的敵人堅守了兩百餘年。

歷史給今人留下了許許多多的難解之謎，也讓我們在撫今追昔之餘得以洞悉那逝去歲月裡的酸甜苦辣。

一二〇六年（金章宗泰和六年、南宋寧宗開禧二年），從斡難河畔起兵的「世界的終結者」奇渥溫・鐵木真建立蒙古汗國。被尊稱為成吉思汗的鐵木真東征西戰，創建了地跨亞歐的世界性大帝國，他的孫子、號稱「光榮達到頂峰」的世祖奇渥溫・忽必烈薛禪汗，把蒙古文化和中原文化進行了有機整合，建立了聲威赫赫的元朝。

然而，更值得稱奇的是一個曾經令耶律氏大遼、完顏氏大金、李氏西夏、趙氏大宋、段氏大理國、花剌子模、高麗、安南、中亞各色人種、蘇丹、埃米爾、哈里發、多瑙河畔的主教聞風喪膽的鐵騎，在看似文弱的漢人農民起義軍的腳下被推翻，北撤大漠後以北元的身分與中原明朝以及崛起於白山黑水間的近親後金又廝殺了兩百六十六年，分庭抗禮自不必說，一度有重振黃金家族舊日榮耀之感。

看似不符合理論邏輯的事物，往往有其必然的歷史邏輯。有人說，歷史是由人民寫的；有人說，歷史就像一位任人打扮的小姑娘；還有人說，歷史就是現實的追溯……

這些觀點正所謂「橫看成嶺側成峰，遠近高低各不同」，從不同側面反映出人們認識的歷史觀、世界觀與價值觀。但真實的歷史往往充滿了令人費解的詭異，它並不按照今人理想化的思路延展。探究大元與華夏、北元與大明乃至其時波瀾壯闊的歷史畫卷，就不能不對大元的輪廓進行梳理。因果關係也好，傳承關係也罷，後人的無盡嗟歎只能建立在對歷史的感同身受上面。

就像元雜劇詭秘地出現於元朝而不是其他朝代一樣，大元從極盛到極衰似乎正是「雜」的結果。這種「雜」，不同於秦始皇、漢高祖及其後代以強力推進「書同文」「車同軌」，用純正的漢文化建立統一的大帝國；也不同於隋文帝、唐太祖建立的以漢儒文明為主軸、多元文化相互交融、共同促進的偉業。元朝是中國歷史上第一次由邊疆少數族群建立的統一大帝國和封建王朝，蒙古人自身人口較少、文化較低、經濟較為落後，僅以武力取勝。黃金家族在入駐中原前後，在國家治理、文化發展、政府官制等很多方面都有過對漢文明的借鑑和模仿，但是內心的文化自卑和對中原巨大的人力、物力資源及高度發達文化的恐懼，使得他們在思想上長期處於游離狀態。事實證明，凡是漢化比較好的皇帝其征服和統治都很順暢，但是他們觀念上的憂鬱、狐疑和內部的紛爭，又一次次使試圖通過中華傳統統治手段鞏固大一統的作為曇花一現。這也導致了元朝無法與漢、唐、明、清等大一統朝代的一樣，立朝興盛數百年。

瑕不掩瑜：黃金家族世襲正統的雜亂

鐵木真成吉思汗黃金家族的強項是武功，而非文治，一個不爭的事實。

雖然鐵木真及其家族在征服世界的進程中，不斷吸收比較先進的文化，但這種文化的學習更多的目的大多數情況是為了符合攻城掠地的軍事征服需要，即使有一些政策諸如延請色目人進行國家貿易壟斷等也多是基於游牧族群獲取財富、滿足短期目的的急功近利之舉。至少在黃金家族前期的擴張年代裡，蒙古鐵騎的主要功能和目的並不是獲得定居生活和進行穩固的國家管理，而更多地體現出通過對文明以及文明附著物的滅絕，以彰顯蒙古人的威武和強悍軍力。

黃金家族對兩河流域巴格達城、匈牙利佩斯城、中亞撒馬爾罕城、阿姆河范延城和漢地若干城鎮的屠城式戰法，固然可以使抵抗者的抵抗意志在短時間內遭到抑制，但對帝國長期統治並無益處。因為屠殺和對文化的壓抑，會給各民族心理留下難以彌補的長期傷害，一旦帝國軍事力量在定居生活中被銷蝕殆盡，其統治的終結也就為期不遠矣。

在封建社會中，歐亞大陸定居居民的組織結構，主要以封建制王朝和城邦制國家的面目出現，軍事征服固然是改朝換代的主要方式，但一旦軍事征伐階段過去了，統治者為了自己家族的長期利益，必然會受到封建文化中基於血緣紐帶的穩定、規範而正統的嫡傳世襲制度強烈影響。從歷史唯物主義的角度看，「父傳子承，嫡長為先」的皇位嫡傳世襲制度，既有利於王族的穩固統治，也能避免血親之間為了爭奪「皇冠上的明珠」而產生互相爭奪，乃至自相殘殺。

游牧族群的世襲正統制度，與其生活方式有必然聯繫。游牧族群生產力水準的長期低下和居無定所，使得他們不可能像定居居民一樣，能夠著眼於建立起保證自己長期穩定統治的世襲正統制度，因而汗位（皇權）的更替交接更多地體現在崇尚武力，以此作為傳承的第一要素，採取類似「忽里勒台」大會這種原始文化殘存的民主形式，而一旦徜徉於與世襲嫡傳和傳統方式之間並無所適從的時候，內亂、內戰便不可避免，統治的衰落和終結也就很快到來了。黃金家族依靠蒙古人天才的軍事力量維繫著統治，但世襲問題一直困擾著他們，也成為他們最終失去世界性大帝國，絕望地回歸祖先故地的重要原因之一。

黃金家族世襲正統制度的弊端，主要體現在汗位繼承權問題的雜亂無章。原本在蒙古人局限於漠北一隅時，一直按照游牧族群通行的原始民主決策方式，即召開「忽里勒台」大會，當時鐵木真擁有無上權威，他的汗位自然無人敢質疑。他去世後仍有餘威，黃金家族即使有不同聲音，基本都被民族共同的追求財富、征服更多民族和地域的一致目標暫時掩蓋。蒙古人在起家初期，世襲的特點基本有三：其一，長子一般不繼承祖業，而是盡早地遠離父母，自己創業；其二，一般是「幼子掌家灶」，鐵木真成吉思汗明確地把汗位傳給三子窩闊台，就已經改變繼承主要的領地、部眾和財富；其三，最具有原始社會特點的是，蒙古人崇尚舉賢者為領袖。

在當時蒙古人的生產力水準低下，經濟生活比較落後，文化相對閉塞，基本不受封建倫理綱常思想影響，因而其世襲方式不會有太大問題。一旦在短期內征服了眾多地域、民族、人口，佔有了大量財富以後，這種世襲方式的內在矛盾和不確定性便凸顯無疑了。

其實，黃金家族從鐵木真開始就已然進入了世襲觀念和現實的糾葛怪圈：朮赤可以接受長子不能接班的老規矩，但是他擁兵自重，有實力和能力發出不同的聲音（不贊同窩闊台而力舉拖雷）。按道理應該由幼子拖雷繼任汗位，因為拖雷作為幼子是「孛兒只斤」的守護者即祖業的繼承人，是蒙古人古老傳統意義上的儲君，可是鐵木真又感覺三子窩闊台具備賢者的素質，更能勝任汗位。

在巨大的征服利益面前，鐵木真四個兒子的人性本性展露無遺，依託原始民主倫理的世襲制度遠遠無法適應了，而從鐵木真黃金家族第二代人開始的權力之爭，必然交織著整個帝國統治的全程。即使到了一百多年以後的北元時期乃至一六三四年被為漢地女真人後裔建立的後金所滅亡，仍然沒有解決好汗位的世襲正統問題。

看看自鐵木真成吉思汗起的蒙古（元）——北元世系表，就對其傳承的雜亂一目了然。帝國初期，鐵木真明確了三子窩闊台為繼承人，長子朮赤和四子拖雷根本不服。鐵木真去世後，窩闊台聯手二哥察合台，經過反覆的內部協調和政治鬥爭，付出了讓拖雷監國兩年的代價，才於一二二九年名正言順地成為大汗。

後來的世襲狀況依然亂象叢生。元太宗窩闊台汗死後，他的皇后乃馬真於一二四一年至一二四六年監國五年，操縱「忽里勒台」大會推舉她和窩闊台的長子貴由繼汗位，顯然改變了蒙古人「幼子掌家灶」的古訓。貴由汗心裡也不踏實，在一二四六年的即位典禮上，要求眾宗王大臣一起起誓，以後都由窩闊台系延續帝國正統……

到黃金家族的第七任領袖（包括大汗和監國）之後，汗（帝）位又轉至拖雷系——一二五一年，拖雷長子蒙哥依靠父親拖雷和母親唆魯禾帖尼的運籌帷幄和堂兄八度、別兒哥的強大武力，愣是從窩闊台系手中奪了汗位。而蒙哥汗的四弟忽必烈，既沒有按照中原傳長不傳幼的傳統，繼續扶持蒙哥汗的後人接班，也沒有秉持蒙古人「幼子掌家灶」的老規矩，對幼弟阿里不哥鼎力相助，反而用自己強大的實力把小弟弟阿里不哥收拾了，自己做了皇帝（大汗）。

元朝、蒙古帝國二位一體體制建立以後，帝位傳承依然延續著不倫不類的怪象。一二九四年（元世祖至元三十一年），八十歲的忽必烈把帝位給了真金的三子元成宗鐵穆耳。當然，這個孫子很有水準，這是另外一個話題。

元成宗鐵穆耳死後，他哥哥的長子、他的侄子海山即位。元武宗海山把位子傳給了同母弟弟、元仁宗愛育力黎力八達。元仁宗之後，就更亂了。

總之，元帝（汗）位的每一次交接，一會兒是兒子自相殘殺，一會兒是兄弟武力爭鋒，給百姓帶來的是無盡的戰火和災難。

北元時期，常常是一個部落就能「挾天子以令諸侯」，好多任北元的大汗徒有虛名，自己的許可權有時連大帳都出不去。一會兒一個主意，一會兒一個辦法，就是史學家都時常被蒙古帝國世系表弄暈。

總的說來，蒙古民族史上和女真（滿）族等通古斯民族有一條很重要的共同特點，就是在大多數家族中間，小的佔的「便宜」要多一些。蒙古（元）——北元系統中，鐵木真的小兒子拖雷系，到他的兒子蒙哥繼承汗位以後，直至北元滅亡都佔據著帝國的正統共主地位。北元時期，雖有過一些黃金家族其他成員數次篡奪了汗位，但並沒有從根本上影響拖雷一系在黃金家族中的主導地位。不過，從一二二八年到一二三三年，五年間皇帝就換了五位，簡直就是兒戲。北元帝（汗）位的世襲，武力鬥爭紛繁往復，黃金家族更加推崇「武力出政權」，以致在北元汗位上待兩三年就不得不走人的有好幾位。

察合台汗國在一三三一年至一三四六年間，先後有十個汗即位，每個汗基本都是通過謀殺前任上臺的。

蒙古帝國的藩屬察合台汗國及分化的東、西察合台汗國，以及後繼的帖木兒汗國、蒙兀兒汗國，欽察汗國及延續的喀山、阿斯特拉罕、克里米亞等汗國，包括伊兒汗國的汗位傳承，都因為世襲文化倫理的不穩定，摻雜了人種、宗教等因素，而對黃金家族的統治帶來了巨大的傷害。

總之，蒙古帝國世襲的雜亂無章，是其迅速從巔峰走向分崩離析的重要根源之一，也是其在迅速擴張中缺乏文化支撐力的原因與必然結果，龐大的帝國就像當初蒙古人如利刃般殺向各處那樣，「匆匆而來，草草而終」，叫後人不禁扼腕興歎。

瞻前顧後：語言文字政策的失誤

英國歷史學家阿諾德・湯恩比認為，一個國家要做到大一統，總要建立一套用於思想交流的官方媒介系統，它不僅包括一種或多種口頭交流的語言，還必須包括基於書面符號的視覺記錄即文字系統，尤其是文字系統對大一統國家而言更為重要。

現代科學研究已經充分證明，漢字是中國五千年文明和中華民族越挫越勇、不絕傳承的科學完備的文化載體。自從倉頡造字以降，對文化的積澱與提升，對幾千年民族的統一認同，漢字功不可沒。全球四大古文明，完好保存的僅有依託漢字的中華文明，其他古老文明都如其古老文字的消亡一樣，即使沒有消失得無影無蹤，也已如明日黃花。

兩千多年前的秦始皇嬴政，以周天子之牧馬人後裔的身分一舉滅六國。秦立朝短，但最大的功績不僅是建立了中國歷史上第一個中央集權的封建制國家，也不僅是第一次建立了規範而先進的郡縣體系，不僅是修建了始皇陵墓，也不僅是修築長城和靈渠，而是秦始皇以「書同文」的偉大決策，使中華民族有了統一的語言文字。即使在今天，中國境內方言之間的差異甚至超過了歐洲各國，但擁有包含同樣文化訊息的是自秦漢以來一直使用的漢字，正是中華文化綿延不絕的恆久力量。

黃金家族固有數萬里江山，但其語言文字特別是文字的雜亂，使之立朝建國如同無源之水、無本之木，難逃迅速衰落的結局。神奇的是，黃金家族從來沒有利用自己的征服之便，順勢把蒙古語推廣至從多瑙河到幼發拉底河，從東歐平原到長江三角洲，從喀爾巴阡山到爪哇島的廣大地域。

隨著軍事征服跟進的語言文化征服才會是真正的、完整的征服。黃金家族時期，皇室和以蒙古人、色目人組成的軍隊，主要使用蒙古語言和後來誕生的八思巴文字；以畏兀兒人和蒙古人為主組成官僚階級的大地主，主要使用蒙古語和當時的畏兀兒文字；廣大的漢人、契丹人、女真人等，則使用漢語言和漢字。在旭烈兀建立的伊兒汗國，政府使用的是新波斯口語和古波斯——阿拉伯字母。在察合台汗國和欽察汗國，使用的是當地多數游牧族群的突厥語。而蒙兀兒汗國在印地語、烏爾都語的環境中，官方語言居然採用了風馬牛不相及的波斯語言，而文字使用了突厥文字。

可能在黃金家族看來，語言文字的極端靈活性能使他們騎在馬背上征服天下，從歷史和當時的情況看似乎的確如此。在元太宗窩闊台汗、元定宗貴由汗、元憲宗蒙哥汗時期，鑑於蒙古沒有自己的文字，加上擴張速度太快，對帝國各地的文字基本要求是「屬地化」，原則上用本地文字書寫。有元一代，帝國的往來文字多達數種，遠遠超過了今天聯合國的五種工作語言。不同語言文字長期並存，使得蒙古帝國不同於中國其他朝代而是具有鮮明的個性特點，也成為蒙古帝國迅速衰敗的重要原因之一。

不要簡單地把當時蒙古人文化水準的高低和智商進行類比，當時有不少學有所成的蒙古人同時精通和掌握幾種語言、文字似乎並不是難事，如漠南汪古部趙王統治的天德軍豐州即通行著六種文字，各級達魯花赤在地方治理中往往多語並用、多文並行。從太祖鐵木真成吉思汗直到世祖忽必烈的大約一個世紀內，不少黃金家族和蒙古貴族子弟精通漢字、畏兀兒文字、契丹文字，甚至掌握古波斯文字、古敘利亞文字、古亞美尼亞文字。

畏兀兒文字對蒙古帝國比較重要。這是因為在鐵木真西征的進程中，第一個遇到的較為文明和發達的族群就是畏兀兒人，這個當時以信仰佛教為主的族群，對蒙古人表現出了其他族群少有的順從，並且以其聰明才智為蒙古人後來的征服和統治盡心盡力，因而蒙古帝國一直對畏兀兒人友好有加——鐵木真及其後裔很長時間都把先期被征服的畏兀兒人和契丹人視作被自己保護的對象，鐵木真還曾把自己的女兒也立安敦公主嫁給了畏兀兒人的亦都護（首領）。在征服了波斯和花剌子模等地方後，在數百個相當於縣的行政區設置的民政官員達魯花赤，也多數由畏兀兒人擔當。

一二〇四年，鐵木真統一蒙古各部後，把俘虜的畏兀兒人塔塔統阿叫至跟前面授機宜，令他「教太子、諸王以畏兀兒字書寫國書」，為蒙古人使用文字（畏兀兒文字）之始；在呼羅珊和伊拉克被征服後，窩闊台大汗任用塔塔統阿在那裡代行行政長官的權力。

身為蒙古人的阿兒渾阿加，就因為熟諳畏兀兒文字，而於一二四三年至一二五五年，被監國的窩闊台皇后乃馬真從中書省派往呼羅珊和伊拉克任民政官。一二〇六年，鐵木真還正式詔令用畏兀兒文字書寫「青冊」，連「札撒」這樣的法律性文書，在蒙古帝國前期也基本上是畏兀兒人書寫的專利。

「札撒」是鐵木真在一二〇六年稱成吉思汗時制定的一部法典，既有部分憲法的功能，也有大量「專門法」的內容，是黃金家族在相當長的時期內，把奴隸制社會經濟形態與強力的軍事民政關係相結合，經過神聖的「忽里勒台」大會民主形式而產生的嚴格紀律。它曾經具有神聖的權威，書寫「札撒」的畏兀兒人也就隨之受到了黃金家族尊重。

元世祖忽必烈對蒙古的文字建設做出了貢獻。他於一二六〇年繼位後，認為「文治方興而字書有闕，於一代制度實為未備」，於是命吐蕃僧人八思巴以畏兀兒文字為基礎，根據蒙古語音語調，在吐蕃、印度文字的基礎上創制了包含四十二個字母的蒙古字（**一二六四年制出畏兀兒文字變體式的蒙古字，一二六九年制出借鑑漢字的方體式蒙古文字**）。鑑於創制蒙古文字的功績，一二六四年，忽必烈封八思巴為「國師」。

但是文字依然沒有統一，部分原因在於蒙古人習慣以戰爭為主要的工作任務和生活方式，征服進程推進過快造成黃金家族裡很難「放下一張平靜的書桌」，再有就是限於文字自身的局限性，八思巴文字在推廣中遇到了很大阻力。還有一點比較重要，蒙古所征服的多數區域是文明程度比較高的地區，八思巴這種缺乏文化寄託的文字自然很難推廣。特別是隨著蒙古帝國和元朝二位一體體制建立，以及察合台汗國、欽察汗國、伊兒汗國等藩屬國先後出現，雖然表面上都維繫著以元朝為蒙古人、黃金家族最高代表的外部形象，實際上內部已經獨立運作、各自為政了。這樣一來，生活在各地主流文化實體中的黃金家族後裔，反而成為八思巴文字推行的阻力了。

即使在元朝直接統治的版圖內，語言文字的同一性問題也一直沒有得到很好的解決。元史學者蕭啟慶認為，當時蒙古人的意識形態中，「大元」不過是「大蒙古國」的延續，因而統治對象中以漢人或者高度漢化的女真人、契丹人、党項人等為主要人口組成，但是並不以漢地為限。元廷僅僅將漢語和漢語文字列為官方語言和官方文字之一，並未像其他封建王朝那樣完全以漢語為各民族的共同語言。

即使是元世祖忽必烈在基本接受中國傳統封建王朝的衣缽的同時，還自認自己是世界的「普遍帝王」，從而在理論上接受所控制的不同地區的文化和語言文字，而不是獨重漢語。入主中原以後的蒙古帝國，一直對漢人為主體的中原人民的強烈反抗和高度的文明心有餘悸，雖不得不採用了多數的「漢法」和為數眾多的漢人官員，但在內心深處一直充滿了畏懼和疑慮。所以直到元順帝末期，國家高級官員更多的還是依賴於蒙古人和色目人，僅以元成宗大德年間（一二九七—一三〇七年）計，出身蒙古、色目的朝官就佔總數的百分之四十四·九，大都和京畿地區的比例是百分之三十·六，在大都以外的其他地區則佔百分之二十八·六。這樣的氛圍，自然導致語言文字的互不相通，也缺乏一致性的條件，還使得本來就很龐大的官僚機構又長期設置了大量的翻譯人員，行政的管理效率更加低下。

畏兀兒文字曾經長期為元廷使用，古印度梵文文字則在元朝比較崇尚的佛教系統居主流地位——喇嘛主要來自吐蕃、尼泊爾和畏兀兒。各地的達魯花赤除了畏兀兒人，還有大量隨蒙軍進入中原的波斯人、阿拉伯人、突厥人等色目人，他們使用古阿拉伯文字和古波斯文字，人口眾多的漢人及其他民族則通行漢字。元朝一直到被朱元璋趕出大都北京（一三六八年），其官方文字一直是分屬不同語系、結構大相徑庭的漢字、蒙文、古波斯文（時稱「回回文」）三種文字同時使用。其語言文字系統始終處於非常混亂的局面。

不過，元朝文字的雜亂倒是產生了一個值得慶幸的副產品，這恐怕是那些聲名赫赫的大汗無論如何也不會想到的，那就是由帝國及其各藩屬國留下的大量珍貴的古文字史料，是各自用不同的語言文字撰寫的，可以互相對照和印證，為後人研究十二世紀至十六世紀黃金家族治下的中國歷史和亞、非、歐歷史提供了珍貴的資料。

顧此失彼：宗教文化莫衷一是

蒙古人的先人本來信奉薩滿教，與那時生活在西伯利亞、蒙古高原的其他游牧族群別無二致。隨著鐵木真黃金家族所率領的蒙古鐵騎所向披靡、攻城拔寨，不同的宗教對原本如同白紙一張的蒙軍不斷浸淫、滲透，在蒙軍征服各色人等的肉體同時，悄然進入了他們的靈魂。

一二〇六年春，斡難河畔的「忽里勒台」大會上，鐵木真正式成為成吉思汗。「成」，蒙古語意為「強大、堅強」，「成吉思汗」即意為「強盛偉大的帝王」。敬獻這一稱號者，正是蒙古民族中德高望重的薩滿巫師闊闊出。

薩滿教相信天是主宰一切的最高神，人的一切都由天來安排，蒙古人把鐵木真及其黃金家族都視作「長生天」的代表，把他們的號令當作上天的意志。帝國早期的領袖是虔誠的薩滿教徒，他們堅定地認為自己征服世界、統治世界合乎上天的旨意。鐵木真每次出征之前，都要在大帳中自行封閉──「與騰格里（**天神**）對話」。每次征戰勝利，鐵木真都要按照薩滿教的儀軌對天致謝。

鐵木真將薩滿定為國教，委任烏孫老人為掌管宗教的「別啟」，大意是總教主。基本上說來，鐵木真及其四個兒子朮赤、察合台、窩闊台、拖雷都是薩滿教的真正擁躉。不過，這四位兄弟的夫人都是虔誠的景教徒。

薩滿教這種以天為最、「替天行道」、無比虔誠地把鐵木真家族當作天意代表的信仰與文化，使得蒙古人顯得團結和有紀律性。這樣一種宗教意志，在當時轉化為蒙古鐵騎不斷進攻、前進，甚至是瘋狂殺戮的理論基礎。蒙古人以幾十萬部眾起家，擊敗了一個個比自己強大許多的族群和政權，迅速地建立了龐大的帝國，但正因為蒙古人後來宗教文化上的變化與偏差，其統治的有效性、穩定性和長期性大打折扣。

黃金家族作為統治階級，其宗教信仰的變遷還要從帝國的實際分裂說起。以元憲宗蒙哥（**鐵木真之孫，四子拖雷長子**）汗為界，在其執政的一二五一年至一二五九年，繼承權之爭導致的內部不睦已經顯現。蒙哥去世以後，帝國實際裂變的時代到來了，逐步演化為：繼承了帝國主體，表面上作為宗主國的元朝；佔據今哈薩克草原、高加索、保加利亞、伏爾加河及第聶伯河流域的藩屬國欽察汗國（朮赤系）；佔據河中地區和撒馬爾罕等地的藩屬國察合台汗國；佔據波斯、亞美尼亞、敘利亞、小亞細亞、伊拉克、呼羅珊、亞塞拜然等地的伊兒汗國（**旭烈兀和忽必烈、蒙哥均為鐵木真之孫，拖雷之子**）。隨之，各實體的宗教信仰亦發生了深刻變化。

正如前文所述，由於鐵木真及其傳承者的個人好惡，他們將一些部落、民族或種族變為寵臣，甚至代代呵護，如畏兀兒人、契丹人、突厥人、亞美尼亞人。他們也會把一些部落、民族或種族推向永世不得翻身的境地，例如欽察人（幾乎被蒙軍滅種）、党項人。反過來說，這些被寵幸的族群，自然而然地就在不經意間把自己的宗教信仰灌輸給了蒙古人。

深得鐵木真信任的中書令耶律楚材，是一位漢化程度很深，而與蒙古人、漢人同源的契丹人。他是一名虔誠的佛教徒，利用鐵木真的寵幸和對窩闊台繼位的幫助，有機會和有能力勸阻鐵木真珍惜民力、力戒殺戮。他利用自己作為大汗身邊近侍的優勢，用淵博的佛、儒、道宗教理論影響了很多當時的蒙古高層。

鐵木真青年時代和克烈部密不可分，克烈部對景教的信仰無疑給他留下了深刻印象。在鐵木真啟動統一蒙古各部的進程中，和克烈部一樣都是景教徒的汪古部，冒著巨大的危險背叛了當時很強盛的乃蠻人，而投向了鐵木真。因而在鐵木真揮師西進的時候，蒙古人對基督教徒的保護在許多史書中都有記載，就像父親般的慈愛與保護，與蒙古人對其他人的屠殺相比，簡直無法讓人相信是同一個征服者所為。

畏兀兒人對黃金家族信仰方面的影響也具有代表意義。他們那時普遍信奉佛教和景教。在畏兀兒人的舊地如吐魯番、哈密乃至巴爾喀什湖、伊塞克湖流域，至今仍可看到大量佛教遺蹟。因為在黃金家族開始擴張時，畏兀兒人基本沒有抵抗而迅速降服，一下子得到了蒙古人的高度信任，同時畏兀兒人又具有比較高的整體文化素質，因而長期被蒙古人任用為官，連文字也被蒙古人使用多年。於是，畏兀兒人在談笑風生間就把佛家的教義和文化輸入到蒙古騎兵的心中了。當時的畏兀兒人，被歐洲人稱作黃金家族「文明的教師」和「優秀的文書」。

多數人對蒙古人的印象似乎更多地停留在金戈鐵馬和不知疲倦的廝殺，其實黃金家族在開始擴張和西征的初期，其宗教政策是相當成功的，在某種程度上並不亞於他們的軍事力量。他們並沒有把自己的薩滿教強加於人，而是根據征服目標的具體情況隨時調整宗教政策，以適應軍事鬥爭的需要。在十三世紀初期，黃金家族已經基本統一了蒙古本部各部族，這時鐵木真面對的是天山一帶的畏兀兒人，當了解到他們主要信奉佛教和景教後，鐵木真派出了漢人高僧和汪古部的景教徒作為使者勸降，結果雙方一拍即合。

當時建都在中亞八剌沙袞的西遼王朝也不是一塊好啃的骨頭。遼被金滅亡後，耶律大石率漢人、契丹人等西進，歷經幾十年以漢人政治文化體系為本，以佛教為主，依靠訓練有素的契丹、突厥、乃蠻士兵，並團結當地以穆斯林為主的各族群眾，建立了穩固的統治。為了盡快殲滅西遼政權，知己知彼的鐵木真仍然有效地利用了宗教信仰。他在進兵前，派出各類使者前往西遼地區，這些人中有帶著信函直接威脅其統治者並進行離間的，更多的是遊說當地主要的穆斯林大阿訇，說蒙古人保護和尊敬伊斯蘭教，而西遼皇帝是「異教徒」云云。很快，西遼就在內憂外患中滅亡了。

蒙古人殲滅曾控制中亞、西亞的強國花剌子模並進行了殘酷大屠殺的消息，也傳到了相距不遠的歐洲，儘管出於宗教的對立，那裡強大的基督教勢力並沒有「心痛的感覺」，但是他們對突然間出現的這支無堅不摧的軍隊抱有深深的疑慮。鐵木真、朮赤、貴由、旭烈兀等人通過和基督教教廷以及歐洲一些國家的外交往來，敏銳地感受到了這一點。他們對花剌子模、巴格達哈里發家族的滅絕式屠殺已經引起了憤怒，這對於人口數量居絕對劣勢的蒙古統治階級可不是什麼好事，於是蒙古人不斷向基督教勢力釋出善意。不僅如此，他們還堅決保護亞美尼亞人，因為這個篤信基督教的古老民族，不僅佔據著高加索極其重要的戰略地位，經常得到來自歐洲的支援，而且擁有一支有很強戰鬥力的職業化軍隊。蒙古人和亞美尼亞人的聯盟達成了，並且延續了很長時間。這樣的結果使得黃金家族分別建立的欽察汗國和伊兒汗國側翼及接合部變得非常安全，他們可以專心致志地應對來自東方察合台汗國以及本土反抗者，從而消除了西方歐洲的威脅，避免了腹背受敵的危險。

黃金家族早期並沒有試圖通過武力將自己的薩滿教信仰強加於所征服的民眾，而是採取了非常靈活的策略，目的並非是蒙古人討好或者真正贊同某一種信仰，而是為了得到征服戰爭的戰術利益，但是初期的成功並不意味著整個帝國具備了長遠的宗教政策和戰略。後來的事實證明，當宗教作為一種戰術而需求不再的時候，黃金家族自身的宗教信仰和帝國的宗教政策就顯得毫無章法了。

試想，假如蒙古人從帝國具備了雛形以後就堅定不移地堅持薩滿教，同時集中所征服地域內不同民族、不同宗教的學者、專家的聰明智慧，為古老的薩滿教賦予不斷創新並且能為大多數民族所能接受的意識形態，輔以無與倫比的軍力威懾，那麼這種本來就蘊含著人類對自然、對生命偉大的神秘認識的宗教，就很可能為帝國臣民所共同認可，無疑會大大加強帝國統治的穩定性。

假如當時蒙古人能夠拋開狹義的「血統論」和狹隘的少數族群自卑心結，把大量信奉儒、道、釋的漢人、契丹人、女真人、党項人從中原帶到帝國所有地區，用他們的文化和定居文明配合黃金家族治理國家，龐大的帝國絕不會在鐵木真去世不久就陷入實質的分裂狀態，更不會在元朝建立中央集權制僅僅一百年後就分崩離析。

但是，歷史畢竟不能假設。

帝國的宗教信仰，隨著他們建立了蒙古帝國和三個藩屬國，而呈現出大分散、小集中的格局。也就是從整個帝國角度看，沒有哪一種宗教是佔據絕對的主流，從而顯現出大分散的信仰特點；各帝國直轄的漢地等地區及三個藩屬國，又相對具有小集中的特色，比如漢地依然是傳統的佛教、道教、儒教佔據主導地位，而三個藩屬國則在不同的歷史階段以某一種宗教作為主導性宗教。

帝國治下的宗教信仰無疑具有地域性較強的特徵，這是由所統治對象的主要信仰決定的，儘管有些黃金家族成員曾經力圖使被統治者的宗教隨自己而改變，但是由於蒙古人在各個汗國和漢地都屬於絕對的少數人統治多數人，隨著歷史變遷最終也不得不融入當地人民之中。

比如在中亞建立的伊兒汗國，雖然初期延續了鐵木真對版圖內以亞美尼亞人為代表的基督教徒的好感，並充當其忠實的保護神，甚至一度與遙遠的羅馬教廷及法蘭克、十字軍基督徒打得火熱，但伊兒汗王最終還是因為被包圍在穆斯林的「汪洋大海」中，而逐漸成了典型的伊斯蘭教徒。以至於被穆斯林擁戴的拖雷後裔合贊汗，於一二九五年進入汗國都城大不利茲時，也不得不大肆滅絕當地盛行的基督教，正式開始了伊兒汗國的伊斯蘭化進程。

在察合台汗國也有驚人相似的一幕。一三四七年稱汗的東察合台汗國禿忽魯帖木兒汗在眾多被統治的伊斯蘭教徒推動下，率領十六萬蒙古人改變了薩滿教和佛教信仰，皈依了伊斯蘭教。鐵木真的子孫多次征伐阿富汗，並在當地留下了一些蒙古族士兵駐守。時至今日，在阿富汗人口中居於第三位的民族哈扎拉人，正是當年蒙古人的後代，其外表、生活習俗依然類同蒙古族，但宗教信仰則早已在周邊普什圖、塔吉克等穆斯林的影響下完全伊斯蘭化了。

即便同屬蒙古一個民族，不同部落群體的宗教信仰原本也很複雜，如早期的蒙古克烈部和蒙古化了的突厥人汪古部，早在鐵木真成就霸業之前就已經是虔誠的景教徒了，乃蠻部則是薩滿教和佛教的忠實信徒。

缺乏文化支撐的蒙古原始薩滿教，在日出而牧、日落而息的蒙昧時代尚可維繫，一旦與蒙軍征服地域內比較先進的文明所配伍的宗教發生碰撞時，薩滿教絕對和蒙古鐵騎的銳利凶猛截然相反，不堪一擊。在人類生產力水準相對低下的歷史長河裡，宗教信仰的確可以凝聚人心、鑄就團隊、保持穩定的基石，薩滿教在蒙古帝國初期就起到了這樣的作用。蒙古人離開草原後，那種沒有自己的文字和高度文化支持的宗教信仰，就實在無法繼續履行宗教的職責了。蒙古鐵騎踩踏之後，對原有信仰的批判，所統治人民的宗教信仰必然給蒙古人帶來巨大的心靈衝擊。他們被堅持傳統與改弦更張的痛苦所折磨，大而散的宗教信仰對帝國統治造成的破壞力實在太大了。

忽必烈在一二七九年（至元十六年）定都大都北京時，就把爺爺鐵木真確定的國教——薩滿教拋開了。忽必烈在位三十四年，對佛教尤其是藏傳佛教非常推崇，以至於對後世都有極深的影響。忽必烈寵愛的國師八思巴來自吐蕃，因而對藏傳佛教情有獨鍾。元朝百年歷史中，獲得歷代皇帝冊封的來自藏傳佛教的帝師就有十二名之多，這也為北元時期東蒙古全部和西蒙古大部信仰藏傳佛教打下了深厚的基礎。

值得一提的是，吐蕃在元朝時建立的兩次神權政權，都有賴於同為藏傳佛教徒的蒙古人幫助。有元一代的宗教信仰情況大抵如此。

從人口結構看，忽必烈及其後人統治的地域，以漢人和漢化的少數族群為主，漢人的宗教經過隋唐和兩宋特別是南宋朱熹等人的積累，已完整形成了儒、道、釋（佛）三教有機統一的信仰格局；北方的金人和契丹人後裔，則以漢傳佛教為主，薩滿教為輔；西北的党項人以漢傳佛教為主，少數人信奉景教，畏兀兒人和党項人的信仰結構幾乎一樣；中原西南邊陲的吐蕃人以藏傳佛教為主；原大理國人則熱衷於和東南亞一樣的小乘佛教，這些宗教在派別和部分供奉神靈上略有不同。察合台汗國、欽察汗國、伊兒汗國在開始階段尚有薩滿教的殘存，後來分別因為汗王的個人喜好或者汗國外交軍事鬥爭需要而對佛教和基督教有過垂青，最後相繼被同化為伊斯蘭教了。但總的來說，元朝屬民中數量最多的信徒還是佛教徒。

景教在世界宗教史上有著很重要的地位。它雖發端於歐洲，但在黃金家族統治世界之前，已對近東、中亞影響頗深。

一六二五年（北元林丹汗二十二年、明熹宗天啟五年、清太祖天命十年），長安府出土了「大秦景教流行中國碑」。它立於七八一年（唐德宗建中二年），是景教傳入中國最重要的歷史文物，迄今保存完好。

景教在中國也被稱為「聶斯托利派」，最初是以基督教一支的面目出現。五世紀上半葉，景教創始人聶斯托利被基督教列為叛端後遭到流放，其追隨者紛紛逃往東方，在敘利亞、美索不達米亞等基督教勢力較弱的地方傳教，卻意外地受到了當時古波斯國王的信仰和保護，得到了很大的發展。

薩珊波斯滅亡後，大批景教徒在波斯無法立足，只好繼續東進。於是，景教於唐貞觀九年（六三五年）由羅馬籍教徒阿羅本傳入中國。

七世紀一直到十三世紀，景教經過西域畏兀兒人與波斯人的辛勤傳教，經過中原諸朝的關懷以及漢人和蒙古人的密切交往，在西域諸民族中已經形成了一定的勢力。蒙古人也有一些景教教徒，儘管信眾遠不能和薩滿教相提並論，但在局部地區佔據了一定的信仰優勢。景教在汪古部、克烈部等部落取得了宗教的優勢地位，並伴隨著上述兩部和鐵木真家族的世代聯姻而深深地影響著蒙古統治階級。

蒙古皇室的宗教信仰和對宗教的認識比較複雜。

從單純的文化包容角度來說，似乎頗具「百花齊放」的氣度。比如，世祖忽必烈的母親唆魯禾帖尼出自蒙古克烈部首領家族，是標準的景教教徒，對兒子的影響不可謂不深。忽必烈對以馬可・波羅為代表的基督徒的熱情與信任能夠充分反映這一點。一二六九年，他甚至下詔成立了全國基督教管理機構——崇福司，給這些主教以免稅和其他種種特權。

元成宗鐵穆耳（忽必烈之孫），將女兒愛亞迷失公主嫁給了元朝戰將、汪古部王子、景教徒闊里吉思。元朝皇室的御林軍裡，竟然有多達三萬名士兵是東正教或者天主教教徒。

同時，元廷同樣對中原的文化宗教給予了高度支持。

太祖鐵木真對道教全真道掌教丘處機信任有加，甚至在西征中亞獲勝後，延請多位道教名流前往布道講經。深受鐵木真和太宗窩闊台信任的耶律楚材是標準的中原儒家和佛教徒。憲宗蒙哥的皇家老師基本上都是中原儒生，世祖忽必烈的老師姚樞則是著名的儒學大家，為元朝治理國家提出了很多有影響的建議和方略。忽必烈非常信任的國師吐蕃人八思巴，創制了蒙古文字，還為元朝把吐蕃納入版圖做出了突出貢獻。在追隨忽必烈征服南宋的軍人和官員中，有大量來自波斯、阿拉伯的穆斯林。

丘處機、李志常等人與鐵木真建立了良好的個人關係，因此，道教全真道一直在元朝的北方佔有很重要的地位，史書留有忽必烈對道教徒優賞的記載。不過，忽必烈的子孫傾向於藏傳佛教。元順帝北撤哈拉和林後，北元諸汗成為地道的藏傳佛教的擁躉了。數代皇帝對藏傳佛教過分迷信，使得來自吐蕃的少數僧人在有元一代飛揚跋扈，極大地敗壞了黃金家族的名聲，加深了社會、宗教、民族的矛盾。

不過，元朝似乎帶有一定的逆反心理來制定宗教政策。比如，以前被宋朝、金朝取締的各類巫術和秘密會社，到了元朝「登堂入室」，可以公開布道，被允許廣為傳播。諸如白雲宗、白蓮教的宗教性會社的領導階層，還被元朝冊封以各種名號與官職。

問題在於元朝是中央集權國家，大凡這種體制在起兵之初和誕生伊始應當對宗教兼收並蓄，以便在征服其他民族的進程中，可以分化、瓦解對手的聯合抵抗，減輕蒙古人的傷亡。鐵木真時代確實是這樣做的，其效果也充分證明了這個政策的前瞻性和有效性。一旦統治走入正軌，就必須根據所管理的人群與傳統來調整宗教政策，如此才有可能使宗教成為統治階級用以保證長治久安的利器。

遺憾的是，直到被朱元璋趕出北京，元朝的統治階級都沒有處理好龐大帝國的宗教政策，更沒能藉助宗教的力量固化自己的統治，反而被自身混亂、無序、滯後的宗教政策和宗教價值觀傷害——推翻元朝的農民起義軍的骨幹與組織者，正是元以前被禁止的明教、白蓮教的教徒。

在這裡，我們無意對宗教優劣做出評判，僅僅是力圖揭示元朝迅速滅亡的宗教政策根源。和忽必烈同為拖雷系，佔據波斯、呼羅珊、伊拉克等地的伊兒汗國，是宗教文化雜亂的元朝的一個反例。清晰而實用的宗教政策，使它能夠立國達數世紀。

開國之初，伊兒汗國的宗教政策與元朝並無二致。鑑於蒙軍力強盛而人口居於少數地位的現實，他們以基督教的保護者自居，與人口較多的亞美尼亞和喬治亞等地的基督徒一起，有效地利用當時波斯、敘利亞等處的基督教傳統，專注於對穆斯林等所謂「異教徒」的打壓。為了支持龐大的軍備和征伐所需的資金和物資，他們又把從中原帶來的畏兀兒佛教徒任用為各佔領區的達魯花赤，利用他們的管理經驗來籌集糧秣。在統治的中後期，看到伊斯蘭教在中下層百姓中的影響日益增長，他們及時調整宗教政策，轉而通過與穆斯林通婚等形式來加強統治基礎。

黃金家族朮赤系的欽察汗國，在經歷了早期嚴重的揚基督徒、貶穆斯林後，也被突厥和伊斯蘭文化迅速同化了。

黃金家族窩闊台（察合台）系汗國則相對穩定，在與拖雷系忽必烈爭奪蒙古帝國正統的鬥爭中，出於各種考慮一直對伊斯蘭教情有獨鍾，僅東察合台汗國一次就有十六萬蒙古人皈依了伊斯蘭教，極大地促進了中國新疆地區的伊斯蘭化。

四八、元朝給中國留下了什麼

行省制度：現代中國行政區劃管理方式的開山鼻祖

衡量一個民族、一個國家文明程度的重要標誌之一，就是是否採用了先進的行政區劃管理體系，以及採用何種行政區劃管理體系。

中國作為四大文明古國之一，能夠避免其他三大文明衰落的慘痛教訓，一個重要的因素就是中國人很早就建立了先進的行政區劃管理制度，以先進的行政區劃手段治理國家。其中，元朝作為中國封建社會歷史中的一環也做出了貢獻。

眾所周知，秦始皇是中國現代行政區劃的開山鼻祖。他併吞六國後，先是廢除了夏商周時代的分封諸侯制，以肇興於戰國時代的郡縣制推行全國，將國土全境分為四十八個郡，中央管轄郡，郡下設縣。

兩漢時期，出現了著名的「九州」管理體制，即在秦朝郡縣制基礎上，結合疆域面積大規模擴大和人口激增的現實，在郡之上又設立了九個州治，即并州、幽州、涼州、冀州、青州、兗州、益州、荊州、揚州，後又增交州。「死去原知萬事空，但悲不見九州同」中的「九州」一詞，代表著全中國。

秦漢奠定了中國行政區劃的基礎，而且成功使用了多年。但是，隨著中國疆域的不斷擴大和各民族之間的不斷融合，至隋朝時又廢掉實行了四百年的州制，而恢復秦時的郡縣制。只是隋朝的郡完全不是秦時郡的概念了，從地域來說，郡實際上已經接近漢制中州的轄區了。

唐宋時又進行了改革，中原主要以道（宋為路）、府、州三級管理，此時實際的州治地域面積已經大大地「縮水」，大體相當於原來的縣域而已。兩宋以及對峙的遼、西夏和金等朝，主要取法於唐宋之管理方式，也設道（遼制）或路（金制），從規格上看那時的道或路大體相當於漢時的州，不過地面比州小了很多，但數量大大增加了，而且所轄人口數量也遠遠超過了原來州的人口。

元朝是中國歷史上疆域空前遼闊的朝代。元朝先後設立了中書省、嶺北行省、遼陽行省、河南江北行省、陝西行省、四川行省、甘肅行省、雲南行省、江浙行省、江西行省、湖廣行省等十餘個行省，並在吐蕃、西域等民族地區建立了類似行省的宣慰司、都元帥府等建制，行省以下，在中心城市設置路，中等城市設置為府，路、府以下置縣。

這一格局是中國行政區劃管理史上的創舉，它是對元以前中國歷代區劃管理的揚棄與提升，提高了國家治理的效率，有效促進了中華民族大家庭的相互融合，也是後世的明、清、乃至民國行政區劃管理的基礎。

行省制度在地域分配上兼顧了不同民族共同生活的需要，考量了千百年來各個地區人們不同的地域文化取向和心理特徵，對中央政府實施統一的民政管理政策提供了完備的管理平臺，也為強化中華民族的凝聚力和國家大一統的概念做出了貢獻。

今天，我們能聽到千姿百態、不乏詼諧幽默的各省區方言，能品嘗各具特色、膾炙人口的區域食品，能欣賞不同風格、精妙絕倫的文藝。今天，不同種族與民族優秀文化的共同融合成為中華民族的共同文明，元朝建立的行省制度功不可沒。

元曲：「文化沙漠」中璀璨的綠洲

黃金家族在其征服世界的進程中，特別在鐵木真成吉思汗到蒙哥汗當政期間，蒙古鐵騎所要征服的民族和國家如西夏、西遼、金朝、花剌子模、波斯、歐洲、南宋等地，文明程度都遠遠地高於蒙古人，殺戮和掠奪也自然會激起這些人民的強烈反抗，思想和文化方面比較落後的蒙古人的確採取的是毀滅性的做法。

但在黃金家族入主中原，特別是忽必烈建立了蒙古汗國與中國元朝「二合一式」的帝國後，游牧族群的「文化缺憾」以極端相反的方式出現了。因為蒙古人的原始信仰中以「騰格里」為大，於是它對一切有著神秘感的意識形態均能找到合適的介面。加上黃金家族對世界的征服，使各國、各民族人民在一個統一的空間下獲得了從未有過的文化藝術交流，沒任何文明包袱的蒙古人，猶如一張白紙任由人們進行文化的描繪。

悠久的中原文明在經歷了黃金家族初期的武力摧殘後，反而使得元朝能在原有的基礎上進一步推陳出新，有機會和波斯文化、阿拉伯文化進行進一步的交融。

也許正因為蒙古人在文化方面的落後，使元朝成為了中國歷史上對各種文化、各種宗教較為相容並蓄的時代。不足一百年的元朝，偉大的元曲即是文化交流、相容並蓄的具體體現。

言其偉大，是因為元曲的產生是中國古代經歷了幾千年分分合合後文化不斷進步、封建制度發展到一定階段的產物，也是幾千年中國精神文明和物質文明高度發達的必然結果，更是元朝作為世界史和中國史上疆域空前遼闊的大帝國在文化藝術方面的精彩結晶；元曲是歌舞、講唱、伎藝、滑稽戲等不同曲藝形式和詩歌、詞牌等不同文學形式的集大成者，而且不是簡單的集合，是真正脫俗出新的偉大創造；元曲在那個大一統的年代，還隨著帝國內人員的流動遠播中亞、歐洲，為不同民族、不同種族、不同地域、不同宗教背景下的人文交往寫下了光輝的篇章。

元曲和唐詩、宋詞齊名，它固然沒有大唐盛世近三個世紀的深厚積澱，也缺乏兩宋數百年國破山河在、人民心向穩定的政治基礎，但元曲正是在元朝殘暴的等級制度下，在知識分子處於「八娼九儒十丐」的悲慘境地下產生的，反而具有任何文藝形式在元朝發展所不具備的土壤。

元曲是中國元雜劇和散曲的統稱，是在北方金朝時的俗謠俚語基礎上發展起來的，再早可溯至唐朝。今天還存有小令三千八百餘首，多達四百五十套。著名的元曲四大家關漢卿、馬致遠、鄭光祖、白樸等人的元曲巨製，是中國文學史和戲劇史上的瑰寶，關漢卿創作的《竇娥冤》等名劇幾百年來一直為人們所傳頌。

雜劇一般由故事情節、曲詞、白話臺詞等部分組成，一般分為四折。折，既是音樂的單元，也是劇情的自然分野。雜劇全程既有委婉動聽的唱腔，也有精彩紛呈的對白，邏輯嚴密，主體突出，富含歷史、文化知識和強烈的針砭時弊功能，形式為大眾喜聞樂見，題材又緊扣社會生活，因而具有別的文學藝術所不具備的表現力和恆久的生命力。今天中國的三百餘個地方劇種，可以說幾乎都有元朝雜劇的影子，有些劇種甚至和元朝時的表現方法都完全一樣。

散曲則是可配樂演唱的歌曲形式，在元朝時有表演唱、舞蹈伴唱等多種形式。它主要分為小令和套曲兩種風格，小令以通俗易懂、豪邁奔放見長，在知識分子創作中以典雅脫俗、婉約悠長為高。套曲是由隋唐時期琵琶四聲的基礎上發展而來，每套曲由兩支或兩支以上不同的曲牌連綴而成。用玩笑話說，散曲是當今卡拉OK以及各種通俗、民族唱法的鼻祖。

元朝後期，元曲在中國南方演化成「南戲」，出現了諸如昆山腔、餘姚腔等具有不同地域特點和演唱風格的唱腔。南戲的劇本創作也有了長足發展，著名戲曲作家高則誠的《琵琶記》至今膾炙人口。《荊釵記》《白兔記》《拜月亭記》《殺狗記》被譽為南戲四大傳奇。

從中亞來到中原定居的康里人不忽木、畏兀兒人貫運史和馬九皋都是元曲創作中的大家，他們的藝術成就在元朝就已經非常突出，作品在當時和其他漢人作家的作品一樣被廣為傳唱。

科學沒有國界，優秀的文學藝術深深植根於百姓，也不會因朝代更迭而消亡。元曲的發展進程並沒有因黃金家族被明太祖朱元璋趕出中原而作古，而是一直在中華民族中發展。

此外，元朝的大統一，為不同民族、地區之間的全方位交往等提供了平臺，使眾多族群得以在一個統一的空間內交融相處。

傑出的天文學家郭守敬在北緯六十五度到北緯十五度的範圍內，設立了二十七個天文觀測站，編出了當時世界上最為先進的《授時曆》；王禎總結的《農書》，經過中原和中亞、西亞乃至歐洲的人員交往，把漢人先進的農耕技術和手段傳播給不同民族的人們，極大地提高了農業生產力；元朝和欽察汗國、伊兒汗國、窩闊台汗國、察合台汗國主從關係的確立，使中國的四大發明——印刷術、火藥、造紙、指南針等傳播到了世界各地，有力地促進了亞歐文明的共同進步。

四九、北元與大明的較量，沒有停歇I

一三六八年，是明朝正式進入中國朝代序列的第一年，也是元朝疆域縮小後的繼承者北元朝的開端，是中國歷史上第二次南北政權對峙的發軔，也是大明與北元兩個政治實體「上演」跌宕起伏、動人心魄、波瀾壯闊的宏大史詩的開端。它們為著統一中國的共同目標，開始了兩百餘年的金戈鐵馬、縱橫捭闔的歷史進程。

元順帝妥懽帖睦爾倉皇逃離北京後，一路輾轉到了忽必烈修建的上都開平，後又懾於明軍強大的軍事力量，遷都至應昌府❶。其間，妄圖收復帝國原有版圖的元順帝，竟然神奇地一改以往荒淫無度的生活，勵精圖治、整治軍備與民政，似乎在祖先的故地、在蒙古人熟悉而親切的大草原上，又恢復了一些黃金家族往日的雄風。

那時的蒙古人勢力依然不容小覷：疆域依然保持著蒙古舊地——東起貝加爾湖、興安嶺方向的嶺北行省和遼陽行省，西到天山山脈一線與舊察合台汗國相接，西北至額爾濟斯河一帶與舊欽察汗國比鄰，南到長城與明朝對峙。

在行政機構方面，元朝政府長期採用漢人封建的中央集權政治制度，大部分時間主要由蒙古

---

❶〔應昌府〕今內蒙古自治區克什克騰旗。

人、畏兀兒人和來自中亞的色目人執掌大權，這些人熟習了中原的生活方式與文化氛圍，在追隨元順帝北逃後依然保持著比較完整的行政管理機構，政權運作方式與在大都時沒什麼區別。

軍力方面，北元初期的戰鬥序列還比較完備。山西、甘肅方向有中書左丞相擴廓帖木兒的以蒙古士兵為主的十萬大軍；陝西方向有太尉李思齊、張良弼統領的以漢軍為主的十萬大軍；遼東方向有太尉納哈出親率的二十萬軍隊；雲南梁王的軍隊也有十萬之眾。總計「野戰部隊」五十萬人以上。北元軍隊的主要軍力分布基本集中在中原北方，在長期深受民族壓迫和歧視的最低等的「南人」聚居地華南、江南等地，蒙古人已經被風起雲湧的農民起義軍消滅了。

明軍的勢力當然不用褒貶。朱元璋挾攻滅元朝在黃河以南的主力部隊一舉攻佔大都，力圖盡快剪除北元「餘孽」，在元朝版圖的基礎上開創統治的新紀元。

對於不甘心偏安漠北一隅的北元小朝廷而言，收復富庶的中原之地、重現祖先的榮光是他們的渴望。而對於大明政權而言，全面消滅北元割據勢力，使包括嶺北行省與遼陽行省在內的土地回到大一統的明朝治下是他們不懈的追求。於是在祖宗舊地上恢復了一些自信的北元，必然要與乘勝追擊的大明，在東亞遼闊的土地上進行大規模的較量了！

元朝末帝、北元首帝——順帝妥懽帖睦爾，一三六八年十月遷都到上都開平，立即部署了第一次南征。就在一個月以前，這撥蒙古人還被明軍殺得昏天黑地、丟盔卸甲呢，而這一次是真真正正的主動出擊，目的只有一個——收復元朝大都北京。

元順帝詔命陳兵十萬於甘肅行省的中書左丞相率軍東出雁門關，兵鋒直指大都的西北屏障居庸關。這一仗，英武有謀、果敢堅定的大將擴廓帖木兒不幸地遇到了自己的「天敵」——明軍大將徐達，而遭受重創。

當徐達得知擴廓帖木兒傾巢出動來攻襲大都的消息，出其不意地親自帶軍直搗其重要後勤補給根據地太原。去往大都途中的擴廓帖木兒聽到消息，連忙親率一支部隊緊急撤退。

雙方在保安州城西遭遇，久經沙場的明軍碰到了殲滅元朝以後的首次硬仗，徐達的三萬士兵居然與有很多老幼殘兵的一萬名北元將士打了個平手。

擴廓帖木兒手下一名校官臨陣叛變，將北元軍心不穩的機密情報告知了徐達，徐達果斷夜襲北元軍大營，一舉得手。擴廓帖木兒僅以十八騎隨同遁去。

北元順帝不想給立足不穩的朱元璋任何機會，他朝思暮想都是把大明從北京趕出去，自己回到那熟悉而親切的宮闕中。

擴廓帖木兒第一次南征後不到半年，元順帝又於一三六九年（**元順帝至正二十九年、明太祖洪武二年**）五月，再次主動向明朝發起第二次南征。他命丞相也速率兩萬名由蒙古騎兵和漢人步兵組成的精銳部隊向北京進攻。

明將曹良臣採用了虛張聲勢的戰術。也速帶領的北元軍隊狼奔豕突，一直無法打開明軍的缺口，最後無功而返。

八月，順帝又命脫列伯、孔興率重兵進攻大同，進行第三次南征，意圖打開北京西邊門戶。結果北元和大明雙方會戰於山西北部，以脫列伯被明軍陣前俘獲，孔興將軍部北撤而告終。

後人耳熟能詳的「土木堡之變」中，明英宗被北元軍隊俘虜，但這絕對不是北元與大明對峙的主旋律，只是雙方攻防上的一個戲劇性插曲而已。北元和大明的對峙過程，更多地體現出一個中國歷史上非常特殊的情況：被明朝趕出了首都北京的黃金家族後裔，在回到草原的初期，不像大多數被趕走的皇室那樣一蹶不振，而是一改近一個世紀紙醉金迷夢遊般的生活方式，迅速恢復了血液中流淌的戰鬥激情，與離開北京時的倉皇、無奈相比彷彿判若兩人，也讓曾經在中原把元軍打得落花流水的明朝皇帝「大跌眼鏡」。

那時的明朝正處於冉冉上升的階段，日本史學家和田清說：「明朝興起取代元朝，不只是漢人以反抗北方民族壓迫的勢力恢復了南宋時代所喪失的中原地方，而是扭轉唐末以來漢人的被動地位，完全奪回漢唐盛世直到北疆的巨大運動。的確，明太祖朱元璋深入了內蒙古，把東起遼東，西抵西域，南到安南、緬甸，都劃入了自己的版圖。明朝初期的聲名、威力所及，更是遠播黑龍江口、非洲、波斯灣各國，東亞的朝鮮、日本、琉球、呂宋，中亞的阿速、乞兒吉思等國也紛紛遣使朝貢。」

一邊是元氣有所恢復的北元，要重溫舊夢、復原黃金家族在中原的無上榮光，另一邊是朝氣蓬勃、奮發有為，同樣具有祖先漢唐一樣雄風的明朝。一北一南，在中華大地上演了一曲激情澎湃的統一之歌。不過，這齣兩百餘年對峙「大戲」的結果是兩敗俱傷，最終被女真後裔獲取了漁翁之利。

一三六八年末北元的蒙古鐵騎力量不容小覷，上都和哈拉和林在政治、軍事、經濟上還有相當大的實力。其政治中心處在廣闊的嶺北行省，東側是鐵木真成吉思汗的兄弟們的封土，他們佔據的是森林茂密、易守難攻的遼陽行省，西側是元朝舊臣李思齊、張思道控制的陝甘行省，太行山兩側是忠臣擴廓帖木兒的十萬大軍，雲南行省也在梁王把匝剌瓦爾密的直接治理之下，中亞的察合台汗國雖已勢衰，但也有遙相呼應之勢。

《明史記事本末．故元遺兵》記載，北元仍然有「引弓之士，不下百萬之眾；歸附之部落，不下數千里也」。

對陣雙方就像針尖兒對麥芒，都憋足了勁兒在中國歷史上展開一場動人心魄的大戰。大明一方，挾削平群雄、平定南方、據有中原肥沃土地的強勁保障和將元皇室一舉趕出北京的豪邁，欲進行北伐把原先蒙古帝國的疆土盡入明朝的麾下。北元一方，背依祖先的「龍興之地」蒙古高原，準備趁大明在華北立足未穩，從北向南先行奪回大都北京，進而恢復黃金家族的全部疆土。

北元優勢在於騎兵的強大和軍隊對於蒙古高原地理氣候的熟悉，但劣勢是喪失了中原源源不斷的糧草和兵員的供應，難以進行持久或者高頻次的戰爭。朱元璋的軍隊雖然主要是漢人步兵組成，但士氣高昂、裝備精良，騎兵與步兵兼備、刀槍與火器並用，能夠得到及時的兵員和糧草補充，特別是「常勝將軍」徐達以及藍玉、常遇春等大將，在排兵布陣上比起北元的捉襟見肘呈現出明顯的優勢。

北元統治者看到了這一點，因此在具體軍事鬥爭戰術上，主要還是以恢復元大都北京為現實目標。順帝時期的幾次主動南下也都是以北京周邊的活動為主，在與明軍短兵相接而難以迅速得逞後，他們便以蒙古游牧族群的方式進行大規模搶掠，為下一次的進攻進行物質準備。

朱元璋深知北元軍隊的戰鬥力不可小看，於是採用了剿和撫兩手抓的策略。

在剿的方面，他派出具有明顯兵力優勢的軍隊採取主動攻擊態勢，對北元進行多次進攻，使他們沒有喘息和休整的時間。同時，按照「擒賊先擒王」的思路，每次進攻目標都直指北元的皇室和都城。

一三六九年（**元順帝至正二十九年、明太祖洪武二年**），明軍攻陷了今內蒙古正藍旗一帶的元上都，雖然沒有抓獲元順帝，但極大地打擊了北元朝廷的心理，同時迫使北元皇室繼續北逃。如此一來，蒙古人對明朝首都北京的戰略威懾就大大地減小了。

次年，朱元璋派徐達和李文忠分別從潼關和居庸關兩路出兵北上，目標直指漠北的元室。此時順帝已病死，明軍又一次大敗北元軍隊，消滅了其十餘萬戰力，還抓獲了留駐於應昌府的順帝之孫買的里八剌、北元太尉蠻子等，使得北元的中央政府建制基本被消滅了。僅元順帝之子、北元第二任皇帝愛猷識理達臘僥倖帶數騎走脫，逃至哈拉和林才得以喘息。

雖然大明的軍隊有著很強的戰鬥力，但面對靠軍事力量起家的北元軍隊時不可掉以輕心。一三七二年（**北元昭宗宣光二年、明太祖洪武五年**），徐達率領的十五萬明朝精銳部隊，就在哈拉和林被擴廓帖木兒的北元軍隊打得大敗。

朱元璋對北元一直沒有放棄「撫」的一手。早在一三七〇年（**元順帝至正三十年，明太祖洪武三年**），順帝妥懽帖睦爾去世那年的四月，朱元璋還派專使前往應昌府欲與順帝和北元各將領通好。同年，朱元璋又派使臣前往遼東北元權臣納哈出處，對當地蒙古人進行撫慰。「撫」的效果即便不能馬上完全呈現出來，也收到了干擾北元皇室的目的。

事實上，明軍把順帝趕出北京，進而又不斷北伐，已經給北元權臣形成了巨大的軍事壓力。「撫」的策略無疑讓北元殘存的江山越發搖搖欲墜了。一三七一年（**北元昭宗宣光元年、明太祖洪武四年**），北元遼陽行省平章劉益，就拿著遼東一帶所轄州郡地圖和兵馬錢糧清單投降了明朝。東勝州的蒙古人頭目都連帖木兒也向明軍輸誠了。明朝趁機迅速地在相關地區設立了各種衛、所，牢牢地建立起了穩定的軍政、民政治理基礎。

一三七〇年（北元順帝至正三十年、明太祖洪武三年）注定是北元與大明拉鋸戰中間極其重要的一年。

這一年，明將徐達在定西沈兒峪擊敗了擴廓帖木兒的軍隊，殲滅元軍近十萬人，使雙方的力量對比發生了質的變化；年方五十一歲的元朝末帝、北元首帝妥懽帖睦爾，感染病毒性痢疾不治而亡；明將李文忠率軍加緊進攻應昌府並迅速佔領，沒來得及舉行登基大典的太子愛猷識理達臘只得倉皇向北逃向哈拉和林。

在沈兒峪大戰之前，朱元璋還做過最後的努力，他委派新降的元朝舊臣、與擴廓帖木兒同為元末「四大棟梁」的李思齊，專程前往擴廓帖木兒營中勸降。

李思齊和擴廓帖木兒的父親察罕帖木兒為同輩，曾經是擴廓帖木兒年輕時崇拜的地主豪強領袖。兩人一見面，擴廓帖木兒對李思齊禮數甚周。李思齊以為有戲，於是使用三寸不爛之舌極盡說服之能事。遠從夏商周，近從自己與察罕帖木兒的情誼，明太祖朱元璋聖明愛民，對擴廓帖木兒傾心已久，結合天下大局已定、鑄劍為犁等，威脅利誘，曉之以情，動之以理。真難為了這位當年同樣叱吒風雲的人物了。

擴廓帖木兒專心地聽著，彷彿一個小學生在私塾認真地聽老先生的諄諄教誨。有些觀點擴廓帖木兒可能內心很不贊成，但他最多只是在臉上滑過一絲不易察覺的怒意。他根本不做任何解釋，更不會去爭論什麼。

李思齊總的來說還是比較高興的，起碼擴廓帖木兒執禮甚恭，看樣子還聽了進去，隱隱約約還有些觸動。他急於帶點兒成果回去向朱元璋邀功請賞。

看到李思齊準備離開，擴廓帖木兒也沒有一點兒挽留的意思。當時的擴廓帖木兒雖然還沒有到山窮水盡的地步，但大半生仕元竟落得在塞外寒風料峭中艱難謀求復興，也著實沒有什麼好招待李思齊的了。

李思齊一定是哼著小曲兒上路的，在兵荒馬亂的塞外有了擴廓帖木兒派出的精壯蒙古騎兵的護衛，讓這位老先生多了些許寬慰。

到了與明軍交界處，李思齊向隨同將校道別。誰料那騎兵說道：「我們大帥有令，請先生留下一物，作為辭別之禮！」

李思齊懵了：「我遠道而來，沒有帶什麼禮品啊？」

騎兵說：「那就請先生留下一隻手臂吧。」

看到一個個勇猛的騎兵，李思齊倒也不含糊，自己將一隻手臂生生砍下，交與擴廓帖木兒的騎兵帶回覆命。

回去不久，李思齊就因惱羞成怒加傷病，離開了人世。

五〇、北元與大明的較量，沒有停歇II

愛猷識理達臘和擴廓帖木兒這對「難兄難弟」，終於在蒙古高原又一次聚首了，他們真是百感交集、恍如隔世。

一三七一年（明太祖洪武四年），愛猷識理達臘在擴廓帖木兒的擁戴下，正式承繼（北）元大統，改年號為宣光，是為北元昭宗。昭宗旋即任命擴廓帖木兒為相。

擴廓帖木兒的忠君之心再次顯露無遺，招兵買馬、囤積糧草，大有重振雄風之勢。

朱元璋把哈拉和林視作心腹大患，自然不會掉以輕心。一三七二年二月，他派出徐達領兵十餘萬北進蒙古高原，意欲一舉擊滅北元。

對這場關乎北元生死存亡的大戰，北元昭宗愛猷識理達臘和擴廓帖木兒做了精心準備，他們已經退到了哈拉和林，再往北就是天寒地凍、人煙稀少、森林茂密的西伯利亞了。哈拉和林是黃金家族的龍興之地和忽必烈以前幾代大汗的都城，他們無論如何必須在哈拉和林背水一戰。

這次戰爭是徐達和明軍的「滑鐵盧」。擴廓帖木兒吸取了以往與明軍交手的經驗教訓，改變了大兵團正面對決的辦法，充分考慮到了蒙古高原與中原不同的地形、地勢和地貌對戰術的影響。同時，他在當地組織訓練了一批素質強健的蒙古騎兵，認真研習了黃金家族古老的克敵制勝的戰術。

像鐵木真時代的「打法」一樣，北元軍隊先是派出多支精幹的偵察部隊，不斷打探明軍的進展動向，還放出風聲說北元軍隊已經不堪一擊，讓明軍自我感覺甚好。

此時的徐達已經建立了很大的功勳，在與擴廓帖木兒以往的數次交鋒中佔據優勢，因而不免產生了驕傲情緒。

擴廓帖木兒精心準備後，由北元昭宗在哈拉和林坐鎮並督辦後勤，自己則在哈拉和林以南的丘陵地帶埋伏下數萬騎兵和步兵。一張大網悄然向一路高歌猛進的明軍張開了。

徐達所率主力部隊從雁門關出發，目標直指哈拉和林。

大將軍藍玉率輕騎兵為先鋒，從北京北上，結果他所遇到的蒙古騎兵一戰即潰（**這是擴廓帖木兒特意放出的「煙幕彈」**）。藍玉見北元軍隊戰鬥力如此低下更加大膽，二十天急行軍一千餘公里，兵鋒直指哈拉和林附近的土拉河畔。結果，北元軍隊又被打得「落荒而逃」。

其實擴廓帖木兒是要把明軍引向哈拉和林郊區，那裡已經有北元悍將賀宗哲布下的重兵埋伏。不敢輕易冒進的藍玉終於等來了徐達的大部隊。他們嚴重低估了北元軍隊的戰術、規模和戰鬥力，以為為大明立下最大功勞的時刻到了，於是指揮全部主力向哈拉和林方向進攻，正好進入了北元軍隊的埋伏圈。

守候多時的擴廓帖木兒帶兵合圍了明軍。明軍主力部隊死傷三萬餘人，直到五月上旬才突出重圍撤回漠南。中路軍以慘敗而告終。

與此同時，北元昭宗和擴廓帖木兒命在遼東的丞相納哈出在東方進行戰略配合。納哈出攻入明軍遼東後勤中心牛家莊[1]，焚毀明軍軍糧十萬石。

徐達親率的中路軍失利了，東路軍的下場也在伯仲之間。

一三七二年（北元昭宗宣光二年、明太祖洪武五年）六月，徐達的中路軍餘部敗退回漠南後，李文忠率領的東路軍在鄂爾渾河一帶遭遇了設伏的北元軍隊，雙方在大草原上展開了大規模會戰，明朝大將曹良臣、周顯等都力戰而死，李文忠的座駕也被蒙古神箭手射中，不得不狼狽地下馬作戰。

北元軍且戰且退，不斷把明軍引入設計好的包圍圈，而後以伏兵攻擊。李文忠最後只得退回漠南。

明朝的西路軍是此次北伐中唯一的亮點。
大將軍馮勝率軍在西北方向的陝、甘、寧、青等地，與北元太尉朵兒只班以及失剌罕將軍等所部進行了激戰，以全殲北元軍隊而勝利告終。

這是一場慘烈的大戰。在擴廓帖木兒的精心籌畫下，北元取得了一次防禦作戰的勝利，不僅重挫明朝，而且穩定了北撤以後節節敗退的不利態勢，使得北元與明朝的戰略形勢趨於均衡。

曾經所向無敵的明軍第一次知道了擴廓帖木兒的厲害，知道即使蒙古人退回到漠北，依然不可等閒視之。

當然，北元小朝廷也通過和明軍數次大規模交手，真正明白了南下恢復故元已成為遙不可及的夢。

擴廓帖木兒力挽狂瀾，救北元於危亡，這位漢名王保保、蒙古名擴廓帖木兒的殘元舊將，以無比的忠誠展示了他的力量。

明朝在這次大戰唯一的收穫就是奪回了中原故土，極有戰略意義的河西走廊。

---

❶〔牛家莊〕位於今遼寧省鞍山市海城附近。

五一、北元與大明的較量，沒有停歇III

北元和大明的實力慢慢地此消彼長。

到了一三八七年（北元益宗天元九年、明太祖洪武二十年），北元遼陽行省勇將納哈出在二十萬明軍的巨大壓力下，以及周邊女真各部接連被朱元璋招降後，不得不率二十餘萬蒙古軍民投降了明朝。因此，戰略形勢的天平已經明顯地倒向了明朝的一邊。

一三八八年（北元益宗天元十年、明太祖洪武二十一年），是決定北元和大明戰略態勢的關鍵時刻。

一三八八年春，搖搖欲墜的北元朝廷迫於明軍的軍事壓力，在益宗脫古思帖木兒汗的帶領下從漠南倉皇逃往漠北的哈拉和林。這時候，一百多年以前拖雷系內部相爭的一幕居然又一次上演了。

當年與元世祖忽必烈進行過激烈的帝（汗）位爭奪的阿里不哥後裔也速迭兒，希望利用益宗的頹勢來復辟祖上阿里不哥對帝（汗）位的夢想，居然偷襲並殺死了脫古思帖木兒汗及其太子天保奴。黃金家族在衰敗時的又一次內亂，讓大明在十四世紀末葉時取得了對北元的絕對戰略優勢。

明朝與北元的鬥爭，從純軍事鬥爭的戰術層面觀察基本上是勢均力敵，明軍略佔優勢。但是，在綜合考量上，相比北元惠宗（元順帝）妥懽帖睦爾、昭宗愛猷識理達臘、益宗脫古思帖木兒汗，朱元璋則更具有策略和膽識。具體表現為：穩步前進、務求必勝；熟練運用剿、撫手段，攻心為上；精心分化蒙古各部和女真等部眾，強化邊地的有效治理。

世間總有奇怪的輪迴。

十三世紀初，蒙古高原在鐵木真統一蒙古諸部的時候就已經存在東、西兩大部分，兩者大致以杭愛山脈為界線。以東是黃金家族的原始根據地，主要是游牧形態的蒙古人；以西則是被稱作「林木中百姓」的西蒙古各部和一些蒙古化了的突厥部落如克烈部、乃蠻部等。黃金家族在崛起的西進時期，在信仰薩滿教的西蒙古人和信奉佛教的畏兀兒人那裡基本上沒有受到任何阻力，所以鐵木真及其後裔對他們也一直比較友好。

但斗轉星移，到一三八八年北元益宗和太子天保奴被阿里不哥後裔也速迭兒謀殺後，黃金家族拖雷系後裔的內鬥給了那些自從被朮赤征服以後一直唯唯諾諾的西蒙古人以可乘之機，北元的實際控制大權逐漸落入了西蒙古人的手中。此後，北元實際上逐步分化為「韃靼」（東蒙古）和「瓦剌」（西蒙古）兩大部。瓦剌部一度控制過汗廷，但基本上還是把黃金家族後裔推為大汗。北元在與大明、高麗等政權的文書交往中，也一直自稱「大元皇帝」「大元大汗」，長期將恢復故元的疆土社稷當作己任，與大明進行著南北對峙。

北元昭宗愛猷識理達臘在擴廓帖木兒全力輔佐下，於一三七二年（北元昭宗宣光二年、明太祖洪武五年）在克魯倫河和土拉河畔打敗徐達率領的明朝北伐軍之中路軍（主力）和李文忠率領的東路軍。這是雙方對峙中的重要事件。此次大戰雖然不是雙方戰略態勢的轉捩點，但畢竟讓北元得以在不斷北撤的情況下稍微喘口氣了。「瘦死的駱駝比馬大」，至少在蒙古人熟悉的漠北，明軍還是很難在短時間內佔到太多便宜。

北元昭宗身邊又聚集了一批名臣，如太保哈剌章、太尉蠻子、太尉納哈出等，在以擴廓帖木兒為骨幹的政權體系的支撐下，北元似乎重現生機。

一三七二年，北元在蒙古高原打敗明軍。次年，北元軍隊多次進攻明朝的遼東、雲中❶、河曲❷，一度攻入大都北京近郊的懷柔區境內。不過有驚無險，每次都被明軍打了回去。之後幾年，雙方沒有戰事，人民獲得了難得的休養生息的時間。

一三七五年（北元昭宗宣光五年、明太祖洪武八年），重臣擴廓帖木兒去世，北元昭宗和北元朝廷悲痛得無以言表。

一三七八年（北元昭宗宣光八年、明太祖洪武十一年），北元昭宗愛猷識理達臘病故，其子（一說其弟）脫古思帖木兒即位，是為北元益宗，次年改元為天元元年。

脫古思帖木兒雖然沒有北元昭宗那樣的雄心勃勃和作為，但承繼下來的先朝名臣讓他如虎添翼，特別是擴廓帖木兒死後，盤踞遼陽行省的太尉納哈出擁兵數十萬，在軍事上對明朝構成了很大威脅。

明軍在一三七九年至一三八二年，利用脫古思帖木兒新登汗位立足未穩，全面向北元發動了攻勢。在北方，徐達、沐英一路攻至蒙古高原中心，擒獲北元知院、國公等重臣數名；另一路進攻雲南行省，迫使梁王把匝剌瓦爾密兵敗自盡；遼陽方面，長期受到蒙古人壓迫的女真各部，在明朝「撫」的策略影響下紛紛歸順明朝。

明軍在塞外長期訓練和集結，在精心準備後擇機徹底地解決北元。一三八七年（北元益宗天元九年、明太祖洪武二十年），明軍在基本肅清了東北地區的北元反抗力量後，對北元最強的軍事集團——太尉納哈出發動了總攻。

經過半年戰鬥和不斷的「攻心戰術」，納哈出最終率領二十萬軍民向明朝投降。明太祖朱元璋看到北元最強軍事實體的土崩瓦解非常高興，決定一鼓作氣「肅清沙漠」。

一三八八年（北元益宗天元十年、明太祖洪武二十一年）四月，明軍經過多年精心準備，由大將藍玉率領十五萬大軍，在捕魚兒海❸的會戰中大獲全勝，俘獲北元宗室、后妃、王子等百餘人，幾乎全部的政府官員三千餘名，還有十餘萬名軍民，以及大量的輜重、財寶。

益宗脫古思帖木兒汗僅率少量人馬奔赴哈拉和林，與丞相咬住會合後再圖他謀。結果，於七月被阿里不哥的後裔也速迭兒殺死。

益宗之死是北元歷史上的大事。一方面，他是黃金家族自北京北撤以後，最後一位對大多數蒙古人具有號召力影響力的人物，他的離世帶來的後果是北元皇（汗）室日漸衰微；另一方面，益宗去世以後，蒙古人與明朝的南北對峙實際上已經不是作為一個整體的力量出現了。在益宗以後，北元的首領便較少使用正規的年號、廟號和帝號了，主要稱謂又恢復了游牧族群的「汗」號。

從一三八八年北元益宗之死到一四〇八年（明成祖永樂六年），雙方都陷入了內部皇權之爭而自顧不暇的境地。明朝對北方以防禦為主，重點經營多處衛、所。北元皇（汗）權式微，也無力組

❶〔雲中〕今山西省大同市。
❷〔河曲〕今山西省忻州市。
❸〔捕魚兒海〕今中國和蒙古國交界的貝爾湖。

織像初期那樣規模的南征了。

這時明朝內部也發生了驚人的「事變」。開國皇帝朱元璋當年靠徐達等一干大將的戰功獲得了天下，和歷代帝王一樣，在採用秦漢的封建分封制還是採用隋、唐、元的行省郡縣制管理的問題上猶豫不決。最後鑑於來自北元的襲擾和威脅依然長期存在，在對功臣和良將進行了殘酷的清洗後，他把幾個兒子分封在邊地以作為防禦並進攻北元的屏障。其中，第四子朱棣被封在戰略要地、故元舊都北京，是為燕王。

一三九八年（北元額勒伯克汗六年、明洪武三十一年），朱元璋死後，其孫朱允炆在都城南京即位，是為明惠帝。這位飽讀詩書的皇帝和北京那邊虎視眈眈的叔叔朱棣形成了鮮明對比，建文帝承襲的是爺爺殺死了無數良將功臣後徒有其表的朝廷以及缺乏戰鬥力的將士，而燕王的軍隊那時雖然人數較少，但戰鬥力很強，尤其在多年與北元的軍事鬥爭中積累了豐富的經驗，特別是保留了一批太祖創業時期的謀士和悍將，因而勝負的天平從一開始就發生了傾斜。

皇權的爭奪是你死我活的，雙方都以消滅對方為己任，在北元同樣內部不穩、無力南顧的情況下，燕王朱棣取得了最終勝利。一四〇二年（北元坤帖木兒汗三年、明惠帝建文四年），朱棣戰勝朱允炆，自立為帝，是為明成祖，定當年為太祖洪武三十五年，並於次年改元永樂。

幾乎同時，北元汗室亂象叢生。一三八八年至一四〇八年，二十年間換了五位大汗，每個大汗都是以被殺為結局。黃金家族的大本營哈拉和林一直是明軍進攻的主要目標，特別是在朱元璋派軍於一三八〇年毀掉了哈拉和林城池以後，造成北元的政治中心、經濟中心一再西移，西移的原因固然有避開南方明軍咄咄逼人的攻擊鋒芒的需要，也有北元實力弱化後不得不企圖藉助西蒙古人和中亞同族勢力的需要。

在益宗脫古思帖木兒汗死後，北元連續幾代大汗在史料中的記載都不清楚。清楚的是，西蒙古（**瓦剌部**）趁機發展了起來。這期間，明朝利用北元皇權的衰微，拉一方（**西蒙古勢力**）去打另一方（**東蒙古黃金家族勢力**）也是重要原因。

不管怎麼說，益宗脫古思帖木兒汗的離世，標誌著拖雷系黃金家族對蒙古人和北元的控制與影響大大萎縮。不過，不同的蒙古權臣貴族依然被迫依靠成吉思汗黃金家族的巨大聲望來維繫蒙古人的團結。北元雖然對明朝還保持著很大的威脅，只是起主要作用的人物，在相當長的時間裡大都出自西蒙古（**瓦剌部**）了。

一直到明成祖朱棣通過「靖難之役」從侄子朱允炆手中奪下皇位，北元都陷於內部紛爭和汗位爭奪的泥潭裡，無力對大明發起大規模攻勢。

五二、元朝之外I：帖木兒大帝狂勝鄂圖曼

鐵木真成吉思汗建立的大蒙古國，存續於一二〇六年至一二六〇年；鐵木真的孫子忽必烈建立的元朝，存續於一二七一年至一三六八年。

元朝之外，先後並立存續過若干黃金家族的政權，主要如下：

一、欽察汗國（一二四二—一五〇二年）也稱金帳汗國，是由鐵木真長子朮赤所建立，在朮赤之子拔都時期正式成形。該汗國對斡羅思人的統治長達兩百三十八年之久。十五世紀，欽察汗國先後分裂為西伯利亞汗國、喀山汗國、克里木汗國、阿斯特拉罕汗國等。

二、察合台汗國始建於一二二二年，是鐵木真第二子察合台所建政權，於十四世紀中葉分裂為東察合台汗國和西察合台汗國。一三六九年，西察合台汗國實質上亡於帖木兒帝國，一四〇二年正式滅亡。東察合台汗國經過禿忽魯帖木兒時期的短暫中興，於一五七〇年被葉爾羌汗國取代。

三、窩闊台汗國（一二二四—一三〇九年），係以鐵木真分封給第三子窩闊台的中亞地區領地為基礎建立的汗國。從窩闊台算起，該汗國共歷四位君主，是黃金家族眾政權中最為短命的。

四、伊兒汗國（一二五六—一三五七年），也稱作伊利汗國，係忽必烈的弟弟旭烈兀所建，其疆域主要在今伊朗、亞塞拜然等地。

五、帖木兒帝國（一三七〇—一五〇七年），西察合台汗國權臣帖木兒建立的政權，其疆域主

要是今烏茲別克。

六、蒙兀兒帝國（一五二六—一八五七年），也稱蒙兀兒帝國，是帖木兒的五世孫巴布爾所建，疆域主要位於今南亞次大陸。

對世界史特別是中亞和小亞細亞歷史感興趣的人們，常常會產生一個疑問：十四世紀末帖木兒帝國崛起的時候，其西鄰是地跨歐、亞、非三大洲的鄂圖曼土耳其帝國，兩強相遇，難道就沒有發生過什麼驚天動地的事情嗎？

的確，帖木兒帝國和鄂圖曼帝國兩大帝國在中亞和小亞細亞地區進行過激烈的碰撞。

從古至今，中亞在世界歷史上都是作為歐亞大陸間的貿易大通道和游牧族群長途遷徙的必經之地。在距今一千八百多年前，匈奴人就經過中亞，取道烏拉山，到達了今歐洲的保加利亞和匈牙利等地，他們黃色人種的典型特徵、矯健的騎術、令人望而生畏的戰鬥意志與能力，給當時歐洲的古羅馬帝國帶去了巨大的衝擊。

當中國進入了歷史上著名的隋唐盛世，即六世紀至八世紀的時候，阿爾泰山脈附近崛起的游牧突厥人，一度成為北亞地區的主人翁，他們建立了類似匈奴人的奴隸制國家，並且一直和中原進行著密切的交往，曾經長期作為大唐帝國的藩屬而存在。

迫於大唐帝國的赫赫軍威及突厥人所處地區生活物資的相對貧瘠，加之突厥人本來就是鬆散的部落聯盟，一旦汗室衰敗便會立即分崩離析，於是他們沿著當年匈奴人的足跡向西遷徙，到達了中亞地區。此後，一部分受阿拉伯人影響，逐步放棄了原來的薩滿教、佛教、祆教和景教等信仰，皈依了伊斯蘭教。

當一二〇六年鐵木真在北亞高原上被推舉為蒙古大汗時，突厥人已經大部分遷到了中亞、小亞細亞和今俄羅斯南部一帶，留在高原駐牧的信奉景教的乃蠻部、克烈部等則被蒙古人同化。

突厥人在中亞長期生活期間，與原住民進行了大量混血。從人種學和民族學看，主要是高加索（白人）人種，主要來自古代馬其頓和希臘，部分是自秦漢以來就定居在此的漢人，部分來自古代波斯，還有一些是從古印度北方來的民系；從文化來看，中亞則是古羅馬——希臘文明、波斯文明、印度——恆河文明和中華文明融合交匯的地方。

十世紀時，中亞突厥人已經根據自己居住地原有文化的不同，建立了很多規模不等的政權，其生活方式也發生了深刻的變化。大批突厥人習慣了城市生活，還有一些人繼續堅持游牧生活方式，但是在宗教上已經基本全盤伊斯蘭化了，成為當時已經進入「垂暮之年」的阿拉伯哈里發王朝在宗教意義上的替代者了。

鐵木真的蒙古鐵騎猶如一柄鋒利的寶劍，打破了中亞大地原有的寧靜。

黃金家族先後征服了契丹人建立的西遼王朝及中亞地區突厥人建立的花剌子模國，大批恐懼蒙古人屠殺的突厥人為躲避戰火紛紛逃往小亞細亞，其中的一支突厥人於一二八〇年（**元世祖至元十七年**）在安納托利亞建立了鄂圖曼第一帝國。

這個時候，黃金家族已經沒有了以前三次西征的「旺盛」精力，以窩闊台系海都為一方，以拖雷系忽必烈為另一方，他們正在蒙古高原和中亞進行著殘酷的長達近半個世紀的皇（汗）位之戰。伊兒汗國、欽察汗國都以不同的方式參與這場馬拉松式的戰爭，誰也沒有注意到那支突厥人正在不算很遠的小亞細亞悄悄地崛起。

即使近在咫尺，已經在波斯等地站穩腳跟的伊兒汗國開創者旭烈兀（忽必烈之弟）正在享受著古老波斯文明和亞美尼亞人、亞塞拜然人、喬治亞人的供奉，並隨時警惕地面向他的東方，關注他一貫支持的哥哥忽必烈與窩闊台系、察合台系的鬥爭。對於東羅馬帝國的舊地——小亞細亞，旭烈兀的關注度是相當低的。

突厥人以「零敲牛皮糖」（集中兵力打小殲滅戰）的方式，逐步把小亞細亞半島上原有的歐洲人勢力排擠出去了。

和黃金家族不同的是，儘管鄂圖曼突厥人也是以較少的人口征服了較大的地域，但他們成功地保留了自己的文化並使之與被征服的歐洲文化進行了統合，而不像中亞、波斯的蒙古人那樣後來消失得無影無蹤。

鄂圖曼突厥人在以後的發展進程中，除了宗教信仰為伊斯蘭教以外，生活習慣和文化傾向上都表現得更接近歐洲人，因為自從他們遷徙到與歐洲一牆之隔的小亞細亞，他們的目光就開始聚焦於歐洲大陸。

帖木兒興起的時代，恰恰是鄂圖曼帝國最為強盛的時代，一三八九年至一四〇二年在位的皇帝巴耶濟德一世，基本在歐洲站穩腳跟後又把目光轉向了東方。即使這不是鄂圖曼帝國的皇帝首次向東關注，卻是影響了世界歷史進程的非常重要的一瞥。

巴耶濟德一世和帖木兒具有一點點可以比較的血緣背景特點。

巴耶濟德一世的父親穆拉德一世無疑是突厥人，而他的母親則是信奉東正教（基督教的主要派別之一，歐洲人稱作「正教」）的希臘人。帖木兒的父親是具有一點兒黃金家族血統的蒙古人，母親則是和蒙古人有一些血緣關係的突厥人。

從宗教和文化背景看，雖然二人都是伊斯蘭教教徒，但是差異很大。巴耶濟德一世是遜尼派穆斯林，但人文特性上是屬於具有羅馬文化屬性的突厥——伊斯蘭式君主。而帖木兒是什葉派穆斯林，屬於具有突厥文化屬性的蒙古式首領，同時深受波斯文化的影響。從歷史記載和嚴格的伊斯蘭教義來看，他們兩人絕對算不上正宗的穆斯林，可能正是由於他們身上流著不同種族和民族的血液，承載著各種文化素養，才有機會在歷史長河中脫穎而出並相對而視吧。

本來巴耶濟德一世一直注視著帝國的西部，渴望不斷從歐洲大陸上獲取財富、佔有土地。帖木兒則一直向東方凝視，時刻準備消滅東察合台汗國黃金家族的殘餘勢力，其遠期目標是在控制整個原察合台汗國領土後，進而進佔中原，以恢復鐵木真時代蒙古人的榮光。

但是，兩人不經意的一次對視，就讓歷史在他們的腳下拐了個彎兒。

率先發難的是雄心勃勃的巴耶濟德一世，他剛剛重新平定了拜占庭、保加利亞和塞爾維亞諸國的，他要求作為帖木兒藩屬的兩個土庫曼人**（突厥人的一支，但語言文化上受伊朗影響較深）**游牧部落改變原來對帖木兒的效忠，而承認鄂圖曼帝國為宗主國。

這時，帖木兒也正處在驕傲的「巔峰」：他已經完成了對西察合台汗國的控制，征服了原屬於伊兒汗國的亞美尼亞、伊朗西部、喬治亞等地，甚至於一三九四年佔領了阿拉伯哈里發王朝舊地伊拉克的巴格達等地。

越過底格里斯河以後，帖木兒直接面對巴耶濟德一世。

那時候帖木兒的目光主要還是集中在東方和南方。比如，他不斷對東察合台汗國進行軍事壓迫，還在一三九九年成功地遠征了印度。來自北方朮赤系欽察汗國的游牧族群也時常對他的領土進行襲擊，所以他在和巴耶濟德一世的對壘中，還不得不經常「回頭觀望」。

巴耶濟德一世也面臨著被征服了的巴爾幹半島基督教教徒的不斷反抗，還有小亞細亞沿海城市中熱那亞商人的騷亂和威尼斯海軍的威脅。另外，不甘心失敗的歐洲基督教教皇組織的「十字軍」也時刻準備對鄂圖曼帝國進行新一輪的「東征」。

兩位如日中天，棋逢對手的首領，面臨的實際境況何其相似？在軍事鬥爭方面深受羅馬文明浸淫、高度城市化了的鄂圖曼帝國在歐洲大陸上橫衝直撞、立馬橫刀，但遇到流淌著黃金家族血液的帖木兒，還是「稍遜風騷」的。

一四〇〇年（**北元脫古罕可汗元年、明惠帝建文二年**）八月，帖木兒在收到巴耶濟德一世一封帶有蔑視和嘲諷的「國書」後，率軍向小亞細亞進發。

一個月後，帖木兒的大軍已經進入了鄂圖曼帝國本土，並經過二十多天的激戰，攻克了鄂圖曼重要的戰略要塞——錫瓦斯城❶，帖木兒下令屠殺了所有的守衛者，焚燒了整個城市。

就在這時，西南方向敘利亞和埃及馬木路克王朝的挑戰，讓帖木兒不得不率軍前往並進行了一場大戰。帖木兒得勝後返回到小亞細亞時已經是一四〇二年初了。

帖木兒利用了幾乎整個冬季和春季進行大戰準備，因為他深知對手鄂圖曼的勢力不遜於自己。

❶〔錫瓦斯城〕今土耳其共和國亞洲部分中部的錫瓦斯縣。

六月，帖木兒在錫瓦斯附近平原上集結並檢閱了自己的大軍，通過凱撒利亞❷進攻巴耶濟德一世駐紮的安卡拉。

戰前，帖木兒採取了蒙古人原始而有效的戰術，即不斷派遣偵察兼騷擾分隊，對當地土庫曼人部落進行分化和拉攏，佔領重要的水源地，以及故意露出破綻誘使鄂圖曼軍隊傾巢出動等。

著名的「安卡拉會戰」極其慘烈。雙方總共動員了大約一百萬人的軍隊。七月二十七日，雙方的大軍在安卡拉附近的平原完全展開，一場被載入史冊的冷兵器時代的大戰拉開了序幕。

戰役剛開始時，巴耶濟德一世表面上佔有一定優勢，因為在鄂圖曼軍隊中，有了英勇善戰的精銳的皇室（蘇丹）衛隊，有高度職業化的被征服的塞爾維亞軍隊，使得他的手下顯得比帖木兒那身著各色服裝、人種複雜的「聯軍」要更加訓練有素。

問題總是出在內部。關鍵時刻，來自不同突厥人部落的鄂圖曼帝國士兵，由於帖木兒事先的「運作」而紛紛陣前倒戈。在鄂圖曼軍隊主力突厥人看來帖木兒似乎比熱衷於和「異教徒」歐洲人「打成一片」的鄂圖曼皇室更加親切一些。

當然，帖木兒軍隊超強的戰鬥力和無畏的犧牲精神也叫對手不寒而慄。

為時十四個小時的大戰，以鄂圖曼皇帝巴耶濟德一世及其兒子在逃跑時被俘虜而結束。

帖木兒沒有殺掉他們，而是把他們裝進一個半封閉的木製車上，送到鄂圖曼境內各地「遊街」。陣中受傷的巴耶濟德一世不堪屈辱，於一四〇三年在自己曾經佔有的土地上離世了。

帖木兒汗國和鄂圖曼帝國的對決，就以這樣令人不可思議的速度和方式結束了。要知道，歐洲的「十字軍」曾經一次次慘敗在鄂圖曼人的鐵蹄之下，貝爾格勒、布達佩斯、索菲亞等城市一次次地遭受過鄂圖曼人的蹂躪，精銳的匈牙利大公和塞爾維亞聯合軍隊在鄂圖曼軍隊面前根本不堪一擊，多瑙河曾經是鄂圖曼人漫步休憩的內河。

鄂圖曼帝國就這樣失敗了，因為巴基耶德一世父子被俘後的屈辱下場，皇室一時失去了所有的威望，以後就進入了著名的鄂圖曼帝國「大空位」時期。

帖木兒在鄂圖曼帝國的小亞細亞停留了將近八個月，他的軍隊屠殺了眾多突厥穆斯林，摧毀了無數清真寺和伊斯蘭教學校，並以野蠻的游牧族群對定居居民的報復方式，焚燒了大面積的城市和農田，擄走了幾千名工匠到帖木兒帝國本部去做奴隸。

直到巴耶濟德一世死後的一四〇三年夏季，帖木兒在得到巴耶濟德一世的其他兩個兒子以撒和穆罕默德承認的宗主權以後，才漫回到中亞河中地區的大本營。

十五世紀，帖木兒以黃金家族自居，在中亞、西亞乃至南亞具有強大的影響力，他也曾專門派遣使者前來中國與明朝交好。

同時，帖木兒通過各種管道了解到明朝的富庶與強大，在對鄂圖曼土耳其進行打擊後將視線投向東方。帖木兒厲兵秣馬，準備進行一次不宣而戰的東征，他卻在這時得了重病，很快地去世。所謂東征行動也就不了了之了。

---

❷〔凱撒利亞〕今土耳其共和國亞洲部分開賽利市。

五三、元朝之外II：巴布爾和他的蒙兀兒王朝

同樣具有黃金家族血統、統治印度次大陸的蒙兀兒帝國查希爾丁・穆罕默德・巴布爾，是開國君主，其名字「巴布爾」蒙古語意為「老虎」。

傳說中，巴布爾機智、勇敢、力大無比。傳說他曾經僅僅幾分鐘就殺死了五個敵人，還傳說他能不知疲倦地騎馬整整兩天，穿行兩百多公里。為了和別人打賭，他甚至能連續兩次游過恆河。

他繼承了黃金家族和先祖帖木兒血液中能征善戰的獨特基因，在短時間裡以少勝多擊敗了立國數百年的德里蘇丹國，建立了南亞歷史上著名的蒙兀兒王朝，實現了鐵木真征服南亞的夙願。

巴布爾還是一位文學家、詩人，他創作完成的《巴布爾回憶錄》，如今已被翻譯成多種文字，是研究中古時期中亞、南亞不可或缺的珍貴史料。他一生撰寫了大量的公文，這是了解那個時期南亞的政治制度、宗教文化和經濟社會的寶貴的資料。

和鐵木真相似的是，巴布爾在總體上採用了宗教寬容的政策。他本人是一位穆斯林，在建立蒙兀兒王朝以後，他允許印度教、耆那教、佛教、伊斯蘭教在南亞大地上共存，還把蒙古、波斯、突厥等文化帶入了南亞，為南亞文明注入了新的元素。

少年時代的巴布爾，面臨的是帖木兒離世以後中亞分裂、戰爭頻仍的狀態。一四八三年（北元達延汗四年、明憲宗成化十九年），巴布爾出生於中亞費爾干納盆地塔什干附近的巴魯剌思部族。

巴布爾是帖木兒的嫡傳六世孫，其母親和祖母均為黃金家族察合台系後裔。十一歲時，父親去世，幼小的巴布爾不得不接過父親留下的一塊領地，成為中亞眾多小汗王中的一員。

十四歲時，巴布爾帶領軍隊攻佔了形式上的帖木兒汗國首都撒馬爾罕，讓當時的各種勢力刮目相看。但是好景不長，從北方南下的故欽察汗國後裔率領的月即別部（**後來的烏茲別克民族**）於一五〇〇年大敗巴布爾，巴布爾被驅逐出河中地區。

巴布爾面對月即別部的追捕，只能隱姓埋名、東躲西藏，甚至最困窘時不得不在鬧市流浪和乞討，但是他暗自積聚實力等待東山再起的機會。

一五〇四年（**北元達延汗二十五年、明孝宗弘治十七年**），當看到阿富汗內亂不止，他認為有機可乘，果斷帶領僅三百人的「死黨」南下攻入阿富汗，很快地佔領喀布爾，建立了自己的小國家。

很想恢復先祖帖木兒榮光的巴布爾，一直希望殺回中亞。他聯手波斯人，甚至委曲求全地承認波斯人對自己的宗主權。在波斯人的幫助下，他一度將烏茲別克人打得落花流水。由於中亞遜尼派穆斯林反對什葉派的波斯人，使得同樣是遜尼派的烏茲別克人得以捲土重來。他們打敗了波斯人，把巴布爾趕回了喀布爾。

年輕的巴布爾經歷大起大落的人生以後，認真地思考了自己的未來。他知道回到故鄉中亞已經不可能了，他必須考慮新的擴張方向。

他想到了遠祖鐵木真，這位震撼世界的蒙古人一生征服了無數的民族和國家，卻因征服南亞的一場戰役的失敗，再也沒有對南亞動過念頭；他想到了先祖帖木兒，雖然長驅直入數千公里，一舉殲滅了德里蘇丹的主力部隊，還攻佔了其首都，竟然沒有留下一兵一卒，任由德里蘇丹在蒙軍走後依然保持獨立；他想起了親近的察合台諸汗，一次次派兵前往阿富汗和南亞，滿足於對方的稱臣納貢和劫掠後就撤回了。

巴布爾找到了自己的方向——一五一三年左右，他藉口受當時德里蘇丹國旁遮普省總督的「邀請」，率兵從阿富汗南下，佔領和控制了今巴基斯坦北部和印度西北部地區。

在這裡，巴布爾改變了遠祖鐵木真和先祖帖木兒對於南亞次大陸地區重征服劫掠而輕治理的做法，結合當地的實際情況，發揮宗教「麻醉劑」的功能，不斷地削弱抵抗力量，同時適當愛惜民力，注重農業和經濟建設，為自己建立穩固的統治和未來的擴張打下了良好的基礎。

一五二五年（北元阿剌克汗六年、明世宗嘉靖四年），巴布爾在喀布爾集結軍隊，向南亞腹地進發。次年初，他的軍隊來到了蘇丹國首都德里城下。

巴布爾率領一萬兩千人的軍隊，面對的是德里蘇丹的十萬大軍，按理說後者佔盡天時、地利，取勝應該毋庸置疑了。

但是，巴布爾在南亞西北部經營十餘年，不但兵強馬壯，還獲得了比較好的民意支持。而蘇丹國政治腐敗、民不聊生，已經到了崩潰邊緣，其十萬大軍也是臨時拼湊而成，將帥各有異心，軍心非常渙散，與巴布爾訓練有素的軍隊根本沒法比。

戰爭的結果不言而喻，巴布爾取得全面的勝利，並且攻佔了德里。

一五二六年四月二十七日，巴布爾在德里大清真寺舉行的禮拜儀式上把自己加冕為「印度斯坦皇帝」，這標誌著蒙兀兒王朝的建立。

面對百廢待興的帝國，巴布爾汲取了先祖帖木兒的教訓，先後剪除了數個軍事割據團體和桀驁不馴的地方部族實體，還把自己在中亞和阿富汗等地的統治經驗和比較先進的政治體制搬到了蒙兀兒，逐步建立了比較完備的政權體系，理順了中央政府和地方政府之間的關係。

此外，他注意考量各部族、宗教團體的利益，適當地放權給地方「實力派」，在短時間內建立了比較穩固的統治，逐漸統一了幾乎整個南亞大陸。

巴布爾不僅是一個偉大的政治家、軍事家，還是一位優秀的「文化人」，這一點體現在他熱情洋溢的文化氣質上。

中亞經過鐵木真黃金家族後裔特別是察合台系的幾百年經營，各種文化互相浸淫，到帖木兒時代已經形成了包括察合台語言、察合台文字等在內的一整套文化體系。就巴布爾本人而言，他是一位察合台文（**主要由蒙古語和突厥語元素結合而成**）大師，精通突厥化了的蒙古語、波斯語等語言，也對伊斯蘭教、佛教、印度教等宗教文化有著比較深刻的理解，因而南亞次大陸的政治、經濟、文化、科技等事業在他統治時期有了長足的進展。

巴布爾以自己具有黃金家族的血統而驕傲和自豪，因此他特意將自己建立的新興帝國定名為「蒙兀兒」（**實際就是「蒙古」一詞的轉音**）。他在世期間，大力推廣以蒙古語為基礎形成的察合台文，經常組織文學家和藝術家排演以鐵木真和帖木兒為原型的文藝節目，組織文人墨客一起吟詩作賦，為自己和帝國的發展歌功頌德。

一五三〇年（**北元阿拉克汗十一年、明世宗嘉靖九年**），戎馬一生、文武雙全的蒙兀兒王朝開國皇帝巴布爾去世了，享年四十七歲。其子胡馬雍繼位，他受父親影響也是一位具有濃郁文化氣息的帝王，但是缺少了巴布爾身上那種智慧和堅韌不拔的力量。他被帝國境內的反叛者打敗，狼狽地逃往巴布爾的老朋友——波斯人那裡。

後來，胡馬雍在波斯人的幫助下恢復了帝國，但他還沒來得及充分享受勝利和榮光，就不慎從藏書樓上摔下，死去了。

胡馬雍的陵墓至今保存完好，成為受聯合國保護的文化遺產。這座陵墓是南亞大陸第一座花園式陵墓，其建築風格融入了蒙古、阿拉伯、波斯、印度、突厥等多種文化元素，被稱作「蒙兀兒式建築風格」，與中國式、哥特式、巴羅克式、拜占庭式等建築風格一樣聞名於世，堪稱世界建築藝術的奇蹟。

自胡馬雍以後的歷代蒙兀兒皇帝大都喜歡文學藝術，也多是建築學的專家，他們的陵墓令人流連忘返，其皇后和妃子的墓地同樣具有很高的藝術價值，如著名的泰姬瑪哈陵。

蒙兀兒王朝共歷皇帝十七位，立朝三百三十二年。

五四、皇帝被生擒，真心沒面子

一三六八年，元順帝妥懽帖睦爾被明太祖朱元璋趕出大都北京，蒙古人的勢力不得不退回到蒙古高原。

順帝之後，是其太子愛猷識理達臘繼位，即北元昭宗，建元宣光。

元昭宗自幼受漢儒教育，有強烈的復國願望，怎奈生不逢時，加之元朝政權積弊日久，而新興的明朝又無比強悍，所以元昭宗可謂壯志難酬。

一三七二年七月三日（北元昭宗宣光二年六月初三），明軍將領馮勝大敗北元軍隊，明朝取得甘肅地區。北元在當時仍保持一定的勢力。在宣光二年的戰事中，在北元大將擴廓帖木兒的指揮下，北元軍隊對陣明軍曾贏得一次局部勝利。

元昭宗於宣光八年（一三七八年）四月逝世，在位八年，享年四十歲。

此後，寓居蒙古高原的北元皇帝（大汗）在明軍不斷的北伐打擊下過著顛沛流離的生活，皇（汗）位傳承也不斷出現問題，有一些時段皇（汗）位居然空缺。

一四〇八年（明成祖永樂六年），據說出身非黃金家族血統的北元大汗鬼力赤被殺。

次年，忽必烈後裔本雅失里，被北元太保樞密知院阿魯台、太師馬爾哈咱等人從中亞的撒馬爾罕迎到蒙古高原，推為大汗。

明成祖得知後，迅速派出曾經出使撒馬爾罕與本雅失里有過一面之緣的郭驥前往祝賀，並奉還了兩千多名蒙軍戰俘，希望進行招撫。孰料，明使郭驥竟被本雅失里殺害。

素來兩方交兵，不斬來使，本雅失里的做法實屬小兒之舉。

明成祖朱棣當然嚥不下這口氣，命在「靖難之役」中立下汗馬功勞的丘福為鎮虜大將軍，發精銳騎兵北上，準備一舉殲滅北元皇室。

但是這時的明廷經過朱元璋和朱棣兩代人的猜忌和屠殺，像徐達那樣能征善戰的大將已經所剩無幾。對付建文帝還是比較簡單的，要收拾北元彪悍的騎兵，派出丘福領兵北伐就頗有些「軍中無大將，廖化充先鋒」的意思了。

果然，以韃靼和瓦剌騎兵為主的北元軍隊，在草原上熟練地展開了他們擅長的運動戰，預先設伏、小股侵擾、短兵相接，把明朝十萬大軍幾乎全數殲滅。

這次明軍的損失，在明朝史書中記載比較簡略，倒是在高麗的書上有頗為詳細的記錄——強烈自尊的背後必然有更加強烈的虛榮心。

此後，士氣大振的北元立刻揮師南下，重新開始對北京的覬覦。

明成祖也不敢怠慢，先後五次親征漠北，兵力最少也有三十萬之眾，於一四一〇年（明永樂八年）徹底擊敗了北元主力，北元太保樞密知院阿魯台被迫在年底派人向明成祖遣使朝貢，以示降服。明成祖為拉北元（韃靼部）打擊名義上為北元藩屬並日益強大的瓦剌部，特意封阿魯台為大明特進光祿大夫、太師、和寧王。西逃到瓦剌部的本雅失里汗則於一四一二年被該部馬哈穆所殺。

此後，明成祖分別親征北元韃靼和瓦剌兩個實力集團，由於在草原上蒙古人對地形瞭若指掌，而明軍的補給線路過長，因此明成祖在位後期與北元仍然處於膠著狀態。

長期對峙，必然會有驚變的時刻，各方力量的分化和積聚一定要在某個時間出現爆發：北元以著名的「土木堡之變」，給予了明太祖朱元璋、明成祖朱棣之後日益羸弱的明皇室悲劇性的開端和荒誕的結局。

十四世紀初期，瓦剌部已經牢牢控制了北元的軍政大權，此時的脫脫不花汗雖然是忽必烈的正宗後裔，但瓦剌部首領脫歡於一四三九年（**明英宗正統四年**）去世後，兒子也先沿襲了本兼各職，即北元中書右丞相、太師、淮王、瓦剌部總兵。蒙古人素來尚右，以右為尊，所以也先實際上成為了北元的「操盤手」。

明成祖辛辛苦苦北伐，讓北元的元氣一度大傷。朱棣死後，他的兒子明仁宗朱高熾、孫子明宣宗朱瞻基基本與北元息兵罷戰，仁宗、宣宗父子二人完全不像朱元璋、朱棣父子那般好大喜功、以武功見長，而是不約而同地對人民採取了休養生息、宣導文化、提倡節儉的政策，因此國家經濟發展迅速，人民安康幸福，後世稱為「仁宣之治」。

明英宗朱祁鎮即位後，廢除了明太祖所立「內臣不得干預政事」的鐵碑，重用宦官王振，於是政事日益混亂，朝綱偏廢，中原造反增多。

本來明初幾代皇帝注意拉攏瓦剌部，曾封瓦剌部首領脫歡為順寧王，旨在羈縻，意在平衡黃金家族所在韃靼部的實力，以確保北元不易形成對明朝具有威脅的聯合力量。沒想到作為北元皇族的韃靼部一蹶不振了，倒是瓦剌部趁機強大起來。

北元的眼光又一次轉向了遼闊、富庶的中原。

也先於一四三九年開始主理北元朝政後，先後把蒙古漠南、漠北、漠西以及明朝設立的東北兀良哈三衛、女真諸衛統一了起來。也先是北元歷史上值得一書的人物，他幫助北元開創了元順帝北逃以後黃金家族控制地域最大的時代，也通過對明朝的主動進攻地明顯地改變了明成祖以來北元衰微的形勢。

十年磨一劍。一四四九年（**明英宗正統十四年**），也先藉口明朝賞賜減少、失信婚約、苛待邊貿等，操縱北元軍隊大舉進攻明朝。

七月，脫脫不花汗率韃靼部、兀良哈部騎兵在東路攻入遼東，阿剌知院率瓦剌軍在中路進攻宣府[1]，也先自領兵在西路殺向大同[2]，另有幾支精幹隊伍在河西走廊進行戰術策應和戰略機動。

八月初，明英宗在王振的攛掇下，對祖上親征北元的壯舉充滿了遐想，居然領兵五十萬御駕北去。詳細的作戰經過已經有很多研究與探索了，我們不妨把重點關注在「土木堡之變」背後的一些事情。

單純從軍事戰爭的角度看，「土木堡之變」無疑是中國歷史上繼官渡之戰、淝水之戰、赤壁之戰後，一個難得的以少勝多、以弱勝強的戰例。為了更好地了解「土木堡之變」在中國軍事戰爭角度上的特殊性，不妨先對另外幾個戰例做一個簡單回顧。

官渡之戰，發生於二〇〇年（**東漢獻帝建安五年**），對陣雙方分別是袁紹與曹操。袁紹的五十萬大軍進攻曹操的十萬軍隊，雙方兵力為五比一，袁紹佔有絕對優勢。大戰的直接結果是曹操勝利，曹操進而實現了中國北方的統一。

赤壁之戰，發生於二〇八年（**東漢獻帝建安十三年**），對陣雙方分別是曹操與劉備、孫權。曹操的十五萬大軍進攻劉備和孫權的五萬聯軍，雙方兵力為三比一，曹操佔有絕對優勢。大戰的直接結果是劉備、孫權聯軍勝利，為魏、蜀、吳三國的鼎立奠定了基礎。

淝水之戰，發生於三八三年（東晉孝武帝太元八年、前秦宣昭帝建元十九年），對陣雙方分別是前秦皇帝苻堅與東晉丞相謝安。前秦的八十七萬大軍進攻東晉的九萬軍隊，雙方兵力約為十比一，苻堅佔有絕對優勢。大戰的直接結果是東晉獲勝，鞏固了江南一隅的疆土，而失敗的苻堅前秦帝國在兩年以後土崩瓦解。

土木堡之戰，發生於一四四九年（明英宗正統十四年），對陣雙方分別是明英宗與北元脫脫不花汗、也先太師。明朝五十萬大軍（後有援軍三萬人加入）、北元七萬人（脫脫不花汗領三萬、也先領兩萬、阿剌知院領兩萬），雙方兵力約為七比一，明軍佔有絕對優勢。大戰的直接結果是北元獲勝，一改明成祖以來北元與明朝對峙中的頹勢，而明朝則從此開始走下坡路了。

大凡以少勝多的戰例，都與朝代更迭、疆土變遷等江山社稷的變化為目的和結果，是對立雙方軍事鬥爭從量變發展到質變、從軍事鬥爭結果向政治收益轉化的節點。但是，「土木堡之變」以後的戲劇化局面全然不同於這一規律，令人瞠目結舌。

這場大戰中明軍的表現可以用「恥辱」二字來形容，佔盡兵力、後勤保障，甚至擁有了殺傷力更強的火器的明軍居然一觸即潰，被北元打得落花流水。連也先都不敢相信曾經把北元皇室趕得幾

❶〔宣府〕今河北省張家口市宣化區。
❷〔大同〕今山西省大同市。

乎無處藏身的明軍竟然如此不堪一擊。

明朝後來歷代皇帝對此事忌諱很深，以至於在描述時躲躲閃閃，或者輕描淡寫。這場戰役的詳情已經沒必要回顧了，我們還是關心一下戲劇化的對陣之後，那更加戲劇化的一幕吧。

也先無疑是現代版的生意人，而絕不像他的蒙古人祖先那樣只喜好殺戮和掠奪；也不像金朝那樣把北宋徽、欽二宗擄至黑龍江羞辱一生就能心滿意足的。

他是一位老謀深算的人，他清楚地知道明朝氣數未盡，北元不可能靠這一次大勝仗的威勢就能恢復故元的疆土。在他眼裡，明英宗奇貨可居具有「商業價值」：用來對付明朝，可以「挾天子以令諸侯」，可以得到瓦剌和所有蒙古人急需的中原物產和財富；用來對付對自己很有戒心的黃金家族後裔脫脫不花汗呢，則是討價還價的法寶；對付那位虎視眈眈的阿剌知院，明英宗顯然是也先耀武揚威的利器。

更重要的是，也先希望通過明英宗來為自己和瓦剌部帶來財富，為奪取蒙古大汗汗位、北元皇帝帝位做好準備。

也先毫不留情地把數百名跟隨明英宗一起被俘的明朝文武官員通通斬殺（王振在英宗被俘前已被亂兵所殺），把數十萬精壯的被俘明軍幾乎殺光了，他知道這些人不僅會消耗他的糧草，而且對他的「生意」沒有什麼幫助——只留下明英宗一個人就夠了。

但是也先高估了自己對明朝的判斷和明英宗的「價值」：九月三日，也就是英宗被俘的第三天，也先就迫不及待地押著他去宣府，妄圖進城豪搶一番，結果，宣府守將楊洪緊閉四門、置之不理；九月七日，他又用同樣的方式企圖到大同擄取金帛依然怏怏而去。

幸好有了那位「要留清白在人間」的好官于謙等人，迅速在京畿、山陝和長城一線迅速加強了防禦和守備。同時，「國不可一日無主」，英宗弟弟朱祁鈺於九月二十二日即位，朝廷上下同仇敵愾與北元決一死戰。

也先的想法沒有得逞，還招致脫脫不花汗、阿剌知院的猜疑，這三位本來就是既團結又鬥爭的團隊。

脫脫不花的目的很清晰，就是孜孜不倦地尋求重回大都北京重現黃金家族昔日的輝煌；阿剌知院知道中原強大的戰爭動員能力和巨大的戰略縱深，因而力主在擊敗明朝後與之交好、改變以往被動挨打的局面、穩固南北對峙的形勢；也先則是希望以明英宗為籌碼獲得盡可能多的財富，以便壯大瓦剌部實力，最終把北元的皇權從黃金家族手中奪去。

顯然也先的策略行不通了，在「三巨頭」於十月上旬召開的會議上，最後基本按照脫脫不花汗的意見：「明朝終無媾合之意，我（北元）應當調兵繼續進攻，逼明廷南遷，從而與我（脫脫不花汗）大都。」

明朝軍隊在于謙的率領下，用高昂的士氣和火炮優勢在京師（北京）保衛戰中取得了完全的勝利。其間也先不斷地用歸還明英宗作為誘餌，妄圖麻痺北京守軍並藉機挑起明廷不合，這可打錯了算盤：也先怎麼不想想，那明代宗朱祁鈺做夢都沒想到因為哥哥被北元抓了俘虜而成為威儀天下之人君，怎能讓哥哥回來再拿走這「天上掉下來的大餡餅」呢？在皇位的巨大誘惑面前，兄弟又怎樣？於是對北元的抗擊更加猛烈，對也先的套路「堅決」不予理睬了。

一方堅決要歸還對方的皇帝，另一方堅辭不受自己的原「聖上」，上演了一幕啼笑皆非的滑稽劇。那時候天底下最鬱悶的人莫過於也先了。

經過一系列幕後交易和明代宗的一次次婉拒，一四五〇年（**明景泰元年**）九月七日，明英宗在被俘一年後，被也先「強行」送到了北京。

非常滑稽的是，也先的弟弟伯顏帖木兒是最早認為明英宗「奇貨可居」的，因此明英宗被俘後就關在伯顏帖木兒的大營中。

伯顏帖木兒在各種場合非常尊重明英宗，還請他為自己的四個兒子取了漢姓。最後也是他不斷建議也先釋放明英宗，伯顏帖木兒還走了很遠的路為明英宗送行。

請注意，明英宗是被無條件釋放的，這在中國歷史上可是一件新鮮事兒。昔日北宋徽、欽二宗不僅沒有享受到被釋放的待遇，宋朝每年還要向金朝進貢大量的白銀和絲帛。至此，「土木堡之變」這場大戲的帷幕方才徐徐落下。

「土木堡之變」以前，特別在明太祖、明成祖乃至仁、宣二宗期間，明朝與北元雖然戰事不斷，但總體上主要戰場在長城以北的北元統治中心進行，明朝對北元保持著強大的軍事壓力和心理優勢，而「土木堡之變」和京師保衛戰以後，雙方的對峙態勢發生了深刻變化。明朝從以往的全面進攻轉入了全面防禦階段，北元雖大膽南下，但主要限於騷擾和掠奪財物，雙方的對峙進入了一個相對平衡的階段。

五五、遼夏金元諸朝對漢人性格的影響

五代十國之後，晉高祖石敬瑭為了爭奪中原正統，不惜將至關重要的「燕雲十六州」割讓給契丹人，從此中原門戶洞開，兵災綿延不絕。

自九六〇年趙匡胤「陳橋兵變」「黃袍加身」起，直至一三六八年元朝（一二七九年南宋滅亡）滅亡，殘元「蝸居」於蒙古高原，四百年間，以漢人統治者為主的兩宋與分別以契丹、党項、女真、蒙古統治者為主的政權，進行了長達幾個世紀的軍事對立與相互征伐。中原地區在十六國及南北朝以後再一次成為主戰場，以漢人為主的中原人民飽受戰火摧殘，「靖康之變」因涉及趙宋皇室而被載於史冊，普通百姓的痛楚怕是更不堪回首。

千百年來，一首宋詞一直被廣為傳頌，那就是抗金將領岳飛[1]的《滿江紅》：

怒髮衝冠，憑欄處，瀟瀟雨歇。

---

[1]〔岳飛〕（一一〇三—一一四二年），北宋相州湯陰縣永和鄉孝悌里（今河南省安陽市湯陰縣菜園鎮程崗村）人，中國歷史上著名的軍事家、戰略家，三十二歲就任清遠軍節度使，成為兩宋時代最年輕的封疆大吏。岳飛以其軍事才能被譽為宋、遼、金、夏時期最為傑出的軍事統帥，南宋「中興四將」（岳飛、韓世忠、張俊、劉光世）之首。

抬望眼，仰天長嘯，壯懷激烈。
三十功名塵與土，八千里路雲和月。
莫等閒，白了少年頭，空悲切。
靖康恥，猶未雪；臣子恨，何時滅？
駕長車，踏破賀蘭山缺。
壯志饑餐胡虜肉，笑談渴飲匈奴血。
待從頭、收拾舊山河，朝天闕。

當年，岳飛率領軍民收復建康，用「直搗黃龍府，與諸君痛飲耳」（意指消滅金朝，迎歸北宋徽欽二宗）的豪邁志來激勵將士，先後四次北伐收復失地，與金朝大將完顏宗弼帶領的精銳金軍進行了數次拉鋸戰和決戰，多次戰勝金軍。鑑於岳飛的聲名和軍功，百姓親切地稱他帶領的南宋軍隊為「岳家軍」；作為曾經對北宋軍隊屢戰屢勝的金軍，面對一次次敗在岳飛腳下的現實，而無奈地發出「撼山易，撼岳家軍難」的慨歎。

岳飛文武雙全，且頗有智謀，他不僅擅長陸戰，而且通過學習掌握了水戰的技巧，從而在抵禦入侵江淮流域的金軍時連戰連勝。岳飛愛民如子、用兵如神，他在中原帶兵打仗時，對飽受戰火摧殘的百姓秋毫無犯，使得青壯年紛紛投奔報效，群眾簞食壺漿而支持。軍紀嚴明和節節勝利，一度徹底擊垮了金軍的鬥志，不少女真士兵都願意投誠岳家軍。

一一三九年（南宋高宗紹興九年、金熙宗天眷二年、西夏崇宗大德五年），正在鄂州[2]前線奮勇戰鬥的岳飛聞聽南宋朝廷與金廷議和將成的消息，立即向高宗上書云「金人不可信，和好不可恃」，堅決反對宰相秦檜（南宋高宗暗中默許支持）喪權割地、賣身求榮的行徑。

年輕時曾被父親北宋徽宗派往金廷為質的南宋高宗趙構，初起時也有光復中原與金軍一決高下的想法。然而偏安江南後，讓趙構、秦檜為代表的小朝廷沉醉在不亞於當年汴京繁華的江南歌舞昇平之中，全然忘卻了「靖康之變」。

在南宋小朝廷建立之初，金軍不斷南下，最遠時曾深入到南宋都城所在的浙江一帶，那時以岳飛為代表的南宋主戰派的一次次反擊得手，不僅解除了南宋全面覆滅之虞，而且給急於維持現狀的趙構、秦檜等人增加了與金朝議和時的「談判籌碼」，加之岳飛在江淮黃淮流域的巨大威望，因此宋廷曾一度非常支持岳家軍的北伐活動。但議和一成，南宋朝廷就迫不及待地要求各路抗金將士趕緊收兵，唯恐被金廷抓住「小辮子」而捲土重來。這種思路非常符合趙宋皇室的「遺傳基因」。

兩宋王朝的開國者趙匡胤正是以軍權在手而製造了「陳橋兵變」，以眾將「黃袍加身」為由，逼迫後周小皇帝「禪讓」而獲得江山。雖然得來容易，但趙家當然不想輕易失去，在他們眼裡的「家天下」就是趙家一家人的天下，他們對百姓黎民視若無物。

北宋初年，趙匡胤以「杯酒釋兵權」等方式，不僅解除了曾經幫助趙家登上大位、建立宋朝的眾將領的兵權，而且立下了文官指揮軍隊的規矩，目的就是讓文、武互相牽制而難以對抗皇室，認為這樣就可以高枕無憂。其後果是，當面臨契丹、党項、女真、蒙古等人口較少的族群進攻時，逾百萬人規模的

---

❷〔鄂州〕今湖北省武漢市武昌。

宋軍，在完全不懂軍事的文官「瞎指揮」下，首尾不相顧，戰力不匹配，幾乎是逢戰必敗。

不僅如此，宋朝歷代皇帝對文官也不放心，規定禁軍均由皇帝直接控制，大至軍隊部署，小到一場戰役的籌備，都要報請宋廷「審批」，對於瞬息萬變的戰局來說，這樣的管理方式簡直如同小孩兒「過家家」一樣，焉有不敗之理？

趙宋歷代皇帝從表面看，維持了內部的一種和諧穩定，使自家的傳承延續了數百年，但為了趙家自己的絕對排他利益，中華民族付出了慘痛的代價。軍事上無能，必然導致外族入侵；「苟安」思想存在，必然不會奮起抵抗。於是從契丹入主中原燕雲十六州始，遼、西夏、金、蒙古同時或先後將勢力深入中原腹地，各族百姓遭受了長時間的戰火蹂躪，很多地方的文化和文明被野蠻踐踏，很多地方的生產力和生產關係出現大幅度倒退。

遼、宋、金、元是中國歷史上非常重要的時期，也是國際史學界高度關注的歷史、文化、文明的分野點。

北宋抗擊契丹、女真與西夏廝殺，南宋與金朝、西夏鼎立，而後蒙古人崛起一路南侵。南宋以百姓自發為主軸，對殘暴的蒙軍抵抗達近半個世紀，最後游牧族群完勝——元朝統一中國。學術界對此有幾個觀點。

一、中原的長期抵抗使得本來曾一度更關注西方（**以三次西征為標誌**）的蒙軍，無暇覬覦西方（**以元憲宗蒙哥汗在合州「釣魚城之戰」中身亡為標誌**），從而給西方留下喘息的時間和日後崛起的巨大歷史機遇。

二、中原的陷落標誌著東方文明（**以華夏文明為主體和核心，當然也代表世界文明，因為宋以前的東方文明在各方面都是世界的翹首）遭到無可挽回的重創，在歷史上呈現出清晰的大幅度的倒退（以南宋時期江南沿海已經出現遠早於西方的資本主義萌芽被完全顛覆為標誌）。

三、漢人為主體的華夏精神的喪失殆盡（以「崖山之後無華夏」為標誌），民族自尊心被野蠻的軍事機器摧毀，民族自信心被肆無忌憚地踐踏，導致整個民族的文化和文明進程被割裂，民族性格被強烈扭曲和異化。

這一切的始作俑者無疑都是趙宋王朝的軍事管理體制。北宋徽、欽二宗以不可思議的方式成為金軍俘虜，皇女貴眷受盡金兵凌辱，當是為一種歷史的「報應」吧。

北宋軍隊之無能與南宋岳家軍的強大形成了鮮明的對比。原因很簡單，岳飛抗金時，南宋皇帝和小朝廷被金軍打得喘不上氣來，東躲西藏、疲於奔命，自己都顧不上了，更不可能去推行趙宋和平時期的那套軍事管理體制，客觀上使得包括岳家軍在內的抵抗力量獲得相對自由，可以按照戰爭規律指揮戰事的一定權力，但這個權力絕對不是宋廷心甘情願賦予的。

果不其然，一旦議和「成功」，趙氏的「遺傳基因」立刻顯現：南宋高宗一連三次向岳飛下詔，要求他立刻離開抗金前線，脫離岳家軍，提升為開府儀同三司（一品官銜），並賜予三千五百戶食邑的封賜。

岳飛三次受封，三次不受，並上書要求宋廷派他率軍繼續北伐，以圖收復汴梁和燕雲十六州。南宋高宗使盡了各種辦法，岳飛才勉強接受了。

這來來回回的，讓南宋高宗「很受傷」，一國之主本是一言九鼎，還給你岳飛加官晉爵，卻換來一堆「軟硬釘子」，焉有不記恨的道理？

再說了，趙宋皇帝對付外敵是「外行」，但要對付不聽話的屬下當然有無窮無盡的辦法了，加之還有一個「高參」秦檜，天天琢磨著怎麼讓皇帝開心，怎麼讓自己的私欲不斷得到滿足，怎麼讓功勳卓著的將領俯首聽命。而提出「武將不怕死，文官不愛財」的岳飛的命運就可想而知了。

議和次年，金朝違約再次南下攻擊，被枕戈待旦的岳家軍抓住了機會一路追殺。「朱仙鎮大捷」後，岳家軍離北宋故都汴梁只有四十五公里，城內的金兀朮已準備北逃。

這時，完全了解前方戰事情形的宋廷，連下十二道金牌令岳飛班師。岳飛仰天慟哭：「十年之功，廢於一旦。」

忠誠的岳家軍無奈班師南返，不願被金人統治的百姓，紛紛要求隨大軍離開世世代代生活的土地。此情此景，後人如今想起依然黯然神傷。

岳飛父子回到臨安覆命，卻被秦檜投入大獄。秦檜指示監察御史万俟卨❸、殿中侍御史羅汝楫等人對岳飛父子嚴刑拷打，但得不到任何證據。為避免「夜長夢多」，在除夕之夜，趙構、秦檜下令將岳飛及其長子、戰功卓著的岳雲，以及大將張憲，殺害於臨安風波亭，罪名「莫須有」。

岳飛的敵人金兀朮沒有在戰場上戰勝岳家軍，更沒能在戰鬥中傷害岳飛父子，但岳飛被自己所忠誠的朝廷殺害了……

❸【万俟卨】（一〇八三—一一五七年），字元忠（一作元中），開封陽武縣（今河南省原陽縣）人。南宋主降派代表人物之一，官至宰相。初依附於秦檜，受指使陷害和彈劾岳飛，致岳飛死。後與秦檜爭權而被放逐，秦死後復出，但因主和投降而為時人不齒。

附錄1：成吉思汗究竟姓啥

提到奇渥溫・孛兒只斤・鐵木真這個名字，也許很多人會覺得陌生。但如果說這就是世界史上赫赫有名的「成吉思汗」時，人們一定都聽說過。

其實，成吉思汗的名字完全符合中國古代姓名的規律，只不過用蒙古語表達出來罷了。

中國人常常講的「姓氏」，實際上在古代分為「姓」和「氏」，前者是大概念，後者是小概念；先有「姓」，後來隨著人群不斷繁衍而分化產生了「氏」。再到後來，為簡化起見逐漸將「姓」與「氏」合二為一，統稱「姓氏」。

奇渥溫是成吉思汗的姓，也是蒙古人中被認為血統比較高貴的乞顏部落的姓，「奇渥溫」本身就是「乞顏」的轉音。乞顏也譯作「齊木特」「其木德」等，在表示複數或多數時，也作「乞牙惕」。「惕」者，蒙古語中詞尾表達複數的副詞。

相傳蒙古人的祖先「東胡」人，曾經被匈奴人追殺，他們逃到一個湖邊時，一群天鵝不斷的鳴叫聲嚇住了匈奴部隊戰馬的腳步，讓匈奴人警覺起來以為附近有埋伏，未再繼續追趕。這群「東胡」人得以死裡逃生。僥倖脫逃的這些「東胡」人就在這個湖泊附近開始了游牧的生活，其後代就是乞顏部落。

乞顏部落，或是後世被稱作「黃金家族」者，主要由泰赤烏部、主兒乞部和孛兒只斤部三個氏族組成。成吉思汗就是孛兒只斤的一員。

據《元史・太祖紀》載：「（元）太祖（成吉思汗）法天啟運聖武皇帝，諱鐵木真，姓奇渥溫氏，蒙古部人。」清代沈濤《交翠軒筆記》卷一：「《元史》稱帝姓奇渥溫。」孛兒只斤，是成吉思汗的氏，蒙古語中意為「藍眼睛」，蓋這支人群出自孛端察兒之裔。說到藍眼睛，有人就懷疑當時的成吉思汗和他的家人是白髮藍眼之人。真是那樣的話，可就與今天我們看到的成吉思汗畫像相去甚遠了。

今天的蒙古民族依然生活在東亞、北亞和伏爾加河流域。

生活在東亞者，主要聚居於中國的內蒙古、新疆、青海、甘肅、遼寧等省區；生活在北亞者，主要聚居於蒙古國以及俄羅斯的布里亞特共和國、圖瓦共和國等地；生活在伏爾加河流域者，主要聚居於卡爾梅克共和國等地。

蒙古人是由不同文化、種族的游牧部落逐漸融合、同化而成的。究其源流，當代的蒙古民族大致由幾部分構成：生活在中國內蒙古的，源出成吉思汗及其乞顏部落的較多，也同化、融合了十二世紀和十三世紀在蒙古高原上馳騁的其他族群，諸如乃蠻部、克烈部、弘吉剌部、汪古部、塔塔爾部、蔑兒乞部等。

其中，乃蠻部、克烈部均為蒙古化了的突厥人，至少在被征服後的很長時間裡依然說著與蒙古語有別的突厥語。

弘吉剌部是蒙古高原上「盛產」美女的部落，鐵木真的皇后孛兒帖出自這個部落。弘吉剌的女性皮膚白皙、身材勻稱，以賢良持家著稱於高原之上，因此，鐵木真的後人如元朝諸帝多迎娶弘吉剌女子為正宮皇后。

今天生活在中國的蒙古人有為數不少鐵木真的後代，他們大多根據諧音取了以下這些姓氏：

孛兒只斤氏，亦稱為博爾濟吉特氏，漢姓多為鮑氏、包氏、寶氏、博氏、奇氏、羅氏、波氏、吉氏等。

泰赤烏氏，漢姓多為戴氏、泰氏、赤氏、池氏、烏氏、吳氏等。

主兒乞氏，漢姓多為朱氏、周氏、康氏、齊氏、祁氏、陳氏、秦氏等。

附錄2：成吉思汗的後宮佳麗

有人說，男人靠征服世界而征服女人，女人靠征服男人而征服世界。這個命題是否符合邏輯，這裡不做探討。單就前一句而言，成吉思汗可謂做到了極致。據波斯人拉施特編寫的《史集》記載，成吉思汗的後宮共有后妃五百人。

與通常皇帝通過「選妃」程序擁有眾多後宮佳麗不同，成吉思汗的五百名皇后、妃子，絕大多數是在征服戰爭中所得，即被他征服的部落、民族、國家的酋長、首領或君主的皇后、妃子、女兒等。無論她們當年在自己的家中是怎樣受寵，到了成吉思汗的後宮，都是一樣的地位——被征服後的「戰利品」。

作為一名兼具暴戾與仁慈雙重人格的人，不可用普通人的卿卿我我、兒女情長去衡量成吉思汗，我們可能也無法理解他如何看待後宮的各色佳麗，因為他是一生「滅國四十」的世界征服者。

若要問鐵木真愛過多少女人，恐怕更是一個「哥德巴赫猜想」了。成吉思汗曾說過，（我生平）最大之樂事，就在於征服大眾、戰勝敵人，奪取（對手）所擁有的一切，騎著他的駿馬，與他那美貌的妻妾同床共枕。他作為一名世界征服者，在關於男女關係方面只有征服者的心態，那就是被崇拜而得到，或強行佔有，滿足於肉欲的宣洩和釋放，以對被征服的女性的征服為快感。

從這個意義上講，成吉思汗後宮的那五百佳麗，不可能都得到他發自內心的愛情。「無情未必真豪傑」，人都是血肉之軀，都有七情六欲，成吉思汗當然也不例外。

一一七九年，十七歲的鐵木真迎娶了幼年時代訂下的「娃娃親」——比自己大一歲的孛兒帖。後來，蔑兒乞人忽然偷襲，鐵木真倉皇逃走，孛兒帖則被敵人俘虜。蔑兒乞部與鐵木真的結怨，源起於其父親也速該搶走了蔑兒乞人也客赤列都的妻子訶額侖。蔑兒乞人後來報復，雖沒有抓住成吉思汗，但將其愛妻孛兒帖抓獲，並「分配」給了成吉思汗生母訶額倫前夫也客赤列都的兄弟。那個時候，成吉思汗的乞顏部勢力尚弱，單靠一己之力還無法戰勝蔑兒乞人，後來成吉思汗向克烈部借兵打敗蔑兒乞人，奪回了妻子孛兒帖。這時的孛兒帖已經懷孕，這個孩子就是朮赤。

成吉思汗很愛孛兒帖，孛兒帖後來又誕下察合台、窩闊台和拖雷三個兒子，孛兒帖的「正宮」地位從來沒有動搖過。

成吉思汗在一二〇六年稱汗以後，隨著征服地域的不斷擴大，其後宮也越發「規範化」，先後建起了四個斡兒朵。斡兒朵的蒙古語原意為「氈帳」，後指宮室，漢語譯為宮帳、行宮，或簡稱為宮，是由數百上千座營帳組成的帳幕群。每一個斡兒朵有一名正后，正后各自管理著眾多嬪妃，這是成吉思汗後宮區別於其他帝王的特色。由於其宮帳管理甚為森嚴，絕不允許外人接近，后妃的具體情況鮮為人知。

第一斡兒朵的正后是鐵木真的原配、皇后孛兒帖（謚號「光獻翼聖皇后」），她出身弘吉剌部，除了生下朮赤、察合台、窩闊台、拖雷四個兒子，還為成吉思汗生了五個女兒，分別是火臣別吉、闊闊干、阿剌海別吉、禿滿倫、阿勒塔倫。也有一種說法，說這五個女兒是第一斡兒朵中的其他妃子所生，但都記在孛兒帖的名下。

史載孛兒帖為人賢明，深得包括成吉思汗在內的蒙古人尊重喜愛。終元朝百年，弘吉剌氏女子作為正宮皇后者共有十一人，被稱為與追尊為皇后者有九人。而弘吉剌部酋長娶成吉思汗及其後裔公主六名，娶公主又被封王爵者十三人，弘吉剌部與黃金家族的聯姻自孛兒帖與成吉思汗始。

第二斡兒朵的正后是忽蘭皇后，係蔑兒乞部首領答亦兒兀孫的女兒。當蔑兒乞部投降時，答亦兒兀孫將女兒忽蘭交由蒙軍官納牙阿轉獻成吉思汗。當時，成吉思汗懷疑納牙阿在路上與忽蘭發生私情，於是想要將他入罪，為此先審問忽蘭。忽蘭回答：「我們來的路上有不少亂兵。那個時候剛好遇到納牙阿，他說他是可汗跟前的大官，可以代表吾父來將婢子獻上，於是我們就先暫時在納牙阿的營帳停留了三天以躲避亂兵，否則事情就不可預測了。今天請您先暫時放過納牙阿，如果可汗您臨幸婢子，自然知道婢子尚保全著父母所給的身子，這是不能隨便誣陷的啊！」

納牙阿也以死發誓與忽蘭絕對沒有私情。成吉思汗與忽蘭圓房後，對她相當寵愛。忽蘭生了一個兒子叫闊列堅，成吉思汗待他如同四個嫡子。後來，闊列堅隨拔都西征中箭而亡。

第二斡兒朵的次后叫作古兒別速，是乃蠻部塔陽汗的後母。塔陽汗和成吉思汗打仗的時候，古兒別速曾說蒙古人身上很臭，這句話傳到了成吉思汗那裡。勝利後，成吉思汗將她俘虜了來，問她：「你不是說蒙古人有臭味嗎？」他當晚就娶了她，大概要她聞聞自己身上究竟臭不臭。

第三斡兒朵的正后是也遂皇后。除了孛兒帖，也遂和忽蘭兩位最為得寵。成吉思汗出征時或帶忽蘭同行，或帶也遂同行。

第三斡兒朵的次后是也速干皇后，她是也遂皇后的妹妹，兩人都是塔塔爾部首領也客扯連的女兒。她舉薦姐姐也遂成為，成吉思汗的皇后。也速干嫁給成吉思汗較早，但甘心位居姐姐之下。

第四斡兒朵也被稱「公主斡兒朵」，正后是金朝的岐國公主。成吉思汗伐金，圍困中都燕京時，金廷將已故衛紹王的女兒歧國公主送來求和。當時金國皇室裡未嫁的公主共有七人，以岐國公主最美麗聰明，金廷宮中稱為「小姐姐」。這位「小姐姐」嫁給成吉思汗後，被蒙古人敬稱為「公主皇后」。

第四斡兒朵的次后叫合答安，她可以算作成吉思汗的「初戀情人」，係蒙古泰赤烏部奴隸鎖兒罕失剌之女，蒙古帝國開國「四傑」之一赤老溫的妹妹。成吉思汗十六歲時被仇人追殺，逃到合答安家，合答安冒著生命危險把他藏在羊群中搭救了他。根據蒙古人「遇客婚」的傳統，二人在羊毛堆裡產生了一段難忘的情緣。後來合答安嫁了人，但成吉思汗一直沒有忘記她，她在四十歲時被成吉思汗尋獲並收入斡兒朵。

波斯史學家志費尼的《世界征服者史》上有云，成吉思汗第三子窩闊台登基後，為父親祭靈並發放美食三天，並從眾多功臣家族中精心挑選四十名十七歲左右的美女，讓她們穿上用黃金和寶石裝飾的貴重衣服，與一些駿馬一起作為祭品獻祭。

這四十名無辜被生殉的女子，是否可以算作成吉思汗死後征服的女人呢？

大地叢書介紹

作者：章愷
定價：280 元

解密歷史真相・走出「野史」誤區

蒙古地區自古以來是諸游牧部落的活動場所，自夏、商以來大大小小的部族和部落出沒在這塊廣闊的草原地帶，各部族和部落興衰、更替的歷史直到十三世紀初才告結束，最終形成了穩定的民族共同體——蒙古民族，而在這個偉大的民族中也產生了一個偉大的黃金家族。

蒙古人建立了中國第一個少數民族統一的政權，大元帝國的疆域在中國歷史上是空前絕後的。成吉思汗在蒙古族統一中國的歷史進程中發揮了重要的作用並產生了重大的影響，而了解蒙古起源的歷史對於了解人類歷史上版圖最大的王朝——元朝有重要的意義。

本書詳述元朝十五位皇帝，對於想了解元朝歷史的讀者，本書是絕佳讀本。

大地叢書介紹

作者：張嶔
定價：280 元

戰國，這是個以戰爭為中心的年代。無論是計謀、變法，還是用人、改革，為的只有一件事：打贏！

名噪一時的七國：韓國、趙國、魏國、楚國、燕國、齊國、秦國，七國之間鬥智鬥勇、殊死較量，政治人物如何掌握機遇，又如何推進變法改革……

作者以通俗的文筆詳細講述了諸侯國爭霸到秦國大一統的歷史進程，重大歷史事件背後的政治起因、決策者精妙冷酷的謀略等等，將這段充滿跌宕起伏、征伐血氣的時代完整地呈現在讀者眼前。

戰國原來是這樣！

大地叢書介紹

作者：姜狼
定價：360 元

唐失其鹿，群雄逐之。盛世繁華的大唐，已在歷史的烈火中化為一堆殘墟廢燼，霓裳羽衣的風流，早成不堪回首的傷痛。天下洶洶，誰得其鹿？唯兵強馬壯者能為爾。五代十國常被認為是殘唐之餘，枯燥乏味，遠不如相同歷史軌跡的三國。任何一個歷史時代都是悲壯的，都有自己與眾不同的魅力，愛與恨、刀與火、絕望的吶喊，五代十國同樣擁有。本書力求從涉及五代十國的《舊唐書》、《新唐書》、《舊五代史》、《新五代史》、《宋史》、《遼史》、《資治通鑒》等亂如麻團的史料中分析辯駁，尋找挖掘出最接近時代的歷史真相。

五代十國能絕世風流者三：帝王中柴榮、大臣中馮道、詩詞中李煜。柴榮才是結束唐末以來戰亂的最關鍵人物，可惜天不假年，否則必將成為唐太宗那樣的千古一帝。馮道在亂世中王朝扶杖入相，天下禮敬，他的處世之道對於今人生存大有裨益。李煜的人生悲劇，那一篇篇和著血淚的詞文，觸動著每一顆柔軟的心靈。柴榮、馮道、李煜，書寫著五代十國最為華麗的時代篇章，但五代十國的風流人物何止千百。鐵血朱溫、風流李存勗、仁厚郭威、狡黠王建、瘋狂劉龑、志大才疏李璟以及無數名臣名將，他們用自己的人生悲喜劇，共同打造五代十國這一絕美的歷史大戲。五代十國的精彩歷史，扣人心弦，在他們的熱血風流中，後世的人們可以從中品味出人性的真實。

大地叢書介紹

作者：李柏

定價：300 元

那天是西元一八九年、東漢光熹元年，八月二十八日，董卓帶領的軍隊擁著皇帝回到洛陽，回到亂糟糟的皇宮。東漢帝國脆薄的外殼在那天清晨被敲開一個小孔，像照著鍋沿輕敲雞蛋一般。帝國的崩潰開始了。

如同多數三國人物一般，董卓有他的戲劇臉譜：肥胖、好色、殘忍好殺；而歷史上的董卓……沒有翻案，也確實是如此。

事實上，董卓在歷史上活躍的時間很短，也不是什麼翻轉歷史進程的人物(換句話說，沒了董卓還會有千千萬萬個董卓)，但他的出身乃至權傾天下的過程卻是面絕佳的歷史透鏡，使我們得以一窺「中華第一帝國」腐爛乃至崩潰的千絲萬縷。

《亂世的揭幕者：董卓傳》以董卓的生平為經，東漢末年的政治局勢為緯，記述東漢帝國崩解乃至三國開始的過程。承襲前作《橫走波瀾：劉備傳》的敘事風格，作者李柏不強行翻案、不呼熱血口號、不作英雄崇拜，但求奠基於詳實史料之上，以平實流暢的現代筆法，帶領讀者抽絲剝繭，一探歷史謎霧後的真相。

相信透過此書，讀者將能領略更深、更廣、更真實的三國世界。

元朝原來是這樣 / 李強著. -- 一版.-- 臺北市：大地, 2021.08
面：　公分. --（History：112）

ISBN 978-986-402-347-9（平裝）

1.元史 2.通俗史話

625.709　　110010573

元朝原來是這樣

History 112

作　　者	李強
發 行 人	吳錫清
主　　編	陳玟玟
出 版 者	大地出版社
社　　址	114台北市內湖區瑞光路358巷38弄36號4樓之2
劃撥帳號	50031946（戶名：大地出版社有限公司）
電　　話	02-26277749
傳　　眞	02-26270895
E - mail	support@vastplain.com.tw
網　　址	www.vastplain.com.tw
美術設計	成樺廣告印刷有限公司
印 刷 者	博客斯彩藝有限公司
一版一刷	2021年08月

大地

定　　價：300元